Wolf-Eckart Sommer

Von den Grenzen physikalischer Welterklärung.

Zugleich ein Anstoß zur Entmythologisierung
der Selbstorganisation der Materie

AF284313

Wolf-Eckart Sommer

Von den Grenzen physikalischer Welterklärung.

Zugleich ein Anstoß zur Entmythologisierung der Selbstorganisation der Materie

FSC
www.fsc.org

MIX

Papier aus ver-
antwortungsvollen
Quellen
Paper from
responsible sources

FSC® C105338

Bibliografische Information der Deutschen Bibliothek
Die Deutsche Bibliothek verzeichnet diese Publikation in der
Deutschen Nationalbibliografie
http://dnb.ddb.de

© 2020 Wolf-Eckart Sommer
Herstellung: BoD - Books on Demand, Norderstedt

ISBN 978-3-7519-1729-2

Inhaltsverzeichnis

II

Die Frage

I. Die Entfaltung der Urfrage

1. Die Frage nach dem Ursprung

Naturgemäß sind wir unser ganzes Leben lang bestrebt, die Bedrängnisse unserer sinnlichen Existenz und die Drangsale des Schicksals loszuwerden. Kein irdischer Machtspruch vermag diese Übel dauerhaft von uns fernzuhalten. Da wir sie nicht beseitigen können, bleibt nur, uns mit der Welt und ihren Plagen zu versöhnen. Versöhnung kann - wenn überhaupt – allein durch unser Einlenken, durch unsere Einsicht geschehen. Die Einsicht ist ein Werk des »Geistes« und kein »Mechanismus«.

Warum können wir uns eine wirkliche Versöhnung letztlich nicht anders als durch Einsicht denken? In allem, was wir erleben und unternehmen, beunruhigt uns die ewige Frage »wozu«. Nur Erkenntnis – wenn es denn Erkenntnis ist – ist ein Letztes, das die Frage zum Schweigen bringen könnte; sie ist ein Zweck um seiner selbst willen[1]. Die Einsicht, die zur

---

[1] Vgl. Aristoteles, »Nikomachische Ethik«, X. Buch, 7. Kap.
Dem Leser wird auffallen, dass häufig zitiert wird. Das hat zunächst den Sinn, die Quellen des eigenen Nachdenkens kenntlich zu machen und keine Originalität vorzutäuschen, wo man Vorgefundenes verarbeitet. Ferner soll es als Beleg dienen, also die Quelle der aufgestellten Behauptung aufzeigen und mitunter die Richtigkeit der wiedergegebenen Meinung - auch unter Berufung auf Autoritäten - untermauern. Letztlich soll deutlich werden, dass wir eingebettet sind in den über die Zeiten fließenden Strom allen Menschseins und dass wir uns daran erinnern, wie vor uns Menschen um Erkenntnis und Sinn bemüht waren, skeptisch gewesen sind, Hoffnung geschöpft, das Verlorene geliebt und den Niedergang ertragen haben.
Die wörtlichen Zitate werden häufig in heutiger Rechtschreibung wiedergegeben. Werden Übersetzungen oder erläuternde Zusätze dem Text hinzugefügt, stehen sie in einfachen spitzen Klammern. Auslassungen im Original

Versöhnung führt, wäre »Weisheit«, die man in der Philosophie - in der Liebe zu ihr - zu finden hofft. Weisheit ist als ewige denkbar; zweckhaftes Wissen wegen seiner Vorläufigkeit - bis man seinen Zweck erreicht hat - nicht. „Wir wollen" sagt Jacob Burckhardt, „durch Erfahrung nicht sowohl klug für ein andermal als weise für immer werden"[2]. Versöhnung ist allerdings nicht nur Sache des Intellekts, sondern ein Willensentscheid und im Ganzen mehr Haltung als Tat.

Mehr als »Versöhnung« können wir nicht erwarten. Häufig sind wir »fremdbestimmt«; auch unsere Eigenart, unseren Charakter haben wir uns nicht gewählt. Versöhnung tritt ein, wenn wir uns sozusagen in die Grundlinien des Weltenplans oder - falls kein »Plan« ersichtlich ist - in die Weltstruktur, soweit wir sie erkennen, einfügen, also im Grunde uns in sie schicken.

Das Einverständnis mit dem Weltenplan drängt sich uns nicht auf. Wir leiden an der Welt; die Realität leistet uns Widerstand, wir haben sie so nicht gewollt. Dennoch stehen wir den Grundzügen des Weltenplans und den Prinzipien seiner Realisierung keineswegs völlig ablehnend oder auch nur »neutral« gegenüber. Das »Sein« erscheint uns als ein Wert, ja es ist letztlich unser einziger Maßstab; wir wollen uns im Sein halten, daher denn auch Lebensangst und Todesfurcht. Möglicherweise kann sich der Mensch aber auch mit dem blanken »Nichts« aussöhnen. Das Nichts kann zum Trost im hegelschen Sinne werden, nämlich als Ersatz für ein Übel, das nicht hätte sein sollen[3]. Versöhnung wäre freie, auf Überzeugung

---

sind durch drei Punkte gekennzeichnet; Auslassungen, die auf den Verfasser zurückgehen, durch vier Punkte.

[2] »Weltgeschichtliche Betrachtungen« – 1905 - Neske (ohne Erscheinungsjahr), S. 31.

[3] »Vorlesungen über die Philosophie der Weltgeschichte«, Bd I: »Die Vernunft der Geschichte«, herausgegeben von Hoffmeister, 5. Aufl., 1955, Meiner, S. 78.

beruhende Zustimmung; sie kann nur als Gabe des Geistes gedacht werden.

Bei all unseren Bemühungen ist es nicht ausgemacht, dass uns Versöhnung zuteil wird, dass uns Einsicht befriedigt oder sich gar als tröstlich erweist. Es können sich Abgründe auftun und sehr unerquickliche Perspektiven eröffnen; selbst die Kunst kann uns – jenseits allen »Genusses« - »am Boden zerstören«. Insofern sind die Unternehmungen des Geistes immer voller Risiken, zumal eine fehlgeschlagene Versöhnung uns oft in Verzweiflung versacken lässt. Ob sie ärger ist als eine, die gar nicht versucht wurde, ist bei der eigentümlichen Unruhe, die dem Geist eigen ist, doch sehr fraglich: „Ein geflickter Strumpf ist besser als ein zerrissener; nicht so das Selbstbewusstsein"[4].

Wann immer wir uns anschicken, uns mit der Welt zum Ausgleich zu bringen, uns zu versöhnen, suchen wir nach der Frage, die das in den Blick bringt, was unzweifelhaft – nämlich ohne weitere Voraussetzung - »ist«. Das heißt nichts anderes, als in den Ursprung zu dringen und mit dem Anfang anzufangen, soweit es denn einen Anfang gibt und er zu erfragen ist. So scheint uns in den Ursprung die Frage zu weisen, die schon Leibniz stellt: „Warum gibt es überhaupt Etwas und nicht vielmehr Nichts?"[5], eine Frage, die Heidegger etwas gefälliger formuliert: „Warum ist überhaupt Seiendes und nicht vielmehr Nichts?" und die er als „die weiteste, sodann als die tiefste, schließlich als die ursprünglichste Frage"[6] bezeichnet.

---

[4] Aphorismus Hegels aus den Jahren 1803 - 1806, in: »Jenaer Schriften«, in »Hegel, Werke in 20 Bänden«, Redaktion Eva Moldenhauer und Karl Markus Michel, Suhrkamp, 1970, Theorie Werkausgabe Bd. 2, S. 560.

[5] »Die in der Vernunft begründeten Principien der Natur und der Gnade«, <Principes de la nature et de la grace fondés en raison> Abschnitt 7, in: »Die kleineren philosophisch wichtigeren Schriften von G. W. Leibniz, übersetzt von J. H. von Kirchmann, 1879, S. 196.

[6] »Einführung in die Metaphysik. Vorlesung im Sommersemester 1935«, 5. Aufl., 1987, S. 2.

Er sieht in ihr die Grundfrage der Philosophie, die er zu entfalten trachtet. Auch wenn man ihren Rang nicht verkennt: sie fragt eigentlich nach dem Grund, nach dem Sinn. Sinn und Grund setzen Sein voraus, denn nur Sein hat Sinn; Nichtsein hat in seinem Nichts keinen Sinn. Also drängen sich vorgängige Fragen auf. Schelling sieht denn auch die Frage »Warum ist überhaupt Seiendes« als die »letzte« Frage – nicht als die erste - und meint: „Auf diese Frage kann ich nicht mit bloßen Abstraktionen von dem wirklichen Sein antworten. Anstatt also, wie man meinen könnte, dass das Wirkliche durch jenes abstrakte Seiende begründet sei, ist vielmehr dieses abstrakte Seiende nur begründet durch das Wirkliche. Ich muss immer zuerst irgend eine Wirklichkeit zugeben, ehe ich auf jenes abstrakte Seiende kommen kann"[7]. Wer wollte nicht mit der wirklichen Wirklichkeit beginnen? Aber wo ist sie?

Ersichtlich kann man in die Frage: „Warum ist überhaupt Seiendes und nicht vielmehr Nichts?" Unterschiedliches hineinlesen und man geht nicht fehl, wenn man aus ihr die Seinsfrage - hier ganz allgemein als die Frage nach dem, was ist, was »letztlich« ist - überhaupt heraushört, die in vielerlei Gestalt erscheint und selbstredend keine bündige Antwort zulässt. Je nachdem, welcher Aspekt der Seinsfrage in den Blick genommen wird, trägt die Warum-Frage zur Aufhellung bei. Leibniz zum Beispiel sieht sich auf die Warum-Frage zu der Erwägung veranlasst: da das Nichts einfacher und leichter als das Etwas sei, müsse es für das Etwas einen zureichenden Grund geben. Es geht ihm also um das Prinzips des Grundes. Dieser könne nicht in den Reihen der zufälligen Dinge liegen, sondern müsse außerhalb derselben, nämlich Ursache der ganzen Reihe, der Welt im Ganzen, sein. Dieser Grund, der

---

[7] »Philosophie der Offenbarung« 12. Vorlesung, 1841/42, in: »Werke. Auswahl in drei Bänden«, herausgegeben von Otto Weiß, *1907, Bd. 3, S. 781. Vgl zu dieser von Schelling mehrfach gestellten Frage: Karl Jaspers, »Schelling - Größe und Verhängnis«, 1. Aufl. 1957, 1986, S. 124 ff.

den Grund seiner Existenz in sich selber trage, heiße als notwendiges Wesen »Gott«[8].

Voraussetzungsloser als die »Warum-Frage« ist aber zunächst die »Was-Frage«. Deshalb erscheint auch das Wessobrunner Gebet aus dem 8. Jahrhundert dem Ursprung näher:

> „... als da nichts war an Enden und Wenden,
> da war doch der eine allmächtige Gott ...“

Mit der »Was-Frage« ist der Anfang zu machen. Die mögliche Antwort auf sie scheidet und unterscheidet die Menschen bis auf den heutigen Tag; sie kann Abgründe aufreißen. Sie kann mit der Selbstorganisation der Materie beantwortet werden oder sie kann auf eine Schöpfung verweisen, auf das Setzen des Urknalls durch Vorgängiges, sei es durch Gott oder eine sonstige immaterielle Ursache; denn eine materielle Ursache kommt eigentlich nicht in Betracht, sie wäre nämlich - und das sieht in der Sache auch Leibniz so[9] - kein »Ur«-Knall, sondern eben eine materielle Konstellation in ihrer von uns nicht bekannten und möglicherweise auch nicht erkennbaren Physik.

Erst wenn man die Was-Frage gestellt hat, stellt sich die Frage nach der Rechtfertigung des Seins, nach der Theodizee, der Rechtfertigung Gottes, und erst damit auch die Frage: „Wa-

---

[8] A. a. O. Abschnitt 8 und »Ratio est in natura ... « (1690), in: »Die philosophischen Schriften von Gottfried Wilhelm Leibniz«, herausgegeben von C. I. Gerhardt, 7 Bände, 1875-1890, Band 7, S. 289 ff, an die Heidegger in seiner Vorlesung vom Wintersemester 1955/56 an der Universität Freiburg »Der Satz vom Grund« anknüpft, die 1997 als Bd. 10 der Gesamtausgabe veröffentlicht ist, siehe insbesondere S. 40 f. Im übrigen Jaspers, a. a. O. S. 124 und Heidegger, »Was ist Metaphysik?«, Antrittsvorlesung in Freiburg vom 24. Juli 1929, Einleitung der 5. Auflage von 1949, 1960, 8. Aufl., S. 22 f.
[9] »Die in der Vernunft begründeten Prinzipien der Natur und der Gnade«, in: »Kleinere philosophische Schriften«, herausgegeben und übersetzt von Robert Habs, 1884, Kap. 8.

rum ist überhaupt Seiendes und nicht vielmehr Nichts?" Ist dagegen alles nur Selbstorganisation der Materie, dann stellt sich die Frage, weshalb Seiendes sei und nicht vielmehr Nichts, nicht mehr. Sie ist sinnlos. Es ist eben Seiendes ohne Sinn. Sinn im eigentlichen Sinne setzt einen Willen voraus; alles andere sind bloße »Ursachenzusammenhänge« im weitesten Sinne und verlangen eine »Erklärung« durch Vorgängiges. So hat etwa in unserer säkularen Welt der Ausbruch eines Vulkans keinen »Sinn«. Er tritt ein und erscheint uns weder als Angriff der Hölle und ihrer Teufel noch auch nur als Strafgericht Gottes. Er hat seine tektonische Ursache in einer Ansammlung von Magma und Gasen und kann so »erklärt« werden; »verstehen« können wir ihn nicht, solange wir ihn nicht irgendwie auf einen Willensentschluss zurückführen.

2. Die Urfrage als Seinsfrage

In jedem Falle stellt sich die Ur-Frage als Seinsfrage. Sie steht logisch am Anfang. Sie fragt: Was ist? Und auf alle Antworten fragt sie weiter: Was ist »das«, was ist »ist«, was ist Sein? Die Antworten verlieren sich notwendig in Tautologien, in einem »Sein-ist-was-ist«, wenn nicht die »ontologische Differenz« bedacht wird, auf die Heidegger hingewiesen hat[10]. Er versteht darunter die Inkommensurabilität von Sein und Seiendem. Sein ist keine Verallgemeinerung von Seiendem und Seiendes keine Konkretisierung von Sein. Wäre es das, dann müsste und könnte das Sein bestimmt werden. Aber das Sein ist - wenn die Frage in ihrer Allgemeinheit einen Sinn haben soll - notwendig das Unbestimmte, denn jede Bestimmung schließt aus und trägt dann nicht mehr alles. Sobald wir eine Bestimmung ausmachen, sind wir über die Frage nach dem

---

[10] Vgl. zum Verständnis des Begriffs der »ontologischen Differenz«: Heidegger, »Vom Wesen des Grundes«, Vorwort zur 3. Aufl. (1949), 8. Aufl., 1995, S. 5; Gadamer, »Der Anfang der Philosophie«, Reclam, 1996, S. 172.

Sein schon hinausgeschossen, haben den Ursprung verlassen und uns in irgendeinem Etwas - einem Seienden - verfangen.

Ist das Sein nicht zu bestimmen, dann fragen wir, ob es sich von der Verneinung her denken lässt. Was denken wir in der Verneinung des Seins? Wir denken das Nichts, und zwar auch hier, da nichts Bestimmtes verneint worden ist, das Nichts als absolutes Nichts, das keinerlei Bestimmung aufweist, sonst wäre es nicht das Nichts. Da beim Sein wie beim Nichts keine Bestimmung gedacht wird, zieht Hegel den Schluss: „Das reine Sein und das reine Nichts ist also dasselbe"[11]. An diesen beiden Begriffen exerziert Hegel dann in vier ausführlichen Anmerkungen das, was er unter »Dialektik« versteht, und stellt Sein und Nichts als Momente des Werdens dar. Nur in ihrer Bestimmungslosigkeit sind Sein und Nichts also dasselbe.

Es versteht sich von selbst, dass unser begrifflicher Zugriff auf den Anfang nicht nur unsicher, sondern in seiner Begrifflichkeit perspektivisch und in der Bezeichnung sogar willkürlich ist. Die Formulierung Hegels, dass „das reine Sein und das reine Nichts" dasselbe seien, sind in ihrer letzten Konsequenz letztlich nicht viel anderes als etwa die Ausführungen Schellings, dass vor allem Grund und vor allem Existierenden, also überhaupt vor aller Dualität, ein Wesen sein müsse, das „Urgrund" oder auch „Ungrund" zu nennen sei, das also allen Gegensätzen vorhergehe, so dass diese in ihm nicht unterscheidbar noch auf irgend eine Weise vorhanden sind. Dieser Ungrund könne daher nicht als die Identität, sondern nur als die absolute Indifferenz beider bezeichnet werden[12]. Das heißt nichts anderes: Gehen wir vom „Ungrund" der „absoluten In-

---

[11] Hegel, »Wissenschaft der Logik«, Suhrkamp, Bd. 5, S. 83.
[12] »Philosophische Untersuchungen über das Wesen der menschlichen Freiheit und die damit zusammenhängenden Gegenstände«, 1809, in: »Sämtlichen Werken«, herausgegeben von K. F. A. Schelling, 1856-1861, Bd. 7, S. 406.

differenz" aus, dann birgt das Sein in sich den unentfalteten Unterschied und »wird« erst zur Unterschiedenheit[13]. Hegel bleibt ja auch nicht beim Sein als mit dem Nichts identisch stehen.

Mit der Frage nach dem Sein geht es uns um die Grundlage der »wirklichen Wirklichkeit«. »Wirklichkeit« – wie auch »Realität« - nennen wir nur das schlechthin Gegebene. Mit dem Verlangen nach Wirklichkeit als dem Bürgen der Wahrheit bekommt der Begriff »Wirklichkeit« etwas Beschwörendes, nämlich sich doch ja nicht täuschen und mit bloß Eingebildetem abspeisen zu lassen, also mit etwas, das nur in unserer armen Fantasie herumspukt und eben kein »fundamentum in re«[14] hat. Auf eine »Wirklichkeit«, die aus unserer Einbildung kommt, kann man sich nicht verlassen. Nicht dass ein solches Gespinst ohne Wirkung wäre, nur: wenn man sie braucht, bricht sie weg. Wahrheit muss in ihrem gegenständlichen Substrat unabhängig von uns bestehen. Sie ist der »Ankergrund«, den wir suchen.

II. Die Gegenstände der Kardinalfrage

1. Von der Urfrage zur Kardinalfrage

Wir sind in der Welt, auch wenn wir nicht wissen, was das »Sind« »ist«. Unser Schicksal hängt nicht an einer philosophischen Klärung des Begriffs »Sein«. An der Frage nach unserem Schicksal schlechthin, in dieser oder einer anderen Welt, aber hängt für uns alles. Ob ein Gott ist, hängt nicht von uns ab, und ob wir »unsterblich«[15] sind, auch nicht. Aber unser

---

[13] Siehe Heidegger, »Die Metaphysik des deutschen Idealismus - Zur erneuten Auslegung von Schelling«, Gesamtausgabe, 1991, Band 49, S. 97.
[14] Aus dem Lateinischen: »Grundlage in der Sache«.
[15] Der Begriff »Unsterblichkeit« ist eine etwas schiefe Abbreviatur, denn sterben müssen wir allemal. Gemeint ist, dass der Kern unserer Existenz unver-

Schicksal hängt daran. Deshalb formuliert Augustinus sein Interesse: „Gott und die Seele will ich erkennen". „Nichts weiter?" „Weiter nichts!"[16]. Sie ist die Kardinalfrage.

Die Kardinalfrage verschlingt letztlich die Urfrage, die freilich in ihr präsent bleibt. Die Urfrage als die Seinsfrage, die abstrakteste aller Fragen, die Frage nach dem Sein und dem Nichts, dem Sein und dem Wesen, dem Sein und dem Werden, scheint sich in einem unendlichen Spiel der Begriffe zu verlieren, einem Spiel freilich, das mit der Maxime, den „lauten Lärm des Tages" zu meiden und Raum zu lassen für die „leidenschaftslose Stille der nur denkenden Erkenntnis"[17], einen eigentümlichen Reiz hat. Man fühlt sich dem Grunde und der Wahrheit nahe, ein Vorspiel der Ewigkeit. Wäre das nicht der Ansatz, über alle Bedrängnisse und Drangsale hinauszuwachsen? Das ist uns nicht in die Hand gegeben, und doch erhofft man sich in dieser Sphäre Frieden, eine Entrückung aus den unsteten Banalitäten des Alltags in ein „stilles, ernstes Geisterreich"[18].

Man kommt vom Gedankenspiel der Seinsfrage zum Bedenken unserer Existenz, wenn man sie in ihrer Bedeutung für unser Dasein sichtbar machen kann. Und sie ist auch von Gewicht, vorausgesetzt, dass man die Phänomene auf sich wirken lässt und dass man den Bedingungen unserer Existenz wirklich nachgeht. Es ist eine Frage von Sein oder Nichtsein, ob wir auf dieser Welt »allein« sind, wie Jacques Lucien Mo-

---

gänglich ist, also auch jenseits des Todes besteht. Religiös motiviert, spricht man auch von »Ewigem Leben«; dieser Begriff ist freilich positiv besetzt.

[16] »Soliloquia«, Liber primus, 7,1 in: »Selbstgespräche. Von der Unsterblichkeit der Seele«, Artemis Verlag, lateinisch-deutsch, 1986, S. 18 f.

[17] Hegel, »Wissenschaft der Logik«, Vorrede zur zweiten Ausgabe, Suhrkamp, Bd. 5, a. a. O. 34. Es sind Hegels letzte Sätze, die er unter dem 7. November 1831 dem Druck übergeben hat; wenige Tage später, am 14. November, ist er gestorben.

[18] Goethe, »Faust«, Zueignung.

nod meint[19], oder ob ein Gott »ist«, der sich unserer annimmt oder auch nicht annimmt; es ist eine Frage auf Leben und Tod, ob wir mit einer Fortexistenz jenseits des Todes rechnen dürfen und müssen; und es ist eine Frage nach Sinn oder Farce, ob wir determiniert das bloße Produkt unserer Mit- und Umwelt oder ob wir in irgendeiner Weise frei sind. Alles das sind Fragen nach dem »Sein«, nach dem Sein von Gott, nach dem unserer Existenz. Vor allem an das jenseits unserer sinnlichen Wahrnehmung Liegende richten wir die Frage, ob es »ist«, tatsächlich, wirklich, objektiv ist, oder ob es nur unser reines »Binnengeschehen« darstellt und auf innersubjektiven Vorgängen beruht und mit ihnen verschwindet. Die Kardinalfrage wird dann zur Urfrage und die Urfrage zur Kardinalfrage. Die Frage als Seinsfrage gibt allem anderen Fragen erst den Grund und unserem Blick den Horizont. Dass man die Frage nicht bündig beantworten kann, liegt auf der Hand; aber dass sie nicht interessiert, wäre nicht zu begreifen.

2. Die Gottesfrage

a. Die Seinsfrage als verkappte Gottesfrage

Das Streben nach Vorurteilslosigkeit in der Gottesfrage könnte dazu verleiten, den Begriff »Gott« zu meiden, um sich nicht vorzeitig und möglicherweise unbemerkt festzulegen. Aber damit werden wir unserer Situation nicht gerecht. Die Antwort auf die Frage nach Gott wurde uns schon in früher Jugend gegeben und lässt sich ohne Gewaltsamkeit nicht ignorieren. Sie ist – wie die vernünftig gestellte Seinsfrage überhaupt - immer eine Frage nach der Struktur der Welt.

---

[19] »Zufall und Notwendigkeit - Philosophische Fragen der modernen Biologie«, <Le hazard et la nécessité>, 1970, aus dem Französischen übersetzt von Friedrich Griese, dtv, 1975, S. 157.

Um der Wahrheit illen, werden wir versuchen, uns dem Problem »phänomenologisch« zu nähern, was hier nicht viel mehr heißen soll, als die Fakten als Fakten und die Deutungen als Deutungen zu nehmen. Wie immer das Fragen ausgeht, zunächst ist in jedem Falle nach dem zu fragen, »was ist«, und zwar im Weitesten und Letzten.

Die Seinsfrage selbst ist eigentlich eine – unbenannte oder verhüllte - Gottesfrage, die freilich immer nur einen Ausschnitt des Göttlichen betrifft. »Gibt« es Gott, ist das Sein eine für den Gottesbegriff wesentliche Kategorie, sei es, dass das Sein aus Gott folgt, sei es, dass der Gottesbegriff das Sein vorausgesetzt. Der Versuch einer Beantwortung dieser als Gottesfrage gestellten Seinsfrage macht deutlich, ob und wie Gott im Ansatz gedacht werden kann; sie mag Platz schaffen für Offenbarung oder sie verschließen. Sie ist vor allem die Frage nach einem göttlichen oder nicht göttlichen Ursprung der Welt mit allen Konsequenzen bis hin zur Existenz von Geist überhaupt. Die Alternative ist eben die Selbstorganisation der Materie.

Besonders deutlich tritt die Seinsfrage als unbenannte Gottesfrage bei den Existenzphilosophen hervor und hier vor allem – trotz ständiger Verwahrung gegen den offensichtlichen Sinn seines Philosophierens – bei Heidegger. Sein Werk beschäftigt sich durchgängig mit der Gottesfrage, ohne Gott zu nennen, allenfalls spricht er von »dem« Gott und von Göttern, meint aber mit dieser mythischen Sprechweise, die einem Philosophen eigentlich nicht recht ansteht, wohl etwas Vordergründiges vor Gott und an Gott. Alle Verschleierungen und Verhüllungen können nicht verbergen, dass bei ihm die Gottesfrage präsent ist; man kann sogar sagen, sie »glänzt durch Abwesenheit« im ursprünglichen Sinne dieser Redensart[20]; ih-

---

[20] Tacitus berichtet in seinen »Annalen« (3. Buch, 76. Kapitel, übersetzt von

re betonte Nichtbezeichnung lässt sie hervorleuchten. Damit hält sich Heidegger an das seit dem Ende des Deutschen Idealismus unter Philosophen geltende Verbot, den Namen Gottes in philosophischen Abhandlungen in den Mund zu nehmen, auch wenn sie sich dem Gottesgedanken widmen. Mit Ausnahme Nietzsches und Kierkegaards hat man sich im Großen und Ganzen meist daran gehalten; freilich wollte Nietzsche mehr und Kierkegaard etwas anderes als ein Philosoph sein. Man kann in der Befolgung dieses Verbotes auch einen Sinn sehen: sich nämlich den Horizont der Erörterungen nicht vorzeitig zu verengen.

b. Was hängt an der Gottesfrage?

Wenn man die Zeitgenossen beobachtet, dann scheint für die meisten an der Gottesfrage nichts zu hängen. Nur wenige sind erklärte Atheisten oder prononcierte Theisten. Die meisten hier in Europa hängen dazwischen. Eine gewisse Rhetorik, die die überwiegende Zahl der Zeitgenossen das Wort »Gott« bei feierlichen oder traurigen Anlässen benutzen lässt, unterstreicht dies; es sind beliebig verwendbare Versatzstücke, die keinen Anstoß erregen, ja die Anstoß vermeiden sollen. Sie lassen die Frage im Halbdunkel; man gewinnt den Eindruck, dass sie kein Bedürfnis verspüren, die Gottesfrage zu klären. Sie wird für undurchsichtig und unlösbar gehalten und im übrigen kommt es nach Meinung der meisten auf sie auch gar nicht an. Das ist verständlich, denn über Jahrhunderte wurde ein Gott gepredigt, von dem in neuerer Zeit vermutet wird, dass von ihm - wenn es ihn denn geben sollte - nur Nachsicht

---

Walther Sontheimer) über das Begräbnis einer Angehörigen des Cäsarmörders Brutus, einer gewissen Junia, unter der Herrschaft des Tiberius: „Die Ahnenbilder von zwanzig der berühmtesten Familien trug man voraus, Manlier, Quinctier und andere Namen von gleich hohem Adel. Aber sie alle überstrahlten eben dadurch, dass ihre Bildnisse nicht zu sehen waren, Cassius und Brutus <sed praefulgebant Cassius atque Brutus eo ipso, quod effigies eorum non visebantur>.

und Barmherzigkeit zu erwarten sei. „So, wie du bist, hat dich Gott je schon angenommen", ist der Grundton christlicher Predigt in Gegenwart und jüngerer Vergangenheit. Jedenfalls wird es zu Recht für unmöglich gehalten, dass Gott darauf abstellen könnte, welche Vorstellung man sich von ihm macht und welchem Bekenntnis man etwa angehört. Wenn es also Gott geben sollte, wäre es auch nicht schlimm: „Wir kommen alle, alle in den Himmel ...."[21]

Gibt es Gott nicht, so ist - bei Lichte gesehen - allerdings eine Fülle von Fragen sinnlos oder zumindest falsch gestellt. Was soll Leid, das nur als sinnloser Zufall begriffen und damit eben nicht begriffen werden kann? Was soll das Opfer, die Aufopferung? Eine totale Kulturrevolution wäre angezeigt. Und ist sie nicht schon im Gange? Um der Wahrheit willen wäre alles Christliche und damit der größte Teil des Abendländischen zu beseitigen. Diese »Kulturrevolution« würde vor Wertvorstellungen, die auch vom gängigen Atheismus akzeptiert werden, nicht Halt machen. Auch die atheistische Tradition im Abendland, die es durchaus gibt, ist in weiten Strecken christlich geprägt. Es sind nicht alles »Nietzscheaner«; man denke an das Postulat des Sozialstaats, der auch in atheistischen Kreisen weitgehend Anklang findet und ersichtlich christlicher Provenienz ist. Ja, man hat zur Zeit paradoxerweise den Eindruck: je unchristlicher die Welt wird, desto stärker breitet sich das christliche Ethos als »Sozialeudämonismus« aus,- in praxi eigentlich als »Sozialhedonismus« - ohne jede metaphysische Begründung.

An dieser Frage von Sein und Nichtsein keinen Anteil zu nehmen, erscheint geradezu unmenschlich zu sein. Es macht doch einen Unterschied - und sei es auch nur noch für das Lebensgefühl - ob man sich von einer höheren Macht geführt

---

[21] Karnevalsschlager, Text: Kurt Feltz, Musik: Jupp Schmitz, 1952.

und geprüft weiß oder ob man sich in totaler Ephemerität dem Zufall verdankt; ob der Mensch im Weltall das Höchste ist, ob alle Gebete zu Selbstgesprächen kollabieren und alle Religion sich im schlechten Sinne nur als subjektiv erweist. Es macht doch einen Unterschied, ob wir hinter allem das Nichts sehen oder einen uns - wenn auch nicht zugänglichen - Sinn ahnen, ob alles Totengedenken bei Bestattungen oder anderswo als eine Veranstaltung der Autosuggestion und des Sich-selbst-Belügens zu verachten ist. Ist die Gottesfrage keine Frage mehr, erweist sich die Beschränkung auf die Oberfläche des zeitgenössischen Alltags als angemessen.

3. Die Frage nach unserem Schicksal

Es mag schwierig werden, die Welt ohne Gott zu denken, dagegen können wir uns die Welt mühelos auch ohne uns vorstellen; sie war ja schon, als wir noch nicht waren. Die Frage ist, ob etwas in uns - unser Bewusstsein in irgendeiner Weise - bleibt. Auch hier steht die Seinsfrage im Vordergrund, wenn wir nach unserer Substanz jenseits des Todes fragen. Was kann das für eine Existenz sein? Ist sie der Zeit entrückt oder als dauernd zu denken? Wie soll man sich eine Existenz Jenseits von Raum und Zeit vorstellen, »parallel« oder »danach«, was ja eben gerade nicht jenseits der Zeit wäre? Hier differenziert sich möglicherweise das Sein in einer uns unvorstellbaren Weise. Gehen wir wie »Tropfen« in ein unendliches Meer ein, ist die Kontinuität unseres Bewusstseins nur schwer vorstellbar. Es geht um unser wirkliches Schicksal, das wir nicht kennen, dessen Möglichkeit wir aber bedenken.

Unser Sein und der Sinn unseres Seins bestimmen sich auch danach, ob wir zur Freiheit berufen und befähigt sind. Diese Frage scheint im Verhältnis zur Frage nach Gott und nach unserer Existenz jenseits des Todes nachrangig zu sein. Bei Lichte besehen aber ist es anders: auch sie ist eine Frage nach dem

Sein. Sie wechselt freilich die Perspektive, denn sie ist nicht die Frage nach dem, was wir sind, sondern nach dem, wozu wir uns machen, uns machen können. Und das ist eben auch eine Seinsfrage, nämlich ob und wieweit wir frei sein können. Erschöpft sich unsere Existenz in Geschehensabläufen determinierter Materie, ist die Frage nach der Freiheit negativ beantwortet. Können wir uns von dieser negativen Antwort nicht überzeugen, dann hängt unsere Freiheit zusätzlich noch davon ab, ob wir uns als frei erkennen. Wir beantworten uns also die Frage selbst durch philosophische Besinnung, wir erklären uns für frei; die Konstitution unserer Freiheit ist ein Akt der Selbstgründung, der freilich auf Sand gebaut sein kann.

III. Ansatz und Grenzen einer Antwort auf die Ur- und Kardinalfrage

1. Der phänomenologische Ansatz als erster Schritt

Geht es uns wirklich um Erkenntnis – und dem ist so: wir hassen die Illusion und die daraus folgende unendliche Reihe von Täuschungen - , dann dürfen wir nichts, was uns erreichbar ist, ausschließen und müssen versuchen, alle Phänomene, Zusammenhänge und Bezüge zu berücksichtigen, soweit sie zur Klärung beitragen können, sie mögen beobachtbar oder erschließbar, faktisch oder theoretisch, gewiss oder nur wahrscheinlich sein, erfahren oder vermutet werden, oder sich aus Sinnzusammenhängen ergeben. Ein Methodenmonismus wäre da fehl am Platz. Gleichwohl gibt es eine natürliche Reihenfolge in den Schritten des Erkennens, nämlich vom Unmittelbaren zum Mittelbaren, vom Gegebenen und Naheliegenden zum Gefolgerten, von der Physik zur Metaphysik, vom Sein zum Sinn. Zudem sollten wir uns der Art und des Grades der Gewissheit unserer Erkenntnis stets bewusst sein.

Es gilt zunächst, die Wirklichkeit auf uns wirken zu lassen, ehe wir sie zu deuten beginnen. Von der Wirklichkeit gibt es

Wissenschaft. Ihre Ergebnisse, insbesondere die der Naturwissenschaften haben wir zu nehmen, wie sie sind. Es hat keinen Sinn, sich etwa einen eigenen »Entropiesatz« auszudenken. »Zu den Sachen selbst« und sich mit voreiligen Urteilen zurückzuhalten, ist der bewährte phänomenologische Ansatz[22].

2. Wissenschaft und Laiensphäre

So selbstverständlich der phänomenologische Ansatz auch ist, er hat nur eine beschränkte Reichweite. Um zu wirklicher Erkenntnis zu gelangen, stellen sich allenthalben Schwierigkeiten in den Weg. Versöhnung setzt aber eine im wesentlichen zutreffende Erkenntnis von der Struktur dieser Welt voraus, die ohne Wissenschaft und insbesondere ohne Naturwissenschaft nicht möglich ist. Die Schwierigkeiten, die sich in den Wissenschaften auftürmen, müssen bewältigt werden – sei es durch Auseinandersetzung mit ihren Ergebnissen, sei es durch Offenlassen. Schon das bloße Zurkenntnisnehmen »fertiger« wissenschaftlicher Resultate, - etwa der Physik oder Biologie - setzt uns der Gefahr der Fehlinterpretation aus.

Was ist die Konsequenz? Die Wissenschaften »außen vor lassen«? Die Abstinenz von aller wissenschaftlichen Erkenntnis, für die man kein Fachmann ist, ist menschenunmöglich, jedenfalls demjenigen, der im abendländischen Geiste aufgewachsen ist. Sicherlich müssen wir uns mit dem begnügen, was und wie es uns gegeben ist. Aber auf dieser unsicheren Grundlage drängt es uns, sich zu orientieren. Dabei kommen wir ohne den einen oder anderen Schluss, der sich auf Ergebnisse der Wissenschaften stützt, eben einfach nicht aus. Die Alternative, sich überhaupt keine Gedanken zu machen, wäre noch schlechter. Es bleibt der Versuch, aus dem Wirrwarr der

---

[22] Vgl. zur phänomenologischen Methode Bochenski, »Die zeitgenössischen Denkmethoden«, 1954, S. 23.

Meinungen diejenige herauszuarbeiten, die einem die wahrscheinlichste und richtigste erscheint.

Glauben und Wissen kann ich nicht an irgendjemanden delegieren und sei er noch so kompetent; das ist das Ethos der Neuzeit und Aufklärung, grundgelegt in der christlichen Botschaft, etwa schon im Römerbrief, wenn dort Paulus sagt: „Alles, was man nicht aus Überzeugung <ex fide> tut, ist Sünde"[23]. Ich bin es, der die Überzeugung gewinnen will. Ich muss mich selbst überzeugen und ich selbst muss schließlich überzeugt sein. In mir muss sich der Wissens- und Glaubensprozess abspielen, auch wenn ich bestimmten Koryphäen Autorität einräume und ihre Äußerungen nicht selbst auf ihre Richtigkeit sachlich nachprüfen kann, mich also auf fremdes Urteil verlassen muss. Ist das so, dann muss zumindest der Schluss, dass und weshalb etwas Autorität hat, bei mir stehen. Die Schwierigkeit liegt freilich gerade darin, dass auch widersprechende Äußerungen Autorität beanspruchen.

Das Lutherwort auf dem Reichstag zu Worms von den Konzilen, die irren und geirrt haben[24], gilt auch für die Wissenschaften; man denke an die Physik unter der Ägide des Aristoteles, die da meinte, dass eine gleichförmige Bewegung ständiger Energiezufuhr bedürfe, an die klassische Physik Newtons, die davon ausging, dass die Natur keine Sprünge mache und an die moderne Physik –da sind die Dinge noch im Fluss. Aber wahrscheinlich hat Einstein mit seiner strikten Determination allen Naturgeschehens Unrecht und die Quantentheorie mit der prinzipiell mangelnden Prognostizierbarkeit mikrophysikalischer Einzelvorgänge Recht, wie noch im weiteren auszuführen sein wird.

---

[23] Röm. 14, 23.

[24] Siehe Hanns Lilje, »Martin Luther in Selbstzeugnissen und Bilddokumenten«, Rowohlt, 1965, S. 85.

Es mag einem Naturwissenschaftler verdrießlich sein, wenn er sieht, wie sich ein Laie über Fragen äußert, deren Erforschung außerhalb seiner Reichweite liegt. Er sollte aber unterscheiden zwischen einer Interpretation und Einordnung der von den Wissenschaftlern vorgelegten Ergebnisse und einer eigenmächtigen Korrektur beziehungsweise Verdrehung gesicherter Erkenntnisse. Dem Laien ist nicht zu verargen, wenn er sich mit Umsicht und Vorsicht ein Bild zu machen sucht und Dinge zusammen sieht, die der Fachmann separiert erforscht. Deswegen schießt Manfred Eigen über das Ziel hinaus, wenn er zustimmend Bert Brecht mit seiner Bemerkung aus dem Bühnenstück »Das Leben des Galilei« zitiert[25]: „Sollte uns dann aber jede andere Annahme als diese unter den Händen zerronnen sein, dann keine Gnade mehr mit denen, die nicht geforscht haben und doch reden". Welche „Gnade" auch immer da gemeint ist: Hier bahnt sich eine neue Intoleranz an, die der abendländischen Aufklärung an sich fremd ist und fremd bleiben sollte. Durfte man etwa bis zu Heisenbergs Unschärferelation aus dem Jahre 1927 keine Auffassung mehr vertreten, die mit einem lückenlosen Determinismus des Naturgeschehens unverträglich war? Sollte das heißen: „keine Gnade mehr" mit einem, der den Gedanken Kants einer »Kausalität aus Freiheit«[26] weiter zu entwickeln und ihr einen Platz in der Welt der Erscheinungen anzuweisen suchte?

Auch der einzelne spezialisierte Fachmann überblickt seinerseits meist nur sein Fach und damit einen kleinen Ausschnitt der Wissenschaften, so dass auch er nach einigen Metern nur noch ein »Fachlaie« ist, der nur eine sehr »ermäßigte« Autorität für die Entscheidung der anstehenden Frage in Anspruch nehmen kann. Sein Urteil ist freilich regelmäßig schon deshalb

---

[25] Vorrede zu Jacques Monod, »Zufall und Notwendigkeit«, a. a. O., S. 16.
[26] Vgl. etwa Kants »Kritik der reinen Vernunft«, 1. Auflage S. 558, Vorrede zur 2. Auflage S. XXVII, S. 586 und »Prolegomena zu einer jeden künftigen Metaphysik, § 53«.

nicht völlig wertlos, weil er wenigstens auf einem Gebiete gearbeitet und geforscht hat. Selbstredend gibt es eben Leute mit mehr oder weniger großem Durch- und Überblick; sie herauszufinden, ist Sache des Einzelnen, der sich um ein Weltbild bemüht. „Er folgt dabei bewährter Lehre und Überlieferung", so möchte man im Anschluss an den Art. 1 Abs. 3 Schweizerisches Zivilgesetzbuchs sagen, der vom Richter und seiner Rechtsfindung handelt. Der springende Punkt liegt in dem Erkennen der »Bewährung«.

Der Weg vom Spezialfach in die Laiensphäre muss schon aus praktischen Gründen irgendwann einmal gegangen werden, spätestens etwa bei der Risikoabschätzung einer Anwendung theoretischer Erkenntnisse in der Praxis und ihrer sich anschließenden moralischen Bewertung oder sogar bei ihrer isolierten moralischen Bewertung ohne jede Risikoabschätzung. Im Grunde ist auch der Weg von der Wissenschaft in die Philosophie ein ähnlicher. Es hat keinen Sinn, vorab Verbotstafeln aufzustellen. Jeder soll sich ein Bild machen, nicht willkürlich, sondern nach bestem Wissen und Gewissen, was nur dann möglich ist, wenn er gewillt ist, die Dinge möglichst unvoreingenommen auf sich wirken zu lassen.

3. Die Wissenschaft im Fluss der Geschichte

Sieht man sich also aufgefordert oder zumindest berechtigt, »sich Gedanken zu machen«, dann will man zu Ergebnissen kommen, die wahrscheinlicher sind als eine resigniertes »pari-pari«[27]. Doch das Unternehmen steht unter so vielen »Wenns« und »Abers«, dass man eigentlich keinen Fuß vor den anderen zu setzen wagt. Man muss sich - mit sich selbst diskutierend - zu einer Auffassung durchringen, das eine für richtiger als das andere zu halten.

---

[27] Aus dem Italienischen »al pari« <zum gleichen [Wert]>.

Wissenschaft bleibt seit vier Jahrhunderten und an der Wende zum dritten Jahrtausend unverzichtbar. Wer sie nicht sieht und nicht berücksichtigt, sieht unsere Welt nicht. Gleichwohl darf man die Beantwortung der Kardinalfrage nicht im Wissenschaftsbetrieb erwarten. Man bekommt durch die Wissenschaften Kategorien an die Hand, die uns vor groben Irrtümern bewahren. Das Eigentliche aber schafft die Wissenschaft nicht, sich mit der Welt zu versöhnen. Ohne einen Blick auf sie hängt allerdings der Versuch einer Versöhnung völlig in der Luft.

Aber was hilft es? Wir mögen überzeugt sein, wie wir wollen, ist nicht unser Weltbild genauso zeitabhängig wie jedes andere Weltbild, wie das der Geister der Vergangenheit, so dass es auch eines Tages »überholt« sein wird? Die Wissenschaft schreitet permanent fort. Was heute gilt, wird weiterentwickelt. Gleichwohl darf man davon ausgehen, dass keineswegs alles, was die Vergangenheit gedacht hat, falsch und überholt ist, sondern dass das eine oder andere sich durch die Zeiten durchhält, einfach, weil es wahr ist. Es gibt Sachprobleme, die im Laufe der Zeit einer Lösung näher kommen. Welzel konstatiert dies bei Problemen der materialen Rechtsethik. Hier sei dem menschlichen Geiste eine sachliche Aufgabe gestellt, der dieser in einem zweieinhalb Jahrtausende währenden Gespräch nachgekommen sei. „Dieses Gespräch" - so stellt Welzel fest - „ist alles andere als eine verwirrende Vielfalt einander widersprechender und übertönender Stimmen, sondern entwickelt in sachgebundener Auseinandersetzung die vom Thema nahegelegten Lösungsmöglichkeiten. Gerade die Geschichte des Naturrechts bietet ein bemerkenswertes Beispiel für die Einheit des geschichtlichen Geistes, wenn er an einer sachlichen Aufgabe orientiert ist"[28]. Als Beispiel nennt Welzel

---

[28] »Naturrecht und materiale Gerechtigkeit«, 4. Aufl., 1962, S. 7.

zu Recht die Zurechnungsgrundsätze einer Straftat. Überhaupt gibt es Erfahrungen des Denkens, die nicht versinken, denkerische »Errungenschaften«. So darf beispielsweise nicht vergessen werden, dass Kant gegen die Meinung seiner Zeit vom lückenlosen Determinismus die menschliche Freiheit zu denken vermochte. Auch die Erkenntnis unserer Tage wird Wahrheit enthalten, nur wissen wir nicht genau, wo sie liegt. Im übrigen bleibt uns nichts anderes, als die anfallenden Erkenntnisse auszuwerten und die wahrscheinlichste Version herauszufinden. Des Maßes der Relativität unserer eigenen Erkenntnis bewusst suchen wir nach Wahrheit und vielleicht erreichen wir sie auch einmal, irgendwann, irgendwo, irgendwie. Die Erkenntnis von der Kugelgestalt der Erde wird wohl bleiben!

Der phänomenologische Blick

I. Die unvorstellbare Raumzeitlichkeit der Materie

1. Sinnlichkeit als prävalente Wirklichkeit

Das Erste, was sich uns bietet, ist die Sinnenwelt. Dass alle Erkenntnis mit den Sinnen beginnt, stößt auf breite Zustimmung der Philosophen bis hin zu Thomas von Aquin[29]. Und sogar die Formel, mit der man die Erkenntnistheorie John Lockes[30] zusammenzufassen pflegt: „nihil est in intellectu, quod non sit prius in sensu"[31], findet allgemeine Zustimmung, wenn man die Einschränkung hinzunimmt, die Leibniz dem Lockschen Gedanken angefügt hat: „excipe: nisi ipse intellectus"[32]. Die Sinnenwelt ist die eindrücklichste und bedrückendste unserer Welten, und deshalb wird mit ihr der Anfang gemacht.

Die Brutalität des Sinnlichen ist uns ersichtlich ein Zeichen der Wirklichkeit. Wirklichkeit ist, was Wirkungen hat. Das Wesen der Wirklichkeit ist ihre »Widerständigkeit«; die Wirklichkeit steht nicht zu unserer - vollen – Disposition. Das gilt übrigens für alle Sphären des Wirklichen und ist keine Besonderheit der materiellen Welt. Auch in der Welt des Geistes ist es so, was oft verkannt wird. Auch da, wo es »nur« um unsere Überzeugung geht, sind wir keineswegs allmächtig. Sie widersteht - ob wir »wollen« oder nicht - mitunter hartnäckig der Selbstmanipulation des Erkenntnisvorgangs. Der Widerstand wird

---

[29] Vgl. »Summa theologica« I. qu. 1, Art. 9.

[30] Vgl. »Versuch über den menschlichen Verstand« <An essay concerning human understanding> 1690.

[31] Aus dem Lateinischen: »Nichts ist im Geiste, was nicht vorher in den Sinnen ist«.

[32] Aus dem Lateinischen: »mit Ausnahme des Geistes selbst«, in: »Neue Abhandlungen über den menschlichen Verstand« aus dem Französischen <Nouveaux essais sur l'entendement humain>, II, Kap. 1, § 2.

fühlbar bei jeder geistigen Arbeit an einem Problem. Wenn wir versuchen, von der Widerständigkeit des Wirklichen abzusehen, verschwindet sie nicht, bleibt im Hintergrund und wird durch ein »Es-geht-nicht« und »Es-stimmt-nicht« präsent. In allen Fällen der Wirklichkeit fühlen wir, dass wir über die Lösung der Probleme nicht frei verfügen können, dass Dinge, Tatsachen und Zusammenhänge ihre »Ecken und Kanten« haben, also »wirklich« und nicht nur »eingebildet« sind.

»Unmittelbar« zu berühren meinen wir die Wirklichkeit, wenn wir sie ertasten. Mit dem Tastsinn »begreifen« wir die Körperlichkeit der Welt. Zwischen uns und das Getastete schiebt sich nichts. Das Getastete ist einfach »da«. Im Körpergefühl, dem Umfassen und Umfasstwerden, dem Erlebnis der Völle und der Leere, „von Raumverdrang und Ichgefühl"[33], wie Gottfried Benn sagt, wird uns die Körperlichkeit in ihrer Räumlichkeit unmittelbar präsent. Der Tastsinn erscheint uns in seiner Handgreiflichkeit als Urbild der Sinnlichkeit; die Wahrnehmung macht »Ein-Druck«, und selbst die Gestalt und die Tätigkeit unserer Welterkenntnis – also Phänomene des Geistes - nennen wir noch »Begriff« und »Begreifen«. Freilich ist die Mittelbarkeit auch des Tastsinns nicht zu verkennen.

Wir erfassen die Welt zwar auch mit dem Gesichts- und Gehörsinn, aber hier kommt uns die Mittelbarkeit der Sinne stärker zum Bewusstsein: Gesicht und Gehör sind Werkzeuge zum Erkennen, weshalb denn auch ein Bild für sich genommen noch nichts bedeutet; nicht das bloße Sehen, sondern das Erkennen ist das Entscheidende. Häufig müssen wir das Gesehene und Gehörte durch Abgleich mit Drittdaten deuten und uns dann zur Erkenntnis der Wirklichkeit vorarbeiten. Wir sehen uns vor die Diskrepanz von Sein und Schein gestellt. Ist uns freilich eine Verifizierung oder Falsifizierung ge-

---

[33] Gedicht: »O Nacht«.

lungen, erscheinen uns die höheren Sinne wegen ihrer stärkeren Differenzierungskraft besser geeignet, durch Maß und Zahl unsere Sinneseindrücke zu objektivieren und präzise mitzuteilen, als das bloße Körpergefühl.

Im Rahmen von Raum und Zeit lässt sich mit Hilfe unserer Sinne die Wirklichkeit des Materiellen analysieren. In dieser Wirklichkeit sind alle Ereignisse als Ortsveränderungen sinnlich feststellbarer Erscheinungen raumzeitlich prinzipiell beschreibbar. Erweisen sie sich auch noch als berechenbar, empfiehlt sich diese Art von Wirklichkeit nicht nur durch ihre »Brutalität«, die gefühlte Unmittelbarkeit, sondern auch durch ihre Subtilität und Verlässlichkeit.

Die sinnliche Wirklichkeit scheint uns in ihrer Handgreiflichkeit die verlässlichste Wirklichkeit; sie übertrifft an Intensität alle anderen Arten von Wirklichkeitserlebnissen. Über mein Körpergefühl kann ich mich nicht täuschen, wenn auch über seine Ursache. Das Körpergefühl selbst ist totale, unzweifelhafte, lustvolle oder schmerzhafte Präsenz. In ihm wird uns zum unzweifelhaften Bewusstsein, dass wir sind; hier erfahren wir unsere unaufhebbare Vereinzelung: „Nur sein eigen Fleisch macht ihm Schmerzen"[34] – kein »Allgefühl mit aller Kreatur«. In diesem Bewusstsein ist es der praktische Konkurrent des »cogito ergo sum«[35]. Dieses scheint schon etwas weiter hergeholt zu sein, weil es das Denken voraussetzt.

Auf der Grundlage unseres Tastsinns bauen wir uns unser Bild der Materie auf. Wir »begreifen« die materielle Welt als eine räumliche, die mit Widerständigem, das der räumlichen

---

[34] Hiob 14, 22.
[35] Die lateinische Fassung, die Descartes in seinen »Principia philosophiae«, 1644, 1. Teil, Nr. 7 seinem französischen »Je pense, donc je suis« - auf Deutsch »Ich denke, also bin ich« - im »Discours de la méthode« <Abhandlung über die Methode>, Vierter Teil, 3 gegeben hat.

Dimension entspricht, nämlich mit Materie erfüllt ist. Im Raum nehmen wir mit unserem Tastsinn das Ausgefülltsein und seine Veränderungen wahr, die auf Grund der Kontinuität unseres Bewusstseins vom Tastsinn und seinen Wahrnehmungen konstatiert werden. Die Veränderung setzt den Ablauf von Zeit voraus, die sich damit wie der Raum als vorgängig gegenüber der Sinnenwelt erweist.

Die Versuchung ist groß, die materielle Wirklichkeit zur »Leitwirklichkeit« - also zum Maße aller Wirklichkeit - zu erklären. Dass es eine Versuchung ist, wird einem klar, wenn man sich an das Wort Hegels erinnert: „Wem nicht der Gedanke als einzig Wahres, als Höchstes gilt, der kann die philosophische Weise gar nicht beurteilen."[36] Man erliegt der Versuchung immer wieder, die Sinnenwelt für die prävalente Wirklichkeit zu halten: „Steh auf, nimm dein Bett und wandle" macht nun einmal mehr Eindruck als die Vergebung der Sünden[37]; da geht es uns nicht anders als den Kindern Israels. Selbst Christus rügt den Apostel Thomas nicht, der an die Auferstehung erst glauben will, wenn er die Finger in seine Wundmale gelegt habe[38]. Er bedauert ihn freilich und nennt selig, „die da nicht sehen und doch glauben", also noch andere Wirklichkeiten als wirklich kennen und sich nicht auf die der Sinne allein beschränken und verlassen.

2. Die Ortsveränderung – das Ereignis der Raumzeitlichkeit

Ein Ding erscheint »positiv« in Raum und Zeit, es ist Materie. Sie manifestiert sich in Masse und Energie[39]. Materie ist nicht

---

[36] »Vorlesungen über die Philosophie der Weltgeschichte«, Bd. I: »Die Vernunft der Geschichte«, herausgegeben von Johannes Hoffmeister, 5. Aufl., 1955, S. 30.

[37] Mt 9, 1 ff.

[38] Joh 20, 25.

[39] Siehe die von Einstein entdeckte Masse-Energie-Äquivalenz: $E = m \cdot c^2$. (»Ist

ubiquitär, sondern lokalisiert und begrenzt, das heißt verteilt im Raum. Die Verteilung unterliegt Veränderungen in der Zeit. Masse und Energie wirken durch Ortsveränderungen; in Ortsveränderungen manifestieren sich auch die Wirkungen auf Masse und Energie. Im Begriff des Ortes liegt das räumliche, im Begriff der Veränderung das zeitliche Moment. Alle Ereignisse der materiellen Welt sind prinzipiell als Ortsveränderungen von Masse und Energie oder als ihr Resultat raumzeitlich beschreibbar, sie mögen gesetzmäßig vorhersagbar sein oder zufällig eintreten, auch wenn im mikrophysikalischen Bereich aus naturgesetzlichen Gründen nicht sämtliche Bestimmungsstücke gleichzeitig angegeben werden können, wie Heisenberg in der von ihm entdeckten Unschärferelation gezeigt hat. Dass sich aber auch die mikrophysikalischen Vorgänge in Raum und Zeit abspielen, ist damit nicht in Frage gestellt. Im übrigen charakterisiert sich die Materie in ihrer Raum-Zeitlichkeit durch ihre - notwendig mittelbare - Wahrnehmbarkeit und Messbarkeit; sie affiziert unsere Sinne. Wieweit sie ein »wahres« Bild - genauer: ein Bild, das wahre Erkenntnis ermöglicht - liefert, ist eine Grundfrage unseres Weltverständnisses, der hier nachgegangen wird und die ohne Naturwissenschaft schlechterdings nicht beantwortet werden kann.

3. Anschaulichkeit und Begrifflichkeit der klassischen Physik

a. Die Anschaulichkeit

Es ist uns von Kant geradezu als ein philosophisches Axiom überkommen, dass Naturerkenntnis – und das ist die Erkenntnis der Materie - auf Anschauung beruht: „Auf welche Art und durch welche Mittel sich auch immer eine Erkenntnis

---

die Trägheit eines Körpers von seinem Energieinhalt abhängig?« in: »Annalen der Physik«, 18, 1905, S. 639, 641) e

auf Gegenstände beziehen mag, es ist doch diejenige, wodurch sie sich auf dieselbe unmittelbar bezieht, und wodurch alles Denken als Mittel abzweckt, die Anschauung"[40]. Ob wirklich alles Denken auf Anschauung abzweckt, mag man bezweifeln. Jedenfalls da, wo Anschauung obwaltet, meinen wir Erkenntnis unserer in Raum und Zeit gegenständlichen Welt gewinnen zu können. Heidegger schreibt denn auch[41], man müsse sich für alles Verständnis der »Kritik der reinen Vernunft« gleichsam „einhämmern": „Erkennen ist primär Anschauen"; freilich – wie Heidegger betont - nur „primär". Es muss, um zu einer Erkenntnis zu gelangen, zweitens der Begriff hinzukommen, durch den ein Gegenstand gedacht wird, der dieser Anschauung entspricht[42]. Die bloße Anschauung ist zwar nach Kant notwendig, aber nicht zureichend. Zur Erkenntnis gehört auch eine begriffliche Einordnung der Anschauung.

Anschaulich ist ein Vorgang, den wir uns in seiner Raumzeitlichkeit vorstellen können. Geht es um Phänomene, die sich der unmittelbaren Wahrnehmung entziehen, können sie nur dann anschaulich werden, wenn man sich ein »Bild« von ihnen macht. Das wird für gelungen gehalten, wenn die nicht beobachtbaren Elemente und Vorgänge des Naturgeschehens in Vorstellbares - also Veränderungen in der Verteilung von Masse und Energie - übersetzt sind.

Die Anschauung ist so dominant im Erkenntnisprozess, dass wir dazu neigen, auch das bloß zu Denkende in anschauliche Bilder – also in »Klötzchen und Stöckchen« - zu übertragen, woraus sich freilich häufig genug schiefe Perspektiven ergeben. Man denke etwa an die Begriffe »Grenze« und »Schranke«, an »intensional« und »immanent«. Begriffe der raumzeit-

---

[40] »Kritik der reinen Vernunft«, 1. Auflage S. 19, 2. Auflage S 33.
[41] »Kant und das Problem der Metaphysik«, 1. Auflage 1929, 5. vermehrte Auflage, 1991, S. 21 f.
[42] Vgl. »Kritik der reinen Vernunft« 1. Auflage S. 92, 2. Auflage S. 125.

lichen Welt werden so - oft ohne hinreichende Reflexion - zu Kriterien für die Richtigkeit der den Gedanken betreffenden Überlegungen. Die klassische Physik hat die Dominanz der Anschauung nie vergessen und es ständig unternommen, die physikalische Erkenntnis anschaulich zu beschreiben. Gelang dies, dann zeigt sich dem Weltbild der klassischen Physik entsprechend, was das untersuchte Phänomen seinem Wesen nach »ist«.

b. Die begrifflichen Voraussetzungen der klassischen Physik

Die Anschauung allein reicht aber – wie gesagt - für eine Erkenntnis des Naturgeschehens nicht aus. Hinzu kommen muss eine erklärende Begrifflichkeit, ein Denken, das die Kenntnis bestimmter Vorgänge und ihren Ablauf mit anderen Vorgängen zu koordinieren und damit in ein System einzuordnen vermag. Dieses System kann nur dann die Grundlage einer Erkenntnis sein, wenn es widerspruchsfrei ist. Sonst besteht der dringende Verdacht, dass die eine oder die andere »Erkenntnis«, die sich nicht koordinieren lässt, in Wahrheit keine Erkenntnis ist, vorausgesetzt, dass man die Natur für widerspruchsfrei hält, was man sich freilich nicht anders denken kann. So ist ein bestimmtes Ding - ob beobachtbar oder nicht beobachtbar - nur dann anschaulich, wenn es an einer bestimmten Stelle zu einer bestimmten Zeit vorgestellt werden kann, und das heißt, nicht zugleich auch woanders vorzustellen ist.

Die Physik der Neuzeit ging bei der Deutung eines Naturgeschehens mehr oder weniger ausdrücklich von zwei Annahmen aus. Die erste ist die Stetigkeit der Naturvorgänge. Sie ergibt sich aus der Kontinuität des Raumes und der Zeit. Unsere äußere und innere Anschauung lässt uns keine Lücke des Raumes – also keine Stelle, wo kein Raum wäre - und keine Unterbrechung des Zeitflusses entdecken. Daraus ergibt sich unsere Vorstellung von der Kontinuität der Naturvorgänge, nämlich dass es unmöglich ist, einen bestehenden Zustand momentan durch einen anderen abzulösen, dessen Bestimmungsstücke sich um endliche Beträge von denen des vorhergehenden Zustandes unterscheiden. So erscheint es beispielsweise unmöglich, die Temperatur eines Körpers momentan und sprunghaft von 14 °C auf 15 °C zu erhöhen; es müssen vielmehr erst alle Zwischenstufen durchlaufen werden[43].

Die zweite Annahme ist die der Kausalität, die als deutlich problematischer empfunden wurde. Sie wird als »Einfluss« der Ursache auf die Wirkung in unterschiedlicher Stringenz gedacht. Allen Kausalitätsauffassungen ist sozusagen der Obersatz gemeinsam: »Gleiche Ursachen, gleiche Wirkungen«. Hume hielt sie für ein Phänomen der Psyche und ein Produkt von Assoziationen[44], Kant für einen Verstandesbegriff, für eine Kategorie. Sie gehört nach ihm zu der Gruppe der Relationen. Sind die Phänomene gleichzeitig, spricht man von Wechselwirkung; zeigt ein bestimmtes Phänomen ein anderes - nach alter Terminologie: die Substanz ihre Akzidenzien - dann nennt dies Kant „Inhärenz"[45]. Den Zusammenhang von Ursache und Wirkung denkt Kant als zwingend. Kausalität besteht nach ihm in der Sukzession des Mannigfaltigen, insofern sie einer Regel unterworfen ist[46]. Die Natur ist nach Kant von lückenloser Kausalität beherrscht, »vorbehaltlich« des menschlichen Willens, - ein Vorbehalt, von dem Kant selbst zugesteht, dass er zunächst einmal „äußerst subtil und dunkel erscheinen muss"[47].

---

[43] Vgl. Höfling, »Physik«, Bd. II, Teil 1, 10. Aufl.; S. 388.
[44] Siehe »Untersuchung in Betreff des menschlichen Verstandes«, übersetzt von J. H. von Kirchmann, 1869. S. 44.
[45] »Kritik der reinen Vernunft«, 1. Auflage S. 80; 2. Auflage S. 106.
[46] Siehe a. a. O. 1. Aufl., S. 143, 2. Aufl., S. 183.
[47] A. a. O., 1. Auflage S. 537, 2. Auflage S. 565.

Der Gedanke eines lückenlosen Determinismus findet seinen Ausdruck im »Dämon« des Laplace, der mit den berühmten Worten vorgestellt wird: „Wir müssen also den gegenwärtigen Zustand des Weltalls als die Wirkung seines früheren und als die Ursache des folgenden Zustandes betrachten. Eine Intelligenz, welche für einen gegebenen Augenblick alle in der Natur wirkenden Kräfte sowie die gegenseitige Lage der sie zusammensetzenden Elemente kennt und überdies umfassend genug wäre, um diese Größen der Analysis zu unterwerfen, würde in derselben Formel die Bewegung der größten Weltkörper wie des leichtesten Atoms umschließen. Nichts würde ihr ungewiss sein, und Zukunft wie Vergangenheit würden ihr offen vor Augen liegen"[48]. Dem entspricht der Kausalitätsbegriff der klassischen Physik, den Carl Friedrich von Weizsäcker[49] über Kant hinausgehend dahin formuliert: „Alles, was in der Welt geschieht, ist an sich vorbestimmt. Die Vorbestimmung beruht auf Gesetzen. Die Gesetze sind die Gesetze der Mechanik". Und von Weizsäcker fügt hinzu, dass man diesen Begriff als eine »ontische« Fassung des Determinismus bezeichnen kann; denn in ihr werde gesagt, wie die Dinge nach der Ansicht des Sprechenden an sich sind.

c. Das klassische Grundmodell des Naturgeschehens: die Mechanik

Zur Förderung der Anschaulichkeit wird versucht, das Naturgeschehen zu einem »Modell« zu vereinfachen. Vereinfachen heißt: das für die Erkenntnis Unwesentliche weglassen. So wird etwa, um die Bewegung eines Körpers berechnen zu können, der Körper als »Massepunkt«, also als ausdehnungslose Masse gedacht, was an sich ein Widerspruch in sich selbst ist. Das Naturgeschehen gilt für erklärt, wenn es in einem ein-

---

[48] Laplace, »Essai philosophique sur les probabilité«; zitiert nach Sexl / Schmidt, »Raum Zeit Relativität«, 3. Aufl., S. 19.

[49] »Die Einheit der Natur«, dtv, 1974, S. 136.

zigen Modell gedeutet werden kann. Gelingt dies, dann wird von den Physikern der klassischen Physik das Modell für ein »Abbild« der Wirklichkeit gehalten. Das Bewusstsein, sich bei der Beschreibung eines Naturvorgangs eines Modells zu bedienen, ist erst spät aufgetreten: Huygens mit seiner Wellentheorie und Newton mit seiner Korpuskulartheorie glaubten, dass das Licht seinem Wesen nach so sei, wie sie es beschrieben[50].

Das Ur- und Grundmodell raumzeitlicher Vorgänge ist in der klassischen Physik die Mechanik, die von den Ortsveränderungen von Körpern, also von Bewegungen, den Kräften und dem Resultat von Bewegungen und Kräften handelt. Widerspruchsfrei erscheinen uns die Modellvorstellungen nach unseren Alltagserfahrungen, wenn sich der Vorgang als stetig, seinerseits durch Ortsveränderungen von Energie und Masse – kausal und nicht zufällig - verursacht und objektivierbar – und das heißt »messbar« - darstellen lässt, wobei die Messung eine Größe ermittelt, die auf eine Realität verweist, die in ihrer Vorhandenheit nicht von der Messung abhängt. Helmholtz formulierte programmatisch: „Letzten Endes müssen wir die Aufgabe der physikalischen Wissenschaft von der Materie somit darin sehen, die Naturerscheinungen auf unveränderliche Anziehungs- und Abstoßungskräfte zurückzuführen, deren Intensität ausschließlich von der Entfernung abhängt. Die vollständige Lösung dieses Problems kommt einer lückenlosen Deutung der Natur gleich"[51]. Das Naturgeschehen wird als ein gesetzmäßiges gedacht, was die Erhaltungssätze der

---

[50] Höfling, »Physik«, Bd. II, Teil 2, 1973, 10. Aufl., S. 636.

[51] »Über die Erhaltung der Kraft« (1847) Einleitung, zitiert nach M. Jammer, in: »Historisches Wörterbuch der Philosophie; hrsg. von Joachim Ritter und Karlfried Gründer; 1976; Band 4: I-K, Artikel: »Kraft«. Der Satz findet sich schon bei Huygens (siehe Höfling, »Physik« II, Teil 1, 1973, 10. Aufl., S. 396) und auch bei Schelling »Ideen zu einer Philosophie der Natur«, in: Rüdiger Bubner, »Geschichte der Philosophie in Text und Darstellung«, Bd. 6, Deutscher Idealismus, Reclam, S. 250.

Masse und der Energie voraussetzt. Auf dieser Basis sind dann Vorhersagen des Naturgeschehens möglich; sonst wäre Gesetzmäßigkeit nicht denkbar, wenn jedes Mal andere Relationen vorgefunden würden.

d. Die Geschichtlichkeit von Anschaulichkeit und Begrifflichkeit

Was wir für anschaulich und widerspruchsfrei halten, entspricht der Physik einer bestimmten Epoche. Für uns im Alltag ist es das Modell der klassischen Physik, was nichts anderes heißt, als dass wir die Sichtweise angenommen haben, die mit den Forschungen Galileis und Newtons herrschend geworden ist. Diesem Modell wird mit seinen Messbarkeiten in unseren Breiten eine durchschlagende Plausibilität beigemessen, dergestalt, dass ein Vorgang allgemein als durchschaut angesehen wird, wenn er in seinem Ablauf folgerichtig geometrisch-mechanisch beschrieben werden kann.

Frühere Zeiten hätten es für möglich und nicht jeder Anschauung zuwiderlaufend gehalten, dass sich etwa ein und dieselbe Person an zwei verschiedenen Orten zur gleichen Zeit zeigt, dass Menschen oder Sachen augenblicklich verwandelt werden oder dass Gegenstände wie die Santa Casa[52] auf Engelsschwingen von Nazareth nach Dalmatien und von dort nach Loreto ohne jeglichen Zeitaufwand versetzt werden.

Zu der vergangenen Sichtweise gehört das ptolemäische Weltbild mit der Erde als Mittelpunkt und Raum für die Lebenden, bei den alten Griechen mit dem Olymp droben - sozusagen in Sichtweite - als Wohnung der Götter und mit der Unterwelt drunten als Aufenthalt für die Abgeschiedenen, mit

---

[52] Die »Santa Casa« ist das Haus, in dem Jesus von Nazareth aufgewachsen ist.

von der Erde her begehbaren Zugängen[53], getrennt von der Lebewelt der Menschen durch den Fluss Acheron oder durch einen See und finstere Höhlen[54]. Wer gestorben ist, kehrt aus diesen Gefilden nicht mehr zurück. In der christlichen Ära haben wir dann den Himmel oben, die Erde in der Mitte und die Hölle unten, also wie bei den alten Griechen und Römern eine »Stockwerkgliederung«[55] der Welt und - weit verbreitet - die Identität von Zeit und Ewigkeit, nämlich die Ewigkeit als eine unendlich lange Zeit.

4. Grenzen der Anschaulichkeit und herkömmlicher Begrifflichkeit

a. Die dualistische Lichttheorie

Während die klassische Physik die Anschaulichkeit als Axiom der Erkenntnis durchgehalten hat, vermittelt die moderne Physik – die Quantentheorie und in geringerem Maße auch die Relativitätstheorie – Erkenntnisse, die sich der Anschauung entziehen und damit zugleich die Grenze zur klassischen Physik sichtbar machen. Dies zeigte sich zuerst in dem Dualismus von Welle und Korpuskeln zur Erklärung des Phänomens »Licht«.

Das Licht zeigt Wechselwirkungen, die sowohl mit der Vorstellung, es bestehe aus Korpuskeln – den Lichtquanten – als auch mit der Vorstellung, es sei eine Welle, vereinbar sind. Vollständig erklären lassen sich nach beiden Modellen etwa die Reflexion des Lichts an Flächen. Es gibt aber auch Wechselwirkungen, die nur durch das Korpuskelmodell oder nur durch das Wellenmodell erklärbar sind. Stellt man die Wir-

---

[53] Vgl. Homer, »Ilias«, I. Gesang, Vers 413 ff, VIII. Gesang Vers 1 ff; »Odyssee« XI. Gesang.
[54] Siehe Vergil, »Aeneis«, VI. Gesang; Horaz »Carmina « <Oden> II. Buch, 14.
[55] Homer, »Ilias«, XV. Gesang, Vers 186 ff

kung des Lichts auf eine fotografische Platte fest, so muss man einen chemischen Prozess konstatieren, der nur anschaulich zu machen ist, wenn man das Licht aus Korpuskeln bestehend ansieht, die an einer bestimmten Stelle - und an keiner anderen - eine chemische Reaktion auslösen. Trifft das Licht bei seiner Ausbreitung auf ein Gitter, dessen Durchlässe nicht viel größer sind als seine Wellenlänge, so zeigt sich seine Beugung, die auf einer hinter dem Gitter angebrachten Platte durch Interferenzstreifen in Erscheinung tritt, was nur durch das Wellenmodell erklärbar ist.

Diese beiden Eigenschaften des Lichts – die Auslösung eines chemischen Prozesses durch seine Absorption und die Interferenz durch seine Beugung - lassen sich in einem einzigen Modell nicht widerspruchsfrei anschaulich machen, weil einerseits ein den chemischen Prozess bewirkendes Teilchen in einem geometrisch-mechanischen Modell gleichzeitig nur an einer einzigen Stelle sich befindend gedacht werden kann und weil andererseits Interferenz als ein den Raum erfüllendes Wellengeschehen vorgestellt werden muss.

Die Grenzen der Anschaulichkeit zeigen sich beispielhaft bei der Interferenz im sogenannten Doppelspaltversuch. Die Interferenz wird durch Eigenschaften des ganzen Beugungsgitters bestimmt und nicht nur durch den Teil des Gitters, auf den ein einzelnes Lichtquant als auftreffend vorgestellt werden könnte[56]. Das ist zunächst noch anschaulich vorstellbar durch eine über den gesamten vom Gitter eingenommenen Raum sich ausbreitende Wellenbewegung.

Rätselhaft wird es aber, wenn man sozusagen das Schicksal des einzelnen Elektrons zu verfolgen unternimmt und zu diesem Zwecke das Gitter auf einen Doppelspalt reduziert.

---

[56] Vgl. Heisenberg, »Prinzipielle Fragen der modernen Physik« in: »Wandlungen in den Grundlagen der Naturwissenschaft«, 1945, S. 48.

Hattrup[57] erläutert das dann auftretende Phänomen sehr anschaulich wie folgt: Es sei möglich, Elektronen einzeln zu erzeugen und in einem Detektor hinter dem Doppelspalt zu registrieren, jedes Elektron für sich. Die Elektronen träfen dann Stück für Stück ein, so dass man die Wahrscheinlichkeit für ihr Eintreffen wie bei Teilchen überhaupt messen könne. Schlösse man den zweiten Spalt, so entstehe die Kurve der Gaußschen Verteilung, schlösse man den ersten Spalt und öffne den zweiten Spalt, so entstehe ebenfalls die Kurve der Gaußschen Verteilung. Würden aber beide Spalte geöffnet, dann sei das Ergebnis keineswegs eine Summierung der beiden Gaußschen Verteilungskurven, sondern eine Interferenzkurve wie bei Wellen, das heißt: es gebe einen Ausgleich von Wellenberg und Wellental und beim Zusammentreffen von Wellenberg und Wellenberg eine Summierung. Seien beide Spalte offen, dann verhielten sich die Elektronen, als ob sie Wellen wären, obwohl sie doch einzeln durch das eine oder andere der Löcher gehen müssten, anders aber, wenn nur ein Spalt offen sei. Da sich das Elektron anders verhalte, wenn nur ein Spalt geöffnet sei, als wenn beide Spalte offen stünden, »wisse« das Elektron offenbar in mehreren Metern oder auch vielen hundert Kilometern Entfernung, ob der winzige andere Spalt offen sei oder nicht[58]. »Entmythologisiert« gesprochen: das Geschehen ist klassisch nicht mehr anschaulich darstellbar.

Dort, wo die Korpuskulartheorie das Bild bestimmt, wird die Fortbewegung eines Teilchens entlang seiner Bahn vorgestellt,

---

[57] »Einstein und der würfelnde Gott«, 2001, S. 23 ff, 4. Gesamtauflage, 2008; S. 22 ff.

[58] Hattrup, a.a.O. 2001, S. 26 f. beziehungsweise 4. Gesamtauflage, 2008, S. 27 f. betont, dass das Ergebnis einer ohne zeitliche Verzögerung miteinander verbundenen Welt nicht im Gegensatz zur Relativitätstheorie stehe, wonach sich Licht höchstens mit Lichtgeschwindigkeit ausbreiten könne. Die augenblicklich Wirkung über Millionen von Kilometern sei keine Bewegung im physikalischen Sinne, weshalb man diesen Ganzheitseffekt der Physik nicht zu einer Datenübertragung benutzen könne.

wo die Wellentheorie zur Erklärung dient, wird Raum imaginiert. »Punktförmig« und »räumlich ausgedehnt« sind für ein und dasselbe Phänomen in einer Vorstellung nicht vereinbar, so wenig wie Korpuskeltransport und Anregung zu einer Wellenbewegung. Ein Teilchen kann immer nur an einer Stelle gedacht werden, während ein Wellengeschehen gleichzeitig einen Raum erfüllend vorgestellt wird. Wird das bisher immer als eine nahezu punktförmige Zusammenballung von Masse und Ladung betrachtete Elektron nach der Vorstellung Schrödingers auch als räumlich ausgedehntes Gebilde aufgefasst, das je nach seiner Energiestufe ganz verschiedene Formen haben kann[59], so gibt eine solche Vorstellung die Anschaulichkeit nicht zurück. Eine widerspruchsfreie Beschreibung der Phänomene der Absorption und der Beugung bringt erst die Quantentheorie, und zwar durch partielle Differenzialgleichungen[60], denen natürlich erst recht jede Anschaulichkeit fehlt.

b. Das Plancksche Wirkungsquantum und die Unschärferelation.

Der Dualismus von Korpuskel und Welle in der Erscheinung des Phänomens »Licht« ist nicht der einzige Einbruch in die Anschaulichkeit naturwissenschaftlicher Vorgänge. Orientiert am physikalischen »Ur- und Grundmodell« der Mechanik wird nach den Maßstäben der klassischen Physik - wie gesagt - ein Vorgang nur dann für widerspruchsfrei und damit für anschaulich erachtet, wenn er sich entsprechend unserer Grundvorstellung von der Lückenlosigkeit des Raumes und dem absolut ununterbrochenen Zeitfluss in seiner Ortsveränderung von Energie und Masse als stetig und als eindeutig beschreibbar erweist. Diese »Anschaulichkeit« wird strapa-

---

[59] Höfling, »Physik«, Bd. II, Teil 3, 10. Aufl., 1974, S. 820, 825.
[60] Vgl. Heisenberg, »Zur Geschichte der physikalischen Naturerklärung«, in: »Wandlungen in den Grundlagen der Naturwissenschaft«, 1945, S. 24, 36.

ziert, wenn an die Stelle der ununterbrochenen Linie eines stetigen Energieflusses sozusagen das »Holpern« der portionsweisen Abgabe und Aufnahme von Energiequanten tritt. Anlässlich seiner Arbeit am Problem der Schwarzkörperstrahlung hatte Max Planck gefunden, dass das abgestrahlte oder aufgenommene Quantum an Energie proportional der Frequenz der Strahlung ist, aber nicht jeden Wert annehmen kann. Vielmehr tritt Energie immer nur als ein ganzzahliges Vielfaches eines Quantums in Erscheinung, das in seiner Größe durch die von Planck entdeckte universelle Naturkonstante, nämlich durch das nach ihm genannte »Plancksche Wirkungsquantum«, festgelegt ist. Der Grundsatz der klassischen Physik »natura non facit saltus«[61] erweist sich in der Mikrophysik als unrichtig.

Die Konsequenz aus dem von Planck theoretisch erschlossenen und experimentell bestätigten Wirkungsquantum zog Heisenberg mit der von ihm entdeckten sogenannten Unbestimmtheits- oder Unschärferelation. Es ist - so schreibt er[62] - nicht möglich, den Ort und die Geschwindigkeit eines atomaren Teilchens gleichzeitig mit beliebiger Genauigkeit anzugeben. Man kann den Ort sehr genau messen, dann verwischt sich die Kenntnis der Geschwindigkeit bis zu einem gewissen Grad; umgekehrt verwischt sich die Kenntnis des Ortes durch eine genaue Geschwindigkeitsmessung, so dass durch das Plancksche Wirkungsquantum für das Produkt der beiden Ungenauigkeiten eine untere unüberschreitbare Grenze gegeben ist. Diese Korrespondenz von Genauigkeit und Ungenauigkeit in den Messungen ist nicht auf die Phänomene »Ort« und »Impuls« beschränkt, sondern gilt für alle inkompatiblen - auch »inkommensurabel« genannten - Eigenschaften eines Systems. Inkompatible Eigenschaften werden durch nicht-

---

[61] Aus dem Lateinischen: <die Natur macht keine Sprünge>.
[62] Siehe später »Das Naturbild der heutigen Physik«, 1955, S. 28 f.

kommutierende Observable repräsentiert[63]. Demgegenüber heißen Eigenschaften eines Systems, die in beliebiger Reihenfolge gemessen werden können, ohne dass das Messergebnis dadurch beeinflusst wird, kompatibel oder kommensurabel. In der klassischen Physik wurde angenommen, dass alle Eigenschaften eines physikalischen Systems kompatibel sind. Wie die Quantentheorie zeigt, ist das aber nicht der Fall. Inkompatible Eigenschaften sind daher nur in verschiedenen Zuständen ein und desselben Systems aktualisierbar und entsprechend exakt messbar[64].

c. Die schwindende Geometrie der Elementarteilchen

Kann man also die Genauigkeit in der Erfassung mikrophysikalischer Phänomene über ein gewisses Maß hinaus aus naturgesetzlichen Gründen nicht steigern, so lässt sich mit den Begriffen der klassischen Mechanik der Vorgang eines Naturgeschehens im mikrophysikalischen Bereich, also die Bewegung eines Teilchens auf atomarer Ebene, nicht mehr exakt beschreiben und berechnen, denn die beiden für die Berechnung der Bewegung erforderlichen Bestimmungsstücke »Ort« und »Geschwindigkeit« können nicht mehr gleichzeitig genau bestimmt werden. Dieser Problematik suchte Niels Bohr mit dem Begriff der Komplementarität gerecht zu werden. Danach sollen zur vollständigen Beschreibung der atomaren und subatomaren Erscheinungen sich ausschließende Begriffe der klassischen Physik, z. B. Korpuskel und Welle, als sich ergänzende und widerspruchsfreie Deutungen zulässig sein[65].

---

[63] Vgl. hierzu: Heinz Pagels, »Der kosmische Code. Quantenphysik als Sprache der Natur«, <Cosmic Code. Quantum Physics as the Language of Nature>, übersetzt aus dem Amerikanischen von Ralf Friese; Ullstein, 1983; S. 73.

[64] Siehe Klaus Mainzer, in: »Enzyklopädie Philosophie und Wissenschaftstheorie«, herausgegeben von Jürgen Mittelstraß, 1980, Sonderausgabe 2004; Artikel: »Quantentheorie«.

[65] So Klaus Mainzer, a. a. O. Artikel: »Komplementaritätsprinzip«.

Die unauflösliche Verknüpfung zwischen dem geometrischen und dem dynamischen Charakter der Dinge im Wirkungsquantum macht es – wie Louis-Victor de Broglie[66] ausführt - unmöglich, auf allgemeine Weise die Naturerscheinungen im cartesischen Sinne durch Figuren und Bewegungen detailliert zu analysieren und zu beschreiben; eine solche in der Makrophysik approximativ mögliche Beschreibung sei in der Mikrophysik völlig undurchführbar. De Broglie bemerkt denn auch, dass in der Quantenphysik „der Rahmen von Raum und Zeit in unserem Sinne zur Beschreibung der Phänomene der Mikrophysik nicht sehr geeignet ist, weil er eine Trennung des Geometrischen und des Dynamischen impliziert, was dem Charakter des Wirkungsquantums widerspricht".

Ist mit der gegebenen Impulsgenauigkeit eines Teilchens nach der Unschärferelation die Aussage verknüpft, dass sich die Wirkungsfähigkeit des »Teilchens« über einen räumlichen Bereich erstreckt, also nicht mehr genau zu lokalisieren ist, so ergibt sich für die Lokalisierung der Objekte in Raum und Zeit überhaupt eine tiefgreifende Verschiedenheit zwischen der Makro- und Mikrophysik. In der Makrowelt lassen sich die Objekte unterscheiden, also in ihrer Bewegung unverwechselt verfolgen; auch wenn sie gleicher Art sind, haben sie unterschiedliche Koordinaten. Für die Mikrowelt stellt aber de Broglie fest: „Wenn man es in der Quantenphysik mit Korpuskelgesamtheiten gleicher Art zu tun hat, kann man sie nicht mehr individualisieren und ‚nummerieren'. Man wird sich damit begnügen müssen, etwa zu sagen: in dieser Gesamtheit von Korpuskeln sind soundsoviele in dem und dem Zustand und soundsoviele in dem und dem anderen Zustand. Nie wird man sagen dürfen: diese Korpuskel ist in diesem, jenes in jenem Zustand. Um eine Korpuskel individualisieren zu

---

[66] »Physik und Mikrophysik«, zitiert nach Höfling, »Physik«, Bd. II, Teil 3, 10. Aufl., 1974, a. a. O. S. 1020.

können, müsste man sie von ihrem System losreißen; erst dann nämlich würde man sie für sich allein betrachten können; um ihr ihre Individualität wiederzugeben, müsste man sie isolieren"[67]. Deshalb wird darauf hingewiesen, dass Heisenbergs Unschärferelation sozusagen nicht den mikrophysikalischen »Einzelfall« im Auge hat, sondern eine Aussage über eine statistische Mittelung sehr vieler Orts- und Impulsmessungen ist[68]. Ob sich hier eine Änderung anbahnt oder auch nur anbahnen kann, entzieht sich unserer Kenntnis. Immerhin äußert sich Alain Aspect dahin: „Beginnend mit den 1970ern ist ein anderes Konzept in der Quantenmechanik immer wichtiger geworden: Die Beschreibung von einzelnen Objekten — im Unterschied zur bloßen statistischen Benutzung der Quantenmechanik, um Eigenschaften großer Ensembles zu beschreiben (zum Beispiel die Fluoreszenz eines atomaren Gases)". Aspect fährt fort: „... erst mit der Entwicklung der experimentellen Möglichkeiten, einzelne mikroskopische Objekte, wie Photonen, Elektronen, Ionen und Atome zu isolieren und zu beobachten, begannen die Physiker die quantenmechanische Dynamik einzelner Objekte, einschließlich der ,Quantensprünge', ernstzunehmen." Und weiter: „Beginnend in den 1970ern entwickelten Physiker Methoden, einzelne elementare Objekte zu manipulieren und zu beobachten — wie ein einzelnes Photon, Elektron oder Ion. Es wurde möglich, geladene Teilchen über Stunden (oder sogar Tage oder Monate) mit elektrischen und magnetischen Feldern einzufangen, die das Teilchen in einer Vakuumkammer festhalten, fern von jeder materiellen Wand".[69] Von einer Aushebelung der

---

[67] »Physik und Mikrophysik«, zitiert nach Höfling, »Physik«, Bd. II, Teil 3, 10. Aufl. 1974, S. 1021.

[68] Siehe Heinz Pagels a. a. O. S. 86.

[69] »Einführung: John Bell und die zweite Quantenrevolution«, in: John S. Bell, »Sechs mögliche Welten der Quantenmechanik«, 2012, Übersetzung der englischsprachigen Originalausgabe »Speakable and Unspeakable in Quantum Mechanics«, 2. Auflage, 2004, von Wolfgang Köhler, S. XVI und S. XXIV.

Unschärferelation und einer Rückkehr zum strengen Determinismus in der mikrophysikalischen Welt ist allerdings bei Aspect nicht die Rede.

Heisenberg geht in den Konsequenzen, die er aus seiner Unschärferelation zieht, noch einen Schritt weiter. Mit Niels Bohr ist er der Meinung[70], es sei nicht mehr richtig, zu behaupten: die Qualitäten der Körper seien auf die Geometrie der Atome reduziert, wie das betont Descartes[71] und mit ihm dann die klassische Physik annahmen. Erst im Laufe der Zeit habe man erkannt, dass die kleinsten Bausteine, z. B. die Elektronen, wenn sie die sinnlichen Eigenschaften der Materie im großen erklären sollen, nicht auch diese sinnlichen Eigenschaften selbst besitzen könnten, weil ja sonst die Frage nach dem Grund dieser Eigenschaften zwar verschoben, aber nicht gelöst wäre. Wenn sich z. B. ein warmer Körper von einem kalten durch die stärkere Bewegung der Atome in seinem Innern unterscheiden soll, könne ein einzelnes Atom nicht warm oder kalt sein. So sei das Atom im Laufe der Zeit aller sinnlichen Eigenschaften entkleidet worden. Die einzige Eigenschaft, die es lange Zeit zu behalten schien, sei die geometrische gewesen: die Raumfüllung, ein bestimmter Ort, eine bestimmte Bewegung. Nach seiner Meinung habe die Entwicklung der modernen Atomphysik den letzten unteilbaren Bausteinen aller Stoffe auch diese Eigenschaft noch in einem gewissen Sinne genommen, indem sie zeige, dass der Grad der Anwendbarkeit solcher geometrischer Begriffe bei den kleinsten Materieteilchen abhängig werde von den Experimenten, die man an diesen Teilchen vornehme[72]. Das Atom der modernen Physik

---

[70] »Zur Geschichte der physikalischen Naturerklärung«, in: »Wandlungen in den Grundlagen der Naturwissenschaft«, 1945, S. 24, 36.
[71] So »Die Prinzipien der Philosophie« <Principia philosophiae> II. Teil, Nr. 4 aus dem Jahre 1644.
[72] »Die Goethische und die Newtonsche Farbenlehre im Lichte der modernen Physik«, Vortrag vom 5. Mai 1941; in: »Wandlungen in den Grundlagen der

könne zunächst nur symbolisiert werden durch eine partielle Differenzialgleichung in einem abstrakten vieldimensionalen Raum; erst das Experiment, das der Beobachter an ihm vornehme, erzwinge von dem Atom die Angabe eines Ortes, einer Farbe, einer Wärmemenge. Für das Atom der modernen Physik seien alle Qualitäten abgeleitet, unmittelbar kommen ihm überhaupt keine materiellen Eigenschaften zu; d. h. jede Art von Bild, das unsere Vorstellung vom Atom entwerfen möchte, sei als solches fehlerhaft. Die geometrischen Eigenschaften seien vor den anderen nicht mehr bevorzugt[73]. Mit dem Verschwinden der geometrischen Eigenschaften verschwinden also zugleich die letzten Ansätze einer Anschaulichkeit im Bereiche des Mikrophysikalischen, nämlich mikrophysikalische Vorgänge räumlich vorstellbar zu machen.

d. Das Problem der Kausalität

Mit der Unschärferelation wandelt sich auch das Verständnis der Kausalität in der modernen Mikrophysik und entfernt sich von überkommenen deterministischen Kausalitätsvorstellungen des Alltags. Der allgemeinste Begriff der Kausalität ist der einer Korrelation zweier Ereignisse. Wie der Zusammenhang zwischen Ursache und Wirkung gedacht wird, bleibt beim allgemeinen Begriff der Kausalität zunächst einmal offen. Die klassische Physik geht von einem notwendigen Zusammenhang zwischen Ursache und Wirkung entsprechend den Gesetzen der Mechanik aus. Der Begriff »notwendig« sagt dabei nichts anderes als »gesetzmäßig«.

Um sich aller Metaphysik – nämlich Betrachtungen über Notwendigkeit und Möglichkeit - zu entheben und den Kausalitätsbegriff im Bereich des schlicht Feststellbaren zu halten,

---

Naturwissenschaft«, 1945, S. 72.
[73] »Zur Geschichte der physikalischen Naturerklärung«, in: »Wandlungen in den Grundlagen der Naturwissenschaft«, a. a. O., S. 24, 36.

versteht man unter Kausalität nur noch die vorhersehbare Korrelation zweier Ereignisse[74]. „Das bedeutet nicht tatsächliche Voraussagbarkeit", wie Carnap näher erläutert[75], „weil niemand alle relevanten Tatsachen und Gesetze hätte kennen können. Es bedeutet Voraussagbarkeit in dem Sinn, dass man das Ereignis hätte voraussagen können, wäre die ganze vorhergehende Situation bekannt gewesen". Auch diese Vorhersagbarkeit stößt nun nach der Quantentheorie im molekularen Bereich nicht nur auf praktische Hindernisse, sondern - und das ist entscheidend - auf theoretische Grenzen, die bei der Verwendung des Begriffs der Kausalität nicht mehr ignoriert werden können[76]. Die Unschärferelation zeigt nämlich, dass jede exakte Prognose eines künftigen mikrophysikalischen Ereignisses unmöglich ist, weil die notwendige Voraussetzung einer vollständigen Kenntnis des Anfangszustandes grundsätzlich nicht erfüllt werden kann. Dass dem so ist, ergibt eigentlich schon der Dualismus von Korpuskel und Welle des Lichtes: Nimmt man das Korpuskularbild, ist die gleichzeitige exakte Bestimmung des Ortes und des Impulses der Korpuskel unmöglich, nimmt man das Wellenbild, dann können der elektrische und der magnetische Feldvektor nicht gleichzeitig exakt gemessen werden[77].

Beschränkt man sich auf die messbaren Größen – zu ihnen gehören gerade nicht die Elektronenbahnen und die zur Beschreibung der Elektronenbewegung verwendeten physikalischen Größen, wie Ort, Geschwindigkeit und Impuls[78] - , dann bleiben nur die Energiewerte der verschiedenen Energiestufen

---

[74] Vgl. Höfling, »Physik«, Bd. II, Teil 3, 10. Aufl., 1974, S. 1021.

[75] »Einführung in die Philosophie der Naturwissenschaft«, deutsche Erstausgabe von »Philosophical Foundations of Physics« (1966), übersetzt von Walter Hoering, 1966, S. 192.

[76] Heisenberg, »Das Naturbild der heutigen Physik«, 1955, S. 28 f.

[77] Vgl. Höfling a. a O. S. 1025 f.

[78] Höfling a. a. O. S. 840.

der Elementarteilchen und die Wahrscheinlichkeiten für den Übergang eines Atoms aus einem energiereicheren Zustand als dem Grundzustand in eine niedrigere Energiestufe, wobei es unterschiedliche Zeiträume für den Übergang und meist mehrere niedrigere Energiestufen gibt, in die der Übergang erfolgen kann. Es ist nun nicht möglich, im Einzelfall im mikrophysikalischen Bereich mit Sicherheit vorherzusagen, wann und auf welche Stufe der Übergang für das einzelne Atom erfolgt. Aber die Erfahrung zeigt, dass für die verschiedenen möglichen Übergänge und Übergangszeiten ganz bestimmte Wahrscheinlichkeiten bestehen. Ebenso existieren für die Überführung eines Atoms in einen energiereicheren Zustand bestimmte Wahrscheinlichkeiten. Das Erfassen dieser Wahrscheinlichkeiten führt – »nur noch« – zu statistischen Gesetzmäßigkeiten. Diese Theorie enthält keine anschaulichen Bilder mehr, sie ist abstrakt und erfordert die Benutzung neuer mathematischer Hilfsmittel, nämlich der Matrizen. Es treten – wie Höfling versichert[79] - in dieser Theorie keine hypothetischen, sondern nur noch experimentell messbare Größen auf.

Hinzu kommt eine weiteres Moment, das dem physikalischen Kausalitätsbegriff die Anschaulichkeit nimmt: Hat man es im Bereich der Mikrophysik mit Elementarteilchen zu tun, die sich nahezu mit Lichtgeschwindigkeit bewegen, dann kann deren Verhalten nur mit Hilfe der Relativitätstheorie beschrieben werden. Damit werden die Begriffe »Vorher« und »Nachher« und mit ihnen die kausale Reihenfolge problematisch. Bezeichne man – so schreibt Heisenberg[80] - alle jene Ereignisse als vergangen, von denen wir, wenigstens im Prinzip, etwas erfahren können, und als zukünftig alle Ereignisse, auf die wir, wenigstens im Prinzip, noch einwirken können, so wisse man seit Einsteins Entdeckung im Jahre 1905, dass zwischen

---

[79] Höfling a. a. O.
[80] »Das Naturbild der heutigen Physik«, a. a. O. S. 33.

dem, was zukünftig, und dem, was vergangen genannt werde, ein endlicher – kein unendlich kurzer - Zeitabstand liege, dessen Dauer von dem räumlichen Abstand zwischen dem Ereignis und dem Beobachter abhänge. Nach der Relativitätstheorie können sich Wirkungen grundsätzlich nicht schneller als mit Lichtgeschwindigkeit ausbreiten. Sie erstrecken sich auf das Raum-Zeit-Gebiet, das durch den sogenannten Lichtkegel, d. h. durch Raum-Zeit-Punkte, die von einer von dem wirkenden Punkt ausgehenden Lichtwelle erreicht werden, scharf begrenzt ist. Nach der Quantentheorie habe sich aber herausgestellt, dass eine scharfe Festlegung des Ortes, also auch eine scharfe räumliche Begrenzung, eine unendliche Unbestimmtheit der Geschwindigkeit und damit auch des Impulses und der Energie zur Folge habe. Dieser Sachverhalt wirke sich praktisch in der Weise aus, dass bei dem Versuch einer mathematischen Formulierung der Wechselwirkung der Elementarteilchen stets unendliche Werte für Energie und Impuls aufträten, die eine befriedigende mathematische Formulierung verhindern. Als einzige Lösung scheine sich einstweilen die Annahme anzubieten, dass in ganz kleinen Raum-Zeit-Bereichen von der Größenordnung der Elementarteilchen Raum und Zeit in einer eigentümlichen Weise verwischt seien, nämlich derart, dass man in so kleinen Zeiten selbst die Begriffe früher oder später nicht mehr richtig definieren könne. Man müsse mit der Möglichkeit rechnen, dass Experimente über die Vorgänge in ganz kleinen Raum-Zeit-Bereichen zeigen werden, dass gewisse Prozesse „scheinbar" – so wörtlich Heisenberg - zeitlich umgekehrt ablaufen, anders, als es ihrer kausalen Reihenfolge entspreche.

Es mag problematisch sein, die zeitliche Reihenfolge der miteinander in Zusammenhang stehenden Phänomene zum Merkmal der Kausalität zu machen. Mitunter ist es gar nicht möglich, die zeitliche Abfolge eines Nacheinander zu bestimmen, so etwa, ob bei einem Kondensator die Ladung die Ursache des elektrischen Feldes oder das Feld die Ursache der Ladung ist, eine Konstellation, die man auch als »Wechselwirkung« bezeichnen kann. Genauso wenig verlangt der Kausalitätsbegriff, dass ein Ding auf ein anderes wirkt. Der Zerfall der radioaktiven Stoffe ist ein kausales Geschehen, auch wenn sich nur die Sache von selbst, von innen heraus verändert, eine Konstellation, die sich dem Begriff der »Inhärenz« nähert[81]. Eliminiert man also aus dem Kausalitätsbegriff die zeitliche Aufeinanderfolge und die Einwirkung des einen Dings auf ein anderes als Merkmal, dann bleibt allein der gesetzmäßige Zusammenhang zwischen verschiedenen physikalischen Phänomenen.

Nimmt man den Kausalitätsbegriff als Oberbegriff für die gesetzmäßigen Zusammenhänge in der Natur, so wird zwischen einer deterministischen und einer indeterministischen Kausalität unterschieden. Die deterministische Kausalität lässt sich mit Höfling[82] folgendermaßen definieren: „Wenn man den Zustand eines abgeschlossenen Systems in einem Zeitpunkt vollständig kennt und außerdem weiß, welche Naturgesetze in diesem System herrschen, so lässt sich sein Zustand in jedem früheren oder späteren Zeitpunkt grundsätzlich berechnen". Es ist die Kausalität des Laplaceschen Dämons[83]; sie ist eine notwendige. Die moderne Physik definiert die Kausalität im mikrophysikalischen Bereich als eine indeterministische, die nur noch mit Wahrscheinlichkeiten arbeitet, also einen statistischen Charakter hat. Ein typischer Fall der statistischen Gesetzmäßigkeit sind die Zerfallsgesetze der radioaktiven Stoffe. Der Zeitpunkt, wann konkret das einzelne Atom zerfällt, lässt sich nicht voraussagen; voraussagen lässt sich lediglich, wann ein bestimmter Teil der Atome eines bestimmten

---

[81] Siehe Kant, »Kritik der reinen Vernunft«, 1. Aufl., S. 80, und 186 f, 2. Aufl., S. 106 und 229 f.

[82] Vgl. Höfling »Physik«, Bd. II, Teil 1, 10. Aufl., 1973, S. 389 f.

[83] Siehe oben S. 30.

Radioisotops zerfallen sein wird. Die Zeit, in der genau die Hälfte der Atome eines bestimmten Radioisotops zerfallen ist - die sogenannte Halbwertzeit - ist für jedes Radioisotop spezifisch, konstant und unbeeinflussbar. Die Zerfallswahrscheinlichkeit eines einzelnen radioaktiven Atoms ist nach gesicherter physikalischer Auffassung[84] von seinem Alter und seiner Vorgeschichte unabhängig. Für jedes radioaktive Atom ist zwar eine allgemeine Neigung zum Zerfall gesetzmäßig gegeben, und diese Neigung äußert sich für eine gleichzeitig betrachtete große Menge gleichartiger Atome in dem statistischen Zerfallsgesetz. Für den Zerfall des einzelnen Atoms aber lassen sich weitere Voraussagen nicht machen.

Heute muss man wohl davon ausgehen, dass in der Mikrophysik allein die statistische Gesetzlichkeit festgestellt werden kann. Herrscht also im molekularen Bereich Indeterminismus und in der makrophysikalischen Welt aber strenge Kausalität, dann hat der Indeterminismus seine Grenzen in der makrophysikalischen Kausalität. Es wird ersichtlich dafür »gesorgt«, dass nicht zu viele molekulare Einzelereignisse in eine mit der Kausalität der makrophysikalischen Welt unvereinbaren Richtung gehen.

Verhüllt und augenscheinlich nicht exakt aufklärbar ist in dieser Hinsicht eben auch der Zerfall radioaktiver Stoffe. Das Rätselhafte ist der Zusammenhang zwischen strenger Zerfallswahrscheinlichkeit aller vorhandenen Radionuklide eines bestimmten Isotops - gemessen als »Halbwertzeit« - und der absoluten Zufälligkeit des Zerfalls des einzelnen Radionuklids, obwohl doch der Zerfall aller Radionuklide eines bestimmten Isotops insgesamt die Summe der Zerfälle der einzelnen Radionuklide ist. Wie kann es geschehen, dass das Gesamt des Zerfalls spezifischer Radioisotope einer strengen Ge-

---

[84] Höfling, »Physik«, Bd. II, Teil 3, 10. Aufl., 1974, S. 1024 f.

setzmäßigkeit unterliegt, ohne dass auch nur der Ansatz eines Mechanismus erkennbar ist, weshalb das eine Atom jetzt zerfällt und das andere noch Jahrtausende Zeit hat, »bis es an die Reihe kommt«? Und doch ist der Zerfall des einzelnen Nuklids in einem bestimmten Augenblick notwendig und darf weder vorzeitig eintreten noch kann er auf später verschoben werden, ohne dass die Halbwertzeit sich ändert. Das Argument der großen Zahl löst die Schwierigkeit nicht auf, denn auch bei einer großen Zahl muss jedes Elementarteilchen seinerseits der Gesamtgesetzmäßigkeit unterworfen gedacht werden und darf nicht kürzer oder länger »am Leben bleiben«, als mit der Zerfallszeit aller Radionuklide eines Elements - also rechnerisch ihrer Halbwertzeit - vereinbar ist; sonst gerät die Halbwertzeit ins Wanken.

Es bleibt rätselhaft, was - sozusagen mit Blick auf die Gesamtzahl der Atome - den Zerfall des einzelnen Atoms »zur rechten Zeit« veranlasst. Etwas metaphorisch gesagt: »Wissen« die Atome von einander, ist nicht doch ein »Zeitzunder« eingebaut oder werden letztlich die Zerfälle im Einzelfall mit Hinblick auf die schon zerfallenen und auf die noch zerfallenden Atome im Einklang mit der Halbwertzeit »von hoher Hand« gesteuert? Soll man sich etwa die Gesamtheit aller Nuklide eines Isotops als ein einziges physikalisches Phänomen vorstellen? Sollte trotz unserer Wahrnehmung einer weiträumigen Verteilung der Radionuklide »in Wahrheit« wider alle Anschauung nur ein einziges Phänomen vorliegen? Überlegungen, die bei der Analyse des Phänomens der Verschränkung[85] der Elementarteilchen eine Rolle spielen, werden möglicherweise auch hier hilfreich sein. Im Grunde handelt es sich um eine »verborgene Kausalität«, die nicht nur ein Stück Anschaulichkeit zerstört, sondern auch einen Spalt in ein Feld der Spekulationen öffnet.

---

[85] Siehe unten S. 63.

Heisenberg hält den statistischen Charakter der Quantenmechanik für endgültig; man müsste sonst die „Aussagen der Quantenmechanik gerade an solchen Stellen, wo sie die genaue Vorausberechnung eines Versuchsergebnisses gestattet, für falsch ... halten"[86]. Dass die Kausalität auch in der makrophysikalischen Welt keine deterministische, sondern eine statistische ist, dass also die sichtbarliche Welt bei einer Grenzwertbetrachtung nicht mehr von einer lückenlosen deterministischen Kausalität bestimmt wird, ist eine Konsequenz, die Heisenberg ebenfalls aus der statistischen Gesetzmäßigkeit der Quantenphysik zieht. Zwar spiele bei Vorgängen im Großen dieses statistische Element der Atomphysik im allgemeinen keine Rolle, weil aus den statistischen Gesetzen für den Vorgang im Großen eine so hohe Wahrscheinlichkeit folge, dass man sagen könne, praktisch sei der Vorgang determiniert. Es gebe allerdings Fälle, in denen das Geschehen im Großen abhänge vom Verhalten eines oder einiger weniger Atome; dann könne man auch den Vorgang im Großen nur statistisch vorhersagen. Bei einer gewöhnlichen Bombe könne aus dem Gewicht des Explosionsstoffes und seiner chemischen Zusammensetzung die Stärke der Explosion vorherberechnet werden. Bei der Atombombe könne man zwar eine obere und eine untere Grenze für die Stärke der Explosion angeben, aber eine genaue Vorausberechnung sei prinzipiell unmöglich, da sie von dem Verhalten einiger weniger Atome beim Zündungsvorgang abhänge. In ähnlicher Weise gebe es wahrscheinlich auch in der Biologie Vorgänge, bei denen Entwicklungen im Großen durch Prozesse an einzelnen Atomen gesteuert werden; insbesondere scheine dies bei den Mutationen der Gene im Vererbungsvorgang der Fall zu sein[87]. Diese Auffassung dürfte heute unter den Naturwissenschaft-

---

[86] »Prinzipielle Fragen der modernen Physik«, in: »Wandlungen in den Grundlagen der Naturwissenschaft«, 1945, S. 46.

[87] Heisenberg, »Das Naturbild der heutigen Physik«, 1955, S. 30.

lern herrschend sein: „Wir wissen" – schreibt etwa Monod – „dass diese Voraussagen - im Gegensatz zu dem, was Laplace und nach ihm die ,materialistische' Wissenschaft und Philosophie des 19. Jahrhunderts glaubte - nur statistischen Charakter haben könnten"[88]. Von Heisenberg wird denn auch der Ausspruch zitiert: „An dem Satz: ,Wenn wir die Gegenwart genau kennen, können wir die Zukunft berechnen', ist nicht der Nachsatz, sondern die Voraussetzung falsch. Wir können die Gegenwart in allen Bestimmungsstücken prinzipiell nicht kennenlernen"[89]. Ob es überhaupt noch deterministische Kausalität im strikten Sinne gibt, wenn das Durchschlagen der mikrophysikalischen Prozesse auf makrophysikalische Vorgänge nicht auszuschließen ist, dürfte eine offene Frage sein.

5. Jenseits klassischer Anschaulichkeit: das Phänomen nichtlokaler Wirkung

a. Der Einwand von Einstein-Podolski-Rosen (EPR) gegen die Quantenmechanik

Die klassische Physik geht davon aus, dass Dinge, die verschiedene Örter im Raum einnehmen, also voneinander räumlich getrennt sind, nicht nur verschiedene Dinge sind, sondern auch nur dann auf einander wirken können, wenn der Raum zwischen ihnen materiell – das heißt durch Masse oder Energie – und unter Inanspruchnahme von Zeit überwunden wird[90]. Das nimmt die klassische Physik auch von den Elementarteilchen an. Ereignisse, die das eine Teilchen betreffen,

---

[88] Monod, »Zufall und Notwendigkeit - Philosophische Fragen der modernen Biologie« <Le hazard et la nécessité>, 1970, aus dem Französischen übersetzt von Friedrich Griese, dtv, 1975, S. 53.

[89] Zitiert nach Ernst Zimmer, »Umsturz im Weltbild der Physik«, 1964, dtv, S. 361.

[90] Vgl. Brian Greene, »Aus dem Stoff, aus dem der Kosmos ist« <The Fabric of the Cosmos>, englische Ausgabe 2004, deutsche Ausgabe 2004, 3. Aufl. 2007, S. 101 f.

können sich nach den Grundvorstellungen der klassischen Physik nicht ohne Inanspruchnahme von Zeit auf ein anderes Teilchen auswirken. Dieses »Zeit-in-Anspruch-nehmen« gilt nach den Vorstellungen der klassischen Physik jedenfalls für alle »äußeren Ereignisse«. Das sind Ereignisse, die in Umständen ihre Ursache haben, die nicht durch die schon gegebene Materialstruktur des Elementarteilchens selbst bewirkt werden, die also nicht auf – bekannten oder verborgenen - Parametern der Elementarteilchen beruhen, sondern die ihre Ursache in Umständen haben, die außerhalb des Elementarteilchens liegen. Hierzu gehören insbesondere Messungen. Physikalische Theorien, die davon ausgehen - und das sind alle Theorien der klassischen Physik - nennt man »lokale« Theorien. Das heißt: Wird bei zwei uns räumlich getrennt erscheinenden Teilchen an dem einem Teilchen eine Messung vorgenommen, so kann sich diese Messung nach klassischer physikalischer Vorstellung nicht ohne jede Zeitinanspruchnahme und damit auch nicht schneller als die Lichtgeschwindigkeit auf das andere Teilchen auswirken. Auch geht die klassische Physik davon aus, dass Messungen Eigenschaften feststellen, die auch ohne Messung vorhanden sind, und nicht etwa die Eigenschaft, die gemessen wird, überhaupt erst herstellen. Diese Annahme und die darauf beruhenden physikalischen Theorien werden als »realistisch« bezeichnet.

Gegen diese Postulate verstößt die Quantenmechanik. Der Ansatz liegt schon in der Unschärferelation Heisenbergs. Albert Einstein, der zeitlebens an den Postulaten der »Lokalität« und des »Realismus« festgehalten hat, griff sie denn auch sogleich an, weil er zudem in ihr eine Verneinung seines deterministischen Weltbilds sah. Auf den Solvay-Konferenzen[91] der Jahre 1927 und 1930 versuchte er durch Gedankenexperimente darzulegen, dass auch nicht-kommutierende Größen eines

---

[91] Konferenzen der Spitzenphysiker in Brüssel seit 1911.

Teilchens - nämlich Ort und Impuls - entgegen der Unschärfe-relation prinzipiell doch beliebig exakt bestimmt werden kön-nen. Diesen Vorstellungen trat in den Diskussionen auf beiden Konferenzen Niels Bohr entgegen[92] .

Im Jahre 1935 veröffentlichte Einstein zusammen mit Podolski und Rosen eine Abhandlung[93], die die Quantenmechanik für unvollständig erklärte. Gehe man davon aus, dass in der Quantenmechanik bei zwei nicht-kommutierenden physikali-schen Größen - wie Ort und Impuls eines Elementarteilchens - das Wissen von der einen Größe das Wissen von der anderen ausschließe, dann sei entweder die Beschreibung der Realität durch die Quantenmechanik nicht vollständig - eben weil in Wahrheit das Wissen von der einen das Wissen von der ande-ren doch nicht ausschließt - oder es könne - wenn die Quan-tenmechanik recht habe - den beiden nicht-kommutierenden Größen nicht gleichzeitig Realität zukommen. Könne man nämlich, ohne auf irgendeine Weise ein System zu stören, den Wert einer physikalischen Größe mit Sicherheit, nämlich mit der Wahrscheinlichkeit gleich eins, vorhersagen, dann gebe es auch ein Element der physikalischen Realität, das dieser phy-sikalischen Größe entspreche. Das sei der Fall. Betrachte man nämlich zwei Systeme I und II, die während einer bestimmten Zeit in Wechselwirkung stehen, danach aber nicht mehr, und nehme man wie in der Quantenmechanik an, dass die Wellen-funktion eine vollständige Beschreibung der physikalischen Realität des Systems in dem je entsprechenden Zustand gebe und dass die Zustände der beiden Systeme vor ihrer Wech-

---

[92] Siehe Pagels, »Der kosmische Code«, a. a. O. S. 92 f.

[93] »Can quantum-mechanical description of physical reality be considered complete?« <Kann man die quantenmechanische Beschreibung der physikali-schen Wirklichkeit als vollständig betrachten?> in: »Physical Review«, Bd. 47, 1935, S. 777 - 780. Die Argumentation des Artikels nannte man in der weiteren Diskussion das »EPR-Paradoxon«, das »EPR-Experiment« oder auch »EPR-Argument«. Vgl. hierzu Pagels, »Der kosmische Code«, a. a. O. S. 156 f; Brian Greene, »Aus dem Stoff, aus dem der Kosmos ist«, a. a. O. S. 206.

selwirkung bekannt seien, dann könne man mit Hilfe der Schrödingergleichung den Zustand des kombinierten Systems I und II für jede folgende Zeit berechnen. Den Zustand berechnen, in dem sich eines der beiden Systeme nach der Wechselwirkung befinde, könne man aber nach der Quantenmechanik nur mit Hilfe weiterer Messungen. Es lasse sich aber mit - näher dargestellten - mathematischen Überlegungen zeigen, dass auch dann, wenn es sich um Impuls und Ort - also um nichtkommutierende Größen - handele, durch die Messungen am ersten Teilchen jeweils der Impuls oder die Koordinaten des Ortes des zweiten Teilchens mit Sicherheit vorhersagen, ohne dass das zweite System gestört werde. Da die beiden Systeme zum Zeitpunkt der Messung nicht mehr miteinander in Wechselwirkung ständen, könne eine Änderung im zweiten System nicht die Folge von irgendetwas sein, was man am ersten System unternehme. Bestände man darauf, zwei oder mehr physikalische Größen nur dann als Elemente der Realität zu betrachten, wenn sie gleichzeitig gemessen oder vorhergesagt werden könnten, dann wären aus dieser Sicht die Größen P und Q - also Ort und Impuls - nicht zugleich real, da entweder die eine oder die andere der Größen, nicht aber beide zugleich vorhergesagt werden könnten. Dadurch würde der Realitätsanspruch von P und Q jeweils vom Vorgang der Messung am ersten System abhängig gemacht, der auf keine Weise das zweite System beeinflusst haben könne.

Einstein wollte mit der Behauptung der Unvollständigkeit der Quantenmechanik die mögliche Berechnung des mikrophysikalischen Einzelfalls dartun und zum vollständigen Determinismus zurückkehren[94], der durch die Unschärferelation zweifelhaft geworden war. Für die Berechnung eines mechani-

---

[94] »Gott würfelt nicht!«, erklärte Einstein in einem Brief vom 4. Dezember 1926 an Max Born, zitiert nach Hattrup, »Einstein und der würfelnde Gott«, Herder, 2001, S. 18.

schen Ablaufs muss man Ort und Geschwindigkeit zu einem bestimmten Zeitpunkt gleichzeitig genau kennen; genau das aber ist nach der Quantentheorie unmöglich[95].

Einstein suchte also die Unschärferelation dadurch zu umgehen, dass er auf korrelierte paarweise Elementarteilchen verwies und meinte, durch Messung an dem einen Teilchen des Paares auf die entsprechende Größe des anderen Teilchens mit Sicherheit schließen zu können. Dabei ging er von dem ihm selbstverständlichen, zunächst nicht weiter problematisierten Postulat der klassischen Physik der »Lokalität« aus. Selbstverständlich erschien Einstein auch das »Postulat der Realität«, nämlich dass Messungen Eigenschaften und Zustände und ihre Veränderungen erfassen, die auch dann vorliegen, wenn sie nicht gemessen werden, die sich also nicht erst mit der Messung konstituieren.

In der sich anschließenden Diskussion meinte Einstein, dass das, was als sofortige Wirkung weit entfernt zu Tage trete, in Wirklichkeit dort, wo es sich zeige, schon in dem Teilchen, an dem es gemessen werde, präpariert sei, und zwar bevor noch irgendein Messakt begonnen habe. Die von ihm abgelehnte sofortige Wirkung auf weite Distanz, die sogenannte »Nichtlokalität«, nannte Einstein eine „spukhafte Fernwirkung"[96]. Damals gab es kein Experiment, das die EPR-Argumentation hätte bestätigen oder widerlegen können[97].

Die EPR-Argumentation lief also darauf hinaus, die Quantenmechanik durch »verborgene Parameter« zu vervollständigen und dadurch eine deterministische Sicht der Quantenwelt zu ermöglichen. Das unternahm auch David Bohm, ein ameri-

---

[95] Heisenberg, »Das Naturbild der heutigen Physik«, 1955, 1965, S. 29.

[96] Brief an Max Born vom 3. März 1947 in: »Briefwechsel Born- Einstein«, deutsche Ausgabe, S. 255.

[97] Brian Greene, »Aus dem Stoff, aus dem der Kosmos ist« a. a. O.. 138 f.

kanischer Physiker, mit seiner »Bohmschen Mechanik«, die - wie es bei Wikipedia heißt[98] - in den 20er Jahren von dem französischen Physiker Louis de Broglie entwickelt worden ist. De Broglie hatte den Schluss gezogen, dass, wenn sich das Licht manchmal als Welle, manchmal als Teilchen zeige, es naheliege, dass auch das Elektron mal als Teilchen, mal als Welle in Erscheinung trete[99]. Bohm stellte deshalb neben die Wellenfunktion die Größen »Teilchenort« und »Teilchenimpuls«, die er - wie die klassische Physik - für jederzeit real hielt, auch wenn sie nicht gemessen werden, die sich also nicht erst mit der Messung konstituieren. In Übereinstimmung mit der Unschärferelation ging er allerdings davon aus, dass sie einer simultanen Feststellung entzogen seien. Deshalb nannte er sie „hidden variables", »verborgene Parameter«[100].

b. Die Widerlegung der EPR-Argumentation durch die Bellsche Ungleichung und die Experimente des Alain Aspect

In einem Aufsatz aus dem Jahre 1964 legte John Stewart Bell mathematisch dar, dass jede Theorie, die die Vorhersagen der Quantenmechanik exakt wiedergibt, eine stark nichtlokale Struktur haben müsse. Füge man zur Quantenmechanik Parameter hinzu, um Ergebnisse von Einzelmessungen zu erhalten, und zwar ohne die - gesicherten - statistischen Vorhersagen der Quantenmechanik aufzugeben, dann sei in einer solchen Theorie ein Mechanismus notwendig, durch den die Einstellung des einen Messapparates die Ablesungen am anderen Instrument beeinflussen könne, wie weit entfernt das Instrument vom Messapparat auch sei; überdies müsse sich dieses Signal ohne jede Verzögerung ausbreiten können[101]. Keine lo-

---

[98] Artikel »De-Broglie-Bohm-Theorie«, Stand: Mai 2016.

[99] Vgl. Pagels, »Der kosmische Code. Quantenphysik als Sprache der Natur« a. a. O. S. 76.

[100] Brian Greene, »Aus dem Stoff, aus dem der Kosmos ist«, a. a. O. S. 241.

[101] »Über das Einstein-Podolsky-Rosen-Paradoxon«, in: »Sechs mögliche Wel-

kal deterministische Theorie mit verborgenen Variablen - so bemerkte er später[102] - könne alle experimentellen Fakten der Quantenmechanik reproduzieren.

Bell stellte in seinen Ausführungen auf den »Spin« korrelierter Teilchen ab, die in entgegengesetzter Richtung auseinander- fliegen[103]. Der Spin ist eine quantenmechanische Eigenschaft und beschreibt einen Eigendrehimpuls von Elementarteil- chen[104]. Er ist eine Art Rotationsbewegung, freilich mit deutli- chen Unterschieden zu ihrem klassischen Bild. Rotiert ein Körper makrophysikalisch um eine Achse, so lässt sich diese Rotation als die Resultante von Rotationen um zwei verschie- dene Achsen erklären, so etwa die Rotation um eine nordöst- lich gerichtete Achse als eine Kombination der Rotation um eine nordwärts und um eine ostwärts gerichtete Achse. Durch Messung kann der Bruchteil der ursprünglichen Rotation er- mittelt werden, der auf jede dieser beiden Achsen entfällt. Mikrophysikalisch »dreht« sich dagegen das Teilchen um be- liebige Achsen, das ist sein »Spin«. Eine gleichzeitige Drehung eines Teilchens um verschiedene Achsen übersteigt unser Vor- stellungsvermögen. Hier darf mit Silvia Arroyo Camejo[105] ge- fragt werden: „Sind Spinkomponenten verschiedener Achsen- richtungen gleichzeitig Elemente der Realität?"

Wird der Spin eines Elektrons um eine gewählte Achse ge- messen, dann macht sich die gesamte Spinbewegung geltend, und zwar um die gewählte Achse entweder im Uhrzeigersinn

---

ten der Quantenmechanik«, 2012, autorisierte Übersetzung der englischspra- chigen Originalausgabe »Speakable and Unspeakable in Quantum Mechanics«, 2. Auflage, 2004, von Wolfgang Köhler, S. 15 ff., 20 f.

[102] »Einführung in die Frage der verborgenen Variablen«, in: »Sechs mögliche Welten der Quantenmechanik«, a. a. O. S. 33.

[103] »Über das Einstein-Podolsky-Rosen-Paradoxon«, a. a. O. S. 15.

[104] Höfling, »Physik«, Bd. II, Teil 3, 10. Aufl., S. 772, 984 f.

[105] »Skurrile Quantenwelt«, 3. Aufl., 2011, S. 228.

oder gegen den Uhrzeigersinn[106]. Als Einheit für den Spin dient das Plancksche Wirkungsquantum dividiert durch die zweifache Kreiskonstante. Sie wird als Spinquantenzahl oder - kurz aber etwas missverständlich - als Spin bezeichnet. Der Spin der Elementarteilchen kann nur ganz bestimmte diskrete Werte annehmen: null, plus oder minus ½, oder plus oder minus 1[107]. Bei seinem Gedankenexperiment ging Bohm, auf den sich Bell stützt, davon aus, dass Teilchen in Teilchenpaare je mit einem Spin von plus ½ und mit einem Spin von minus ½ zerfallen und in entgegengesetzter Richtung auseinanderfliegen. Der Gesamtspin der beiden Teilchen entspricht dem des Ursprungsteilchens, muss also in dem genannten Falle null sein.

Registriert wird der Spin durch ein Stern-Gerlach-Gerät. Es besteht aus zwei Magneten, die zwischen sich ein - inhomogenes - Magnetfeld erzeugen, durch das die Elementarteilchen hindurchfliegen und abgelenkt werden, und zwar entsprechend ihrem Spin nach »oben« oder nach »unten«, also »auf« oder »nieder«[108]; andere Resultate gibt es nicht und zwar gleichgültig, in welcher Richtung, in welchem Winkel das Magnetfeld aufgebaut wird. Die Wahrscheinlichkeit, einen Spin nach oben statt nach unten zu registrieren, steht 50 : 50. Zur gleichen Zeit lässt sich der Spin eines Teilchens nur in einer Achse feststellen, schon weil sich die zur Messung notwendigen Magnetfelder, wenn man gleichzeitig in verschiedenen Achsen messen wollte, überlagern. Möglich ist freilich, jedes der beiden auseinanderfliegenden Teilchen durch je ei-

---

[106] Hierzu Brian Greene, »Aus dem Stoff, aus dem der Kosmos ist« a. a. O. S. 129; vgl. Gerthsen / Kneser, »Physik«, 11. Aufl.; 1971, XII § 5, S. 440 und Höfling, a. a. O. S. 772, die von der Einstellung des Elementarteilchens „parallel" oder „antiparallel" zum Magnetfeld sprechen.
[107] Höfling, a. a. O. S. 772, 985.
[108] Siehe John Stewart Bell, » Lokalität in der Quantenmechanik: Antwort an Kritiker«, in: »Sechs mögliche Welten der Quantenmechanik«, a. a. O. S. 71.

nen Stern-Gerlach-Magneten für sich zu messen. Werden sie in gleicher Achse registriert, so muss, wenn das eine Teilchen nach oben zeigt, das andere notwendig nach unten zeigen; insofern besteht eine »perfekte« Korrelation[109].

Im Unterschied zu EPR, die - wie schon erwähnt - auf die Korrelation von »Ort« und »Impuls« eines Elementarteilchens abstellten, nahm Bell nicht nur zwei Größen in den Blick, sondern deren jeweils drei[110]. Der Spin etwa kann - wenn auch nicht gleichzeitig an einem einzigen Teilchen - für unendlich viel verschiedene Achsen gemessen werden, indem die beiden Stern-Gerlach-Magnete nicht nur parallel oder senkrecht zueinander stehen, sondern um gewisse Winkel gegeneinander verdreht sind. Die Frage ist, wie es um die Korrelation der paarweisen Teilchen steht, wenn ihr Spin in zu einander schiefen Achsen gemessen wird. In seinen mathematischen Überlegungen kam Bell zu dem Ergebnis, dass für Korrelationen, die durch verborgene Parameter gewährleistet werden, eine Ungleichung, eben die Bellsche Ungleichung, gelte, die den Voraussagen der Quantenmechanik widerspreche.

Pagels[111] und - ihm in modifizierender Weise folgend - Zeh[112] erläutern diese Ungleichung an Hand von paarweise erzeugten Elementarteilchen. Pagels geht vom Lichtstrahl aus, der - den Korpuskularcharakter des Lichtes hervorkehrend - aus Photonen, also den Lichtteilchen, bestehend gedacht wird, die

---

[109] Zeilinger, »Einsteins Schleier – Die neue Welt der Quantenphysik«, 2003, 4. Aufl., 2005, S. 68 ff, 72.

[110] Siehe John Stewart Bell, »Über das Einstein-Podolsky-Rosen-Paradoxon«, a. a. O. S. 18 ff.

[111] »Der kosmische Code. Quantenphysik als Sprache der Natur«; a. a. O. S. 164.

[112] »Physik ohne Realität: Tiefsinn oder Wahnsinn?«, 2012, S. 16. Das Modell, wie es sich Zeh denkt, findet sich in etwa bei John Bell »Einstein-Podolsky-Rosen- Experimente«, in: »Sechs mögliche Welten der Quantenmechanik«, a. a. O. S. 91.

- dem Wellencharakter des Lichtes entsprechend - als transversal - also senkrecht zur Ausbreitungsrichtung des Lichtstrahles schwingend - aufgefasst werden. Das natürliche Licht, das Sonnenlicht, schwingt in alle möglichen Richtungen, freilich immer rechtwinklig zu seiner Ausbreitungsrichtung. Die Richtung, in der die Welle schwingt, nennt man ihre Polarisation bzw. ihre Polarisationsrichtung. Ändert sich diese Richtung schnell und ungeordnet, spricht man von einer unpolarisierten Welle. Licht kann als transversale Welle polarisiert werden, das heißt in seiner Schwingrichtung auf eine Richtung hin selektiert werden; das kann durch Polarisationsfilter geschehen.

Pagels geht - wie gesagt - von paarweise erzeugten Elementarteilchen aus, die in derselben Richtung polarisiert sind, wobei die Polarisationsrichtung der jeweils erzeugten Paare wechselt und völlig zufällig ist. Jedem der beiden korrelierten Teilchen stelle sich je ein Polarisationsfilter entgegen, der es durchlässt oder absorbiert. Sind die Filter parallel zur Polarisation der Teilchen, gehen beide durch; stehen sie senkrecht zur Polarisationsrichtung der Teilchen, geht keines durch. Stelle man sich nun vor, dass die Korrelation der Teilchen in ihnen selbst strukturell[113], also durch - verborgene - Parameter, angelegt wäre, so wird, wenn nun der eine Filter um einen kleinen Winkel gedreht wird, ein Teil der vorher beide Filter passierenden Paare nicht mehr passen, also nicht mehr durchgelassen werden, die Korrelationsrate also etwas kleiner als 100% werden. Denke man sich stattdessen den anderen Filter um den entgegengesetzten Winkel gedreht, so hätte ein anderer, im Mittel gleich großer Anteil von Elementarteilchen dort nicht mehr gepasst. Wenn nun beide Filter gleichzeitig im Verhältnis zueinander entgegengesetzt - also insgesamt um

---

[113] Das Paradebeispiel für »verborgene« - wenn auch feststellbare - Parameter: sind eineiige Zwillinge, die ihre einander entsprechenden Eigenschaften durch ihre Gene sozusagen eingepflanzt bekommen haben.

den doppelten Winkel - gedreht werden, sollte man meinen, dass der Gesamtanteil der nicht mehr durchgelassenen Paare kleiner oder höchstens gleich der Summe der beiden nicht mehr passierenden Paare bei den Einzeldrehungen ist, denn einige Photonen, die bei einfacher Winkelgröße schon absorbiert sind, können nicht noch einmal bei doppelter Winkelgröße absorbiert werden. Das ist nach Pagels und Zeh der Kern der Bellschen Ungleichung.

Bemerkenswerterweise verstoßen gegen diese Ungleichung die quantenmechanischen Voraussagen. Die anteilige Menge der nicht passenden Paare beim doppelten Winkel ist nach der Quantenmechanik größer als deren Summe bei den Einzeldrehungen der Filter[114]. „Man muss sich damit abfinden", so wird gesagt, „dass diese Arbeiten" - gemeint sind die zur Bellsche Ungleichung - „in logischer Hinsicht und in ihren Konsequenzen selbst für Fachleute extrem schwierig zu verstehen sind und dass sie anscheinend keine einfache treffende Formulierung ermöglichen."[115] Augenscheinlich findet man kein zureichendes Modell, um diesen Ausbruch aus unserer gewohnten Raumzeitlichkeit zu verdeutlichen. Aber sei dem, wie dem wolle: die EPR-Argumente sind widerlegt; aus diesem Faktum sind Konsequenzen zu ziehen.

Wo immer man auch die Ursache der Korrelation sucht, man kommt nicht daran vorbei, dass das Schicksal jedes der beiden in entgegengesetzte Richtungen fliegenden Teilchen – ob es nämlich von einem seine Bahn querenden Filter absorbiert oder durchgelassen wird – davon abhängt, in welchem Winkel die Filter zueinander stehen. Die Einstellung des Messgeräts

---

114 Pagels, »Der kosmische Code. Quantenphysik als Sprache der Natur«, a. a. O. S. 167; Zeh, »Physik ohne Realität: Tiefsinn oder Wahnsinn?«, 2012; S. 16.
115 So das Chemie-Lexikon, 2016 aus dem Internet abgerufen unter dem Artikel »Bellsche Ungleichung«, chemie.de© 1997-2016 Information Service GmbH.

auf der einen Seite wirkt sich ohne jede Zeitverzögerung - instantan - auf das Messergebnis der anderen Seite aus, die Teilchen mögen sich befinden, wo auch immer - und das ist eben nicht »lokal«. Ist dem so, dann kann man diesen Sachverhalt auch so auffassen, dass das Phänomen, das an dem »anderen« Teil gemessen wird, sich überhaupt erst mit der Messung konstituiert, also vorher als Realität gar nicht vorhanden war. Eine derartige Annahme widerspricht jeder - nämlich »realistischen« - Theorie der klassischen Physik.

Zeilinger[116] macht in diesem Zusammenhang darauf aufmerksam, dass lokal realistische Theorien und die Quantenmechanik nur dann zu gleichen Ergebnissen kommen, wenn es um perfekte Korrelationen geht, dass sie aber einander widersprechen, wenn Korrelationen im Spiel sind, die im Einzelfall nicht mehr sicher, sondern nur noch mit einer gewissen Wahrscheinlichkeit vorausgesagt werden können, die also lediglich statistische Feststellungen ermöglichen. Das sind dann diejenigen Korrelationen, bei denen die beiden Teilchen nicht genau entlang derselben Richtung gemessen werden, die zwar deutlich, aber eben nicht perfekt korreliert sind, bei denen sich also aufgrund der Messung an dem einen Teilchen nicht mit Sicherheit das Resultat am anderen vorhersagen lässt, sondern eben nur noch mit einer gewissen Wahrscheinlichkeit. „Es treten ja nicht immer entgegengesetzte Resultate auf, sondern manchmal auch gleiche," bemerkt Zeilinger.

Entscheidend war, dass Bells Ausführungen es ermöglichten, die von EPR aufgestellten Thesen experimentell nachzuprüfen. So wurde durch Experimente - insbesondere von Aspect, Dalibard und Roger im Jahre 1982 - nachgewiesen, dass die Korrelationen paarweiser Photonenpaare die Bellsche Ungleichung signifikant verletzen. Es wurde gezeigt, dass die

---

[116] »Einsteins Schleier – Die neue Welt der Quantenphysik«, 2003; 4. Aufl., 2005; S. 80 und 81.

Untrennbarkeit eines verschränkten Photonenzustandes auch dann gilt, wenn die Photonen weit voneinander entfernt sind, nämlich so weit, dass kein Signal - auch mit Lichtgeschwindigkeit nicht - die beiden Messungen verbunden haben könnte. Beim Experiment von 1982 waren die Photonen bei der Messung 12 Meter entfernt. Außerdem ließ sich die Einstellung der Messpolarisatoren während der 20 Nanosekunden des Fluges der Photonen zwischen Quelle und Detektor ändern, um Bells ideales Schema zu realisieren[117]. Freilich räumte Aspect ein, dass es tatsächlich noch ein „Schlupfloch" für Verfechter der lokalen verborgene-Parameter-Theorien gebe, solange viele Photonen unerfasst bleiben. Ein erstes Experiment mit einer Detektionseffizienz nahe eins habe zwar eine klare Verletzung der Bellschen Ungleichungen bestätigt, aber in diesem Experiment seien die Detektoren nicht raumartig getrennt gewesen - so weit Alain Aspect im Jahre 2003.

Nunmehr wird vermeldet[118], dass eine Forschergruppe der Technischen Universität Delft das »Nachweis- oder Detektionsschlupfloch« schließen konnte, ohne dass sich das »Lokalitätsschlupfloch« wieder aufgetan hätte. Die Labors seien 1280 Meter voneinander entfernt gewesen. Die Nachweiswahrscheinlichkeit sei so hoch, dass man das »Nachweisschlupfloch« als geschlossen betrachten kann. Ein extrem schneller Zufallsgenerator habe die gemessene Spinkomponente so rasch geändert, dass während der Messungen kein Signalaustausch zwischen den beiden Labors möglich gewesen sei; die

---

[117] Vgl. Alain Aspect, »Einführung: John Bell und die zweite Quantenrevolution«, in: John S. Bell, »Sechs mögliche Welten der Quantenmechanik«, a. a. O. S. XXII. und S. XXIII. Zu den Vorstellungen Bells von den Experimenten: John Stewart Bell, » Atomkaskaden-Photonen und quantenmechanische Nichtlokalität« in: »Sechs mögliche Welten der Quantenmechanik«, a. a. O. S. 124.
[118] Rainer Scharf über Experimente der Forschergruppe um Ronald Hanson in: »Bell-Test ohne Schlupfloch« vom 21. Oktober 2015 in pro-physik.de.

Wahrscheinlichkeit, dass dieses Ergebnis zufällig zustande gekommen sei, wurde auf 3,9 Prozent beziffert.

6. Konsequenzen der Unanschaulichkeit

a. Jenseits des »Vorstellens« und an den Grenzen des »Denkens«

Die Konsequenzen dieser Experimente liegen auf der Hand: Es gibt ersichtlich Phänomene, die dem Menschen - aus welcher Perspektive auch immer - weit auseinanderliegend, also räumlich getrennt, erscheinen, die aber so miteinander »verschränkt«[119] sind, dass sie aufeinander wirken können, ohne dass der von uns wahrgenommene Raum zwischen ihnen materiell – nämlich durch Masse oder Energie – unter Inanspruchnahme von Zeit überwunden werden müsste, die sich also so verhalten, als seien sie nur ein einziges Ding. Brian Greene spricht davon, dass sich verschränkte Teilchen so verhalten könnten, als würden sie aneinander haften, obwohl „viele Billionen Kilometer" dazwischen liegen[120].

Unterstrichen wird die Fremdartigkeit der Verschränkung eben dadurch, dass ihr instantanes Zutagetreten nicht auf verborgene Parameter der beteiligten Elementarteilchen, also nicht auf ihre Materialstruktur zurückgeführt werden kann. „Die experimentellen Tests der Bellschen Ungleichungen gaben eine eindeutige Antwort: Verschränkung kann nicht als übliche Korrelation verstanden werden, deren Interpretation auf der Existenz von gemeinsamen Eigenschaften beruht, die

---

[119] Der Begriff »Verschränkung« stammt nach Zierlinger, »Einsteins Schleier – Die neue Welt der Quantenphysik«, 2003; 4. Aufl., 2005; S. 72 von Erwin Schrödinger.

[120] »Aus dem Stoff, aus dem der Kosmos ist« a. a. O. S. 103. Die Aussage verliert nicht viel von ihrem grotesken Gehalt, wenn man statt »Billion« dem deutschen Sprachgebrauch folgend »Milliarde« liest!

aus einer gemeinsamen Präparation stammen und mit jedem individuellen Objekt auch nach der Trennung verknüpft bleiben — als Teile ihrer physikalischen Realität", so Alain Aspect[121]. Und er merkt noch erläuternd an: „Ein Beispiel üblicher Korrelationen ist die Identität der Augenfarbe von Zwillingsbrüdern, die mit ihren identischen Chromosomensätzen zusammenhängt. Die Korrelationen bei verschränkten Zwillingsphotonen haben eine andere Natur ...". Das Zwillingsphänomen ist also gerade kein Beispiel dessen, was als »Verschränkung« begriffen wird! „Ein Paar verschränkter Photonen muss stattdessen als ein einzelnes, untrennbares System betrachtet werden, das durch eine globale Wellenfunktion beschrieben wird, die nicht in einzelne Photonenzustände faktorisiert werden kann"[122]. Man könnte auch sagen: Es handelt sich bei der Verschränkung gar nicht um Korrelation, sondern um ein einziges Phänomen, ja eigentlich um ein einziges Teilchen[123]. In der Quantenphysik stößt man also auf Messungen, die zu der Einsicht nötigen, dass unsere räumlichen Grundvorstellungen - jedenfalls im mikrophysikalischen Bereich - kein auch nur in den Proportionen zutreffendes Bild der Wirklichkeit ermöglichen. Damit wird der Boden der klassischen Physik endgültig verlassen und mit ihr unsere uns natürlich erscheinende Vorstellungsweise.

Augenscheinlich müssen wir in der durch Verteilung von Energie und Masse bestimmten materiellen Welt angesichts der Quantenphysik mit einer Wirklichkeit rechnen, die wir uns nicht mehr zureichend vorstellen können. Unter »Vorstellen« wird hier eine Bewusstseinstätigkeit verstanden, durch die ein dem Bewusstsein Begegnendes als Gegenstand - das heißt in hinreichender Bestimmtheit oder zumindest mit der

---

[121] Alain Aspect, »Einführung: John Bell und die zweite Quantenrevolution«, a. a. O. 2012, S. XVI.
[122] A. a. S. XXIII.
[123] Hattrup, »Einstein und der würfelnde Gott«, 2008, 4. Gesamtauflage, S. 27.

Tendenz zu hinreichender Bestimmtheit - entgegengenommen wird, wobei das als Bewusstsein sich präsentierende Ich als Handelndes fungiert[124]. Die Bedingungen des Vorstellens sind uns gegeben; wir leben in einer raumzeitlichen Welt. Vorstellungen sind stets von der Anschauung geprägt, was nicht heißt, durch Raum und Zeit allein bestimmt. Wir können uns Qualitäten vorstellen, die in Raum und Zeit und nur in Raum und Zeit in Erscheinung treten, ohne sie sogleich und stets zu lozieren und zeitlich näher zu bestimmen, zum Beispiel die Farben. Der Kern des Vorstellungsvermögens liegt in der Fähigkeit zur Abbildung der Verteilung von Masse und Energie, also der Ausfüllung von Raum zu einer bestimmten Zeit. Gerade es stößt im mikrophysikalischen Bereich auf seine Grenzen: die Verteilung von Energie und Masse erscheint uns keineswegs immer eindeutig zu sein. Die Proportionen der materiellen Welt und der vorgestellten Welt sind nicht mehr identisch, sie fallen auseinander.

Im Unterschied zum Vorstellen besteht Denken in dem Bewusstwerden und Verarbeiten von Beziehungen, welcher Art auch immer, basierend auf dem Identitätssatz und dem Satz vom Widerspruch. Auch ein Absolutes oder das Absolute ist »denkbar«. Beides – Vorstellen und Denken - haben in und an der Endlichkeit des Menschen ihre Grenzen. Bei der Vorstellungskraft fällt das ohne weiteres in die Augen. So können wir zwar die Unendlichkeit – unter Einschränkungen - »denken«, aber vorstellen können wir sie uns nicht. Auch das Denken des Unendlichen - und irgendwie gibt es das - lässt uns an Grenzen stoßen; wir können es nicht in jeder Hinsicht mit einem »Tertium non datur«[125] zu Ende denken, sondern müssen

---

[124] Vgl. Halder / Müller, Philosophisches Wörterbuch, Neuausgabe 1993, Artikel »Vorstellung«.
[125] Lateinisch <Ein Drittes ist nicht gegeben>. Das setzt freilich voraus, dass die These und ihre Alternative alles umfasst.

auf Widersprüche oder Antinomien gefasst sein[126], die wir nicht aufzulösen vermögen. Wir können bestimmte Phänomene nicht leugnen, die uns widersprüchlich erscheinen. Auch unsere Anschauungen können wir nur in widerspruchsfreien Beziehungen »denken«. Die »Unmöglichen Figuren«, die uns Maurits Cornelis Escher - etwa in dem Bild »Treppauf - Treppab« mit seiner in einem Viereck verlaufenden endlosen Treppe - vor Augen stellt, zeigen uns, dass wir die von Escher in seiner zweidimensionalen Darstellung intendierte Bedeutung eines dreidimensionalen Gebildes nicht »realisieren« können.

Das Denken ist am Ende, wenn die Beziehungen widersprüchlich bleiben. Das vorstellende Denken oder denkende Vorstellen ist das widerspruchslose Einordnen eines Ereignisses in unsere raumzeitliche Anschauung. Raum in seinem Nebeneinander und Zeit in ihrem Nacheinander sind die Bedingung unserer Anschauung. Nur wenn eine diesbezügliche widerspruchslose Einordnung gelingt, können wir von Anschaulichkeit bestimmter Vorgänge sprechen.

So ist die »Rückläufigkeit der Zeit« weder vorstellbar noch denkbar. Wenn etwa von einem Elementarteilchen gesagt wird, dass es sich nach einem bestimmten Ereignis „in der Zeit rückwärts bewegt"[127], wäre das nur dann eine sinnvolle Feststellung, wenn sich das Ereignis schon vor dem Ereignis ereignet hätte. Das aber ist schlicht ein Widerspruch. Im übrigen kann meines Erachtens das Problem der Rückläufigkeit der Zeit oder der Rückläufigkeit in die Zeit nur ein Scheinproblem sein, es sei denn, man versteht unter »Zeit« etwas anderes als die Folge des »Nachher« auf ein »Vorher«, was - freilich

---

[126] Vgl. Hattrup, »Einstein und der würfelnde Gott«, Herder, 2001, S. 54; 4. Gesamtauflage, 2008, S. 56 f.

[127] John Gribbin, »Auf der Suche nach Schrödingers Katze«, 1984, 5. Aufl. 1993, S. 203.

streng genommen – schon den Zeitbegriff vorausgesetzt. Die Zeit ist ein Grundbegriff, der keiner Definition zugänglich ist; alles, was man zu seiner Umschreibung einsetzt, setzt den Zeitbegriff eigentlich schon voraus. Man kann die Uhren zurückdrehen, Filme rückwärts laufen lassen und Zeitdiagramme zeichnen, in denen die Zeitkurve »rückläufig« ist; das alles bewirkt kein »Vorher des Nachher«, keine »vergangene Zukunft« und keine »Gegenwart des Künftigen«. Man kann eine Fotografie retuschieren und fälschen, aber die fotografierte Situation kann man nicht mehr ändern. Kein vergangenes Ereignis lässt sich aus dem Zeitenlauf eliminieren und wirklich ungeschehen machen. Unser Vorstellen und Denken sind nicht beliebig, sie halten sich in einem gewissen Rahmen, der nicht überschritten werden kann.

b. Entthronung der Mechanik als Leitbild wissenschaftlicher Erklärung

Die prinzipielle Unanschaulichkeit mikrophysikalischer Prozesse eröffnet neue Perspektiven der philosophischen Weltsicht. Das Ziel, alle Vorgänge in der Natur, insbesondere auch der lebendigen Natur in Mechanik aufzulösen, das heißt: durch Beschreibung der Lokalisierung und Ortsveränderung von Masse und Energie eine vollständige und sichere Erkenntnis zu gewinnen, lässt sich nicht erreichen. Eine sich auf »Mechanik« beschränkende Beschreibung der Natur ist unvollständig. Was an Beschreibung von Verteilung und Ortsveränderung der Masse und Energie im mikrophysikalischen Bereich möglich ist, erweist sich als unanschaulich und entzieht sich damit intuitiver Erkenntnis. Wir sehen uns vor raumzeitliche Gegebenheiten geführt, „von denen sich unsere Schulweisheit nichts träumen lässt"[128], die also mit mechanischen Kategorien nicht erklärbar sind, wie dies mit dem

---

[128] Shakespeare, »Hamlet, Prinz von Dänemark«, 1. Aufzug, 5. Szene.

»Doppelspaltversuchen« zur Erforschung des Lichts näher gezeigt werden kann[129]. Die räumlich-zeitlichen Zusammenhänge zeigen die Unzulänglichkeit der Mechanik als eines vollständigen Erklärungsmodells. Deshalb verliert das Argument
an Überzeugungskraft, was nicht anschaulich beschreibbar
und vorstellbar ist, gehöre in das Reich der Illusion.

Dass sich aber die Materie in ihren Raum-Zeit-Koordinaten
nicht widerspruchsfrei zur Anschauung bringen lässt, ist geeignet, für Weltbild und Daseinsgefühl weitreichende Folgen
auszulösen. Wir leben in einer Welt, die schon in ihren einfachsten Bausteinen nicht durchschaubar ist, wie viel weniger
in dem, was sich von Hause aus der Anschauung entzieht. Ist
dem so, dann müssen wir mit allen möglichen Überraschun-
gen rechnen, mit nichteuklidischen Räumen und mit Räumen,
die von Ort zu Ort eine durch die Masse verursachte unterschiedliche »Krümmung« aufweisen. Gleichwohl müssen wir
fragen, wie denn das zu »denken« sei, denn es ist durchaus
»etwas« da, das in seinen Proportionen geordnet werden
kann, wenn auch nicht durch und in den Anschauungsfor-
men, die uns für die makrophysikalische Welt gegeben sind.
Die Physik vermittelt uns das Faktum der Proportionen in der
Welt des Mikrokosmos; die Deutung müssen wir selbst übernehmen,   und   zwar   vor   dem   Hintergrund   der
Unanschaulichkeit, ja einer geradezu täuschenden Wahrnehmung, wenn wir beispielsweise bedenken, dass uns unterschiedliche Frequenzen elektromagnetischer Wellen als Farben erscheinen können.

c. Zur Tragweite räumlicher Vorstellungen

Die derzeitigen physikalischen Perspektiven führen von der
Anschaulichkeit weg. Ihren Bedingungen werden wir trotz

---

[129] Siehe oben S. 34.

der immer mehr den Alltag begleitenden virtuellen Welten freilich auch in Zukunft verhaftet bleiben. Aber es stellt sich die Frage nach der Tragweite eben dieser unserer raumzeitlichen Vorstellungen. Denkt man sich die kleinsten Bausteine der Materie, die Elementarteilchen, nach Heisenberg ohne geometrische Eigenschaften[130], dann fragt man sich, woraus sich denn nun die sichtbarliche Welt zusammensetzt. Aus »Unräumlichkeiten«? Aus »Nicht-Geometrischem«? Und wie geben unendlich viele »Unräumlichkeiten« zuletzt einen Raum, den wir als bloßen Schein doch nicht verneinen können? Woraus erwachsen die qualitativen Differenzierungen der materiellen Welt, etwa der Unterschied zwischen einer Pflanze und einem Stein in Konsistenz und Zusammensetzung? Irgendwoher müssen die Erscheinungen unserer sichtbarlichen Welt kommen.

Es mag sein, dass ein Elementarteilchen keine Gestalt hat, so dass man nicht sinnvoll davon reden kann, es sei etwa kugel- oder würfelförmig. Insofern klafft zwischen mikrophysikalischer und makrophysikalischer Welt ein Abgrund. Dieser Abgrund wurde schon im 19. Jahrhundert gesehen, indem man etwa konstatierte, dass es offenbar sinnlos sei, nach der Temperatur eines Elementarteilchens zu fragen. Und gleichwohl ist die Temperatur ein Phänomen unserer makrophysikalischen Welt, das man exakt messen kann. Den Abgrund zu überbrücken unternahmen James Maxwell, Ludwig Boltzmann und Josiah Willard Gibbs schon im 19. Jahrhundert mit der Entwicklung der Thermodynamik, die auf einer statistischen Mechanik beruht. Sie gingen davon aus, dass alle Materie aus Teilchen besteht, die man als Atome oder Moleküle bezeichnen kann und deren Bewegung den mechanischen Gesetzen der klassischen, deterministischen Physik folgt. Da je-

---

[130] Siehe oben S. 41, vgl. Heisenberg, »Zur Geschichte der physikalischen Naturerklärung«, in: »Wandlungen in den Grundlagen der Naturwissenschaft«, 1945, S. 24, 36.

des Stück Materie eine Unzahl von Teilchen aufweit, die sich in der Praxis unmöglich detailliert durch die mechanischen Gesetze erfassen lassen, kam man auf die Idee, statistische Methoden anzuwenden und damit die Wahrscheinlichkeitsverteilung der Teilchenbewegungen, nicht die Bewegung jedes einzelnen Teilchens, zu bestimmen[131]. Auch wenn ein Elementarteilchen keine Temperatur, keine Farbe und keinen Geschmack hat, bleibt nach Abzug aller Qualitäten zumindest seine Konstellation im Weltenraum, die Wirkung zeigt, und zwar unterschiedlich je nachdem, wo und wann es sich irgendwo befindet; es ist ja nicht ubiquitär. Diese Konstellationen lassen sich freilich im Einzelnen nur begrenzt bestimmen, sie sind aber in ihrer Verteilung auf Grund von Messungen nach ihrer Häufigkeit und damit Wahrscheinlichkeit ab- und einschätzbar.

Gibt es nur noch die Konstellation im Raum, so nähern wir uns der Auffassung des Demokrit: es gibt nur Atome und Leeres[132]. Hier setzen wir freilich hinzu: „in der materiellen Welt"; über die Existenz des Geistes ist damit vernünftigerweise nichts gesagt. Ersichtlich neigt Heisenberg im Prinzip der Auffassung des Demokrit zu. Er beklagt, dass sich das Bild der Elementarteilchen in den letzten Jahrzehnten wieder etwas verwirrt habe, die Zahl der neu entdeckten Teilchen im mikrophysikalischen Bereich sei erschreckend gewachsen. Aber es habe sich in den Experimenten herausgestellt, so schreibt er im Jahre 1955[133], dass sich die Elementarteilchen bei Zusammenstößen mit großer Energieumsetzung ineinander verwandeln können. Diesen Sachverhalt könne man am einfachsten beschreiben, wenn man sage, alle Teilchen bestünden im Grunde aus dem gleichen Stoff, sie seien nur ver-

---

[131] Pagels, »Der kosmische Code. Quantenphysik als Sprache der Natur«; a. a .O. S. 117.
[132] Diels, »Fragmente der Vorsokratiker«, Fragment 125; Bd. 2, S. 85.
[133] »Das Naturbild der heutigen Physik«, 1965, S. 32.

schiedene stationäre Zustände ein und derselben Materie. Einige dieser Zustände seien stabil und viele andere seien unstabil. Die Zahl 3 der Grundbausteine - Proton, Neutron und Elektron - werde dadurch auf die Zahl 1 reduziert. Freilich bleibt ein Rätsel, was denn nun das Eine ist, ob und wieweit wir es uns »vorstellen« können und zu »denken« haben.

d. Verabschiedung des lückenlosen Determinismus

Hinzu kommt ein weiterer Aspekt: die Tatsache, dass sich der Einzelvorgang im mikrophysikalischen Bereich prinzipiell nicht mehr als vorhersagbar erweist, sondern ersichtlich vom Zufall bestimmt und nur noch in seinem massenhaften Auftreten in statistischen Gesetzen erfassbar ist. Damit ist die Annahme eines lückenlosen Determinismus in der Natur nicht mehr zu halten[134]. Mit der Unschärferelation ist sozusagen ein Vorhang herabgesenkt worden, der sich als undurchdringlich erweist.

Die Unschärferelation ergibt allerdings keinen positiven Beweis, dass ein Gott die Welt regiert. »Lückenloser« Determinismus hat zwar meines Erachtens im Wirkungsbereich des Willens nie gegolten, aber die erdrückende Analogie eines angeblich lückenlosen Determinismus im Naturgeschehen, die auch den menschlichen Willen als determiniert und damit als unfrei erscheinen ließ, ist brüchig geworden.

Die klassische Physik verliert ihre Universal-Plausibilität und die moderne – die quantentheoretische - bringt die Anschaulichkeit nicht zurück. Das verursacht eine gewisse Unsicherheit. Es ist auch nicht so, dass dieses Debakel herkömmlicher

---

[134] Vgl. hierzu auch Ilya Prigogine mit seinen sich aus der Zerstreuung bildenden Strukturen <»dissipative structures«> in »Vom Sein zum Werden — Zeit und Komplexität in den Naturwissenschaften«, 1979/1980, Absatz 4 des Vorworts, Kapitel IX, Abschnitt 2 und 6.

naturwissenschaftlicher Anschauung irgendwie eine Sicherheit in anderer Richtung gäbe. Nur eins wird man sagen dürfen: Der arrogante Anspruch der Naturwissenschaftler sollte erschüttert sein, uns mit dem Hinweis auf einen lückenlosen Determinismus in der Natur über die ausschließliche Geltung mechanischer Gesetzmäßigkeit und die daraus resultierende angebliche Unmöglichkeit oder auch nur Überflüssigkeit eines göttlichen Wirkens und über die Unfreiheit des Menschen zu belehren. Das ist die gegenüber dem 19. Jahrhundert neue Situation.

Freilich darf man nicht verkennen, dass der Begriff der Kausalität auch „ein Begriff von hoher Moral" ist, wie sich Gottfried Benn ausdrückt[135], und das sollte er auch bleiben. Die strenge Zucht der exakten Beobachtungen und Nachweise in der naturwissenschaftlichen Forschung hat sich gewiss auch heute nicht verloren. Der rasante technische Fortschritt auf wissenschaftlicher Grundlage führt einerseits dazu, dass viele nur noch das ernst nehmen wollen, was sich wissenschaftlich feststellen und technisch realisieren lässt. Das bewahrt sie aber andererseits häufig nicht vor einer sonderbaren Kritiklosigkeit in Bezug auf die Grenzen dessen, was wissenschaftlich erweisbar sein kann und was nicht.

Während insoweit wenigstens noch eine gewisse - wenn auch fehlleitende - Sehnsucht nach Rationalität sichtbar wird, glaubt andererseits ein Großteil unserer Zeitgenossen angesichts der wachsenden Präsenz unterschiedlichster Kulturen, Religionen und Weltanschauungen Philosophie und Religion der Beliebigkeit überantworten zu können. Insoweit werden die Bemühungen um Sachlichkeit geringer; Spontaneität ist Trumpf. Ja, man meint mitunter geradezu, ein Recht auf Vor-

---

[135] »Nietzsche nach fünfzig Jahren«, Vortrag am 25. August 1950, in: »Essays Reden Vorträge; Gesammelte Werke in vier Bänden«, 1959, herausgegeben von Dieter Wellershoff, 1. Band, Limes Verlag, S. 482, 490.

urteile zu haben, nicht erkennend, dass eine Argumentation wertlos wird, wenn die Feststellung von Tatsachen und Zusammenhängen - auch und zunächst einmal kausale - nicht stimmen!

II. Physik ist nicht alles

1. Beobachtungsabsolutismus und Beobachtungsradikalismus

Gegenüber einem wahllosen Herumtappen im weltanschaulichen Selbstbedienungsladen unserer Zeit vernehmen wir das etwas schrille Wort Max Plancks: „Wirklich ist, was sich messen lässt"[136]. Vorab sei zugestanden: Dieses Wort mag in der Physik seine Berechtigung haben. Wenn sich nur Quanten messen lassen und keine Stetigkeit, dann sind eben die Quanten »wirklich« - wirklich für die Physik. Ein partieller Positivismus ist für jeden Wissenschaftsbetrieb mehr oder weniger – je nach Fakultät - unerlässlich, das soll nicht geleugnet werden; unwissenschaftlich – ohne wissenschaftliche Fundierung - wäre es aber, ihn auf alles Ungemessene und Unmessbare zu erstrecken. Wird ausschließlich nur das für wirklich gehalten, was gemessen werden kann, dann hätten wir einen »Beobachtungsabsolutismus« oder wie man auch sagen könnte, einen dogmatischen – materialistischen - Positivismus. »Absolut« wäre dieser Standpunkt, weil keine andere Wirklichkeit als die mittelbar oder unmittelbar gemessene anerkannt wird. Von einem »absoluten Positivismus« – also einer Haltung, die alles so nimmt, wie es wirklich ist - möchte ich nicht sprechen. Darunter sollte man einen »Positivismus« verstehen, der alles Wirkliche - das Materielle als Materielles, aber auch das geistige Sein als geistiges Sein - zur Kenntnis zu nehmen sucht. Er

---

[136] Zitiert nach Heidegger, »Wissenschaft und Besinnung«, in: »Vorträge und Aufsätze«, 1954, 8. Aufl., 1997, S. 54.

wäre letztlich die Überwindung des praktisch dominierenden Sensualismus[137].

Nicht jeder, der Physik positivistisch betreibt, ihr also nur Messbares und Beobachtbares zugrunde legt, steht auf dem Standpunkt eines »Beobachtungsabsolutismus«. Das wird deutlich gerade bei Planck, wenn er gern das Goethewort vom schönsten Glück des denkenden Menschen zitiert, „das Erforschliche erforscht zu haben und das Unerforschliche ruhig zu verehren"[138]. So erscheint auch der Ansatz für die Physik methodisch überzeugend, wenn Heisenberg eine Mikrophysik entwickelt, die sich nur auf die Verwertung ausschließlich beobachtbarer Größen beschränkt. Diese Beschränkung hat einen doppelten Aspekt: zum einen treten an die Stelle der im Großen sichtbarlichen, im kleinsten immerhin vorstellbaren und allemal denkbaren Lozierungen – also der Geometrie - »Energiestufen« und »Übergangswahrscheinlichkeiten«, die im übrigen auch in der Makrowelt Größen sind, die Unanschauliches bezeichnen. Zum andern wird dem Beobachtungsstandpunkt radikal Rechnung getragen. Das durchzieht bei Heisenberg die gesamte Physik. Stets ist er sich der Perspektive des Beobachters und der Tatsache bewusst, dass Experimente »eingreifende« Beobachtungen sind; man könnte dies einen »Beobachtungsradikalismus« nennen.

Man darf sich aber mehr denken, als sich wissenschaftlich nachweisen lässt, als gemessen und beobachtet werden kann. Es ist ein Akt der Erkenntnis, wenn man die wahrscheinlichste Version der Dinge herauszufinden sucht und sich ihr anschließt. Auch sonst geschieht es ja allenthalben, dass wir in

---

[137] Vgl. Ortega y Gasset, »Was ist Philosophie?« - 1930 - dtv 1967, S. 125.

[138] Goethe, »Maximen und Reflexionen«; von Max Planck zitiert beispielsweise in: »Sinn und Grenzen der exakten Wissenschaft«, Vortrag, November 1941, in: »Vorträge und Erinnerungen«, 1965; S. 363, 380, sowie in seinem Vorwort zu »Vorträge und Erinnerungen«.

unseren Vorstellungen und Schlussfolgerungen über das Beobachtbare hinausgehen, ohne in nachweisbaren Irrtum zu fallen. Wir wissen, dass der Würfel sechs Seiten hat, auch wenn niemand alle Seiten gleichzeitig sehen kann. Auch sonst sind wir genötigt, unsere Beobachtungen abzugleichen, sie also nicht absolut zu nehmen, sondern im Hinblick auf andere Beobachtungen zu relativieren. Nach Heisenberg verschärft sich die Situation nochmals, wenn er betont, dass die beobachtete Situation überhaupt erst durch die Beobachtung geschaffen wird, dass sie also deshalb keine Auskunft darüber geben kann, was sich »an-sich« abgespielt hat. Er zieht daraus den Schluss, „dass die Naturgesetze, die wir in der Quantentheorie mathematisch formulieren, nicht mehr von den Elementarteilchen an sich handeln, sondern von unserer Kenntnis der Elementarteilchen"[139]. Die Frage, ob diese Teilchen »an-sich« in Raum und Zeit existieren, könne in dieser Form also nicht mehr gestellt werden. Die Vorstellung von der objektiven Realität der Elementarteilchen habe sich in einer merkwürdigen Weise verflüchtigt, nicht in den Nebel irgendeiner neuen, unklaren oder noch unverstandenen Wirklichkeitsvorstellung, sondern in die durchsichtige Klarheit einer Mathematik, die nicht mehr das Verhalten des Elementarteilchens, sondern unsere Kenntnis davon darstelle. Es mag so sein, dass physikalische Messungen und Feststellungen nicht weiter reichen; Physik ist eine - aber eben auch nur eine - Perspektive der Wirklichkeit. Sie ist - wie alle Erkenntnis in dieser Welt - auf ihren Geltungsbereich beschränkt, neben dem es auch noch andere Erkenntnisse mit je spezifischen Geltungsbereichen gibt.

Auch Heisenberg selbst lässt den Standpunkt des Beobachtungsabsolutismus hinter sich, wenn er schreibt, man müsse mit der Möglichkeit rechnen, dass gewisse Prozesse scheinbar zeitlich umgekehrt ablaufen und damit anders, als es ihrer

---

[139] »Das Naturbild der heutigen Physik«, a. a. O. S. 12.

kausalen Reihenfolge entspricht[140]. Mit dem Begriff »scheinbar« macht auch Heisenberg davon Gebrauch, sich eine Welt vorzustellen, die nicht mit Messungen identisch ist, sich also nicht durch Berechnungen und Experimente exakt beschreiben lässt. Die Umkehr des Zeitlaufs ist also auch für ihn nur eine »scheinbare«, keine wirkliche.

2. Der Versuch eines physikalischen Reduktionismus

a. Das Gegenstück der Physik: die Finalität

Physik als einzige Antwort auf unsere philosophischen Fragen reicht ersichtlich nicht zu. Ihr Gegenstand ist die raumzeitliche Verteilung der Materie in ihren Formen[141] Masse und Energie sowie ihrer Veränderung durch Kräfte in Zug und Druck, in Wirkung, Gegenwirkung und Wechselwirkung. Der von der Physik erfasste Wirkungszusammenhang ist die Kausalität im weitesten Sinne, aber keine »Finalität«[142], also keine Wirkung auf Grund einer Zwecksetzung, gegründet auf eine geistige - nicht materielle - Vorwegnahme der Zukunft. In der materiellen Welt sind Wirkungen dann lückenlos physikalisch beschreib- und erklärbar, wenn sie die Wirkung stattgehabter, also bereits eingetretener Verteilung von Masse und Energie sind. Jede Wirkung künftiger, noch nicht in der Welt der Materie manifestierter Zustände auf die Gegenwart, auf die gegenwärtige Verteilung von Energie und Masse, sprengt das physikalische System. Die Beschreibung ist als eine physikalische vollständig, wenn sie eine lückenlose Erkenntnis des

---

[140] A. a. O. S. 34.

[141] Klaus Mainzer in »Enzyklopädie Philosophie und Wissenschaftstheorie«, herausgegeben von Jürgen Mittelstraß, 1984, Sonderausgabe 2004, Artikel: »Materie«.

[142] »Finalität« aus dem lateinischen »finalis«: »das Ende, den Zweck oder das Ziel betreffend«.

Sachverhalts in allen seinen Phasen letztlich als bloße Ortsveränderung von Masse und Energie im Zeitenfluss ermöglicht.

Alle physikalische Erklärung hat ihre äußerliche natürliche
Grenze jedenfalls am »Urknall«, dieser »Anfangssingularität«
der Materie, die selbst nicht mehr durch physikalische Gesetze
definiert ist oder beschrieben werden kann. Die vollständige
physikalische Erklärung scheitert aber - sozusagen immanent -
auch dann, wenn sich ein Sachverhalt nicht mehr allein auf
das lückenlose Wirken stattgehabter, also auf bereits eingetre-
tene Verteilung von Masse und Energie plausibel - das heißt:
unter Berücksichtigung von Gesetzmäßigkeit und Zufalls-
wahrscheinlichkeit - zurückführen lässt. Wird das Geschehen
durch Finalität geprägt, sind die Grenzen der Physik überschritten. »Finalität« wird einem Vorgang zugesprochen, der
mit einer Zwecksetzung beginnt, sodann in eine Auswahl der
Mittel zur Erreichung des Zwecks übergeht und mit einem
Inswerksetzen dieser Mittel zur Erreichung des Zwecks
schließt[143]. Die beiden ersten Phasen des Vorgangs spielen
sich ausschließlich im Bewusstsein ab; die letzte Phase vollzieht sich rätselhaft in der Wirkung von Bewusstsein auf Materie.

Grundsätzlich vermag Physik Phänomene der anorganischen
Natur zu erklären. Wieweit sich auch die Wissenschaft von
der lebendigen Natur, die Biologie, auf Physik reduzieren
lässt, sich also in bloße physikalische Relationen vollständig
aufzulösen vermag, ist streitig. Jedenfalls sind der rein anorganischen Natur im Weltall wie auf Erden - soweit unsere Beobachtungen reichen - Zwecksetzungen und Ziele fremd. Treten sie unausräumbar auf, ist die Physik am Ende.

---

[143] Siehe Nicolai Hartmann, »Teleologisches Denken«, - 1951- 2. unveränderte
Aufl. 1966, S. 68 ff.

So genügt der Bau eines Hauses den einschlägigen physikalischen Gesetzen, aber aus diesen Gesetzen allein lässt er sich nicht erklären. Seine Entstehung »von selbst«, ist bisher nie beobachtet worden, ist also - jeden einzelnen Baufortschritt in den Blick genommen - praktisch unmöglich. Augenscheinlich geht dem Bauen ein Plan und eine Herbeischaffung der Baumaterialien durch gezielte Auswahl voraus, was sich nicht von selbst tut, was sich aus der bisherigen Verteilung von Masse und Energie physikalisch nicht erwarten lässt. Wollte man die Herbeischaffung der Materialien und ihre Schichtung zum Bau dem bloßen Weiterlaufen der bisherigen Kausalketten überlassen, müsste man unendlich lange warten. Soll der Bau entstehen, müssen also neue Kausalketten angefangen werden, die sich aus dem bisherigen physikalischen Zustand an Ort und Stelle nicht ergeben.

b. Finale Strukturen in der Natur

In der belebten Natur macht eine Reihe von Erscheinungen den Eindruck, als seien sie geplant, als wirke das, was sein soll, auf das, was ist, also die Vorstellung eines künftigen Zustands, der erstrebt wird, auf die Gegenwart, so dass man mit Gottfried Benn fragen möchte:

> Wessen ist das und wer?
> Dessen, der alles machte,
> dessen, der es dann dachte
> vom Ende her? [144]

Die Phänomene, die einen geplanten Eindruck machen, gehen von der Entstehung des Lebens bis hin zur Welt des Menschen. So erscheint die Zusammenfügung der den lebenden Organismus bildenden Elemente, die Konzentration des Vor-

---

[144] »Am Brückenwehr«.

gangs, den wir Leben nennen, auf einen durch eine Membran von der Umgebung abgetrennten Raum, die Erhaltung der Lebensvorgänge durch Stoffwechsel, der Aufbau der für seine Entwicklung notwendigen Enzyme und die Koordinierung ihrer Wirkung plausibler zu sein, wenn man das alles als ein gesteuertes Werk auffasst, als wenn man darin ein Spiel des Zufalls sehen wollte. Das Gleiche gilt für die invariante Reproduktion der Lebewesen - also für die Reproduktion in grundsätzlich unveränderter Struktur und fast identischer Gestalt - auf der Grundlage der Gene, die in Abfolge unterschiedlicher Nukleotidsequenzen die Art und Reihenfolge der das Lebewesen aufbauenden Aminosäuren bestimmen. Auch hier entsteht der Eindruck von Finalität, schon wenn die Zuordnung der jeweiligen Nukleotidsequenz des Gens zu den chemisch ganz anders strukturierten Aminosäuren des Phänotyps bedacht wird. Physikalisch vollends unerklärlich erscheint die Welt des Menschen mit ihrer Unzahl von zweckdienlichen Projekten, die die Erdoberfläche drastisch verändern. Nichts anderes gilt für die unermessliche Vielzahl an Gedanken, Gefühlen und Gestaltungen. Selbstredend lässt sich vieles über Automatismen, Regelkreise und ähnliches erklären; aber irgendwann müssen diese Automatismen, Mechanismen und Regelkreise, die am Lebensprozess beteiligt sind, irgendwann, irgendwo, irgendwie »erfunden« und erstmals »installiert« werden. Für die folgenden Generationen mag das dann später auf »Schaltungen« und ähnlichem beruhen.

Solche Phänomene hier auf Erden - auf »Sonne, Mond und Sternen« sucht man sie vergebens - vermitteln den Eindruck, dass sie in ihrer Entstehung leichter durch Steuerung als durch bloßes »Schütteln, Rütteln und Rühren« inklusive aller Gesetzmäßigkeiten der Physik zu erklären sind, also eher durch hinzutretende Finalität als nur durch »blinde« Kausalität. Ist von Steuerung die Rede, dann heißt das, dass die Dinge sich selbst überlassen - also ohne Steuerung - einen anderen

Verlauf genommen hätten. Das ist jedenfalls das Resultat des phänomenologischen Blicks, der die Dinge nimmt, wie sie sich geben, und sich zunächst einmal aller Theorie enthält.

Ob eine rein physikalische Erklärung tatsächlich scheitert und sich die Existenz eines schöpferischen Geistes aufdrängt, beurteilt sich letztlich nach Erfahrung, die hier ganz allgemein im aristotelischen Sinne[145] verstanden werden soll, nämlich als ein „aus vielen Erinnerungen an denselben Gegenstand" bewirktes Vermögen zur Unterscheidung. Im Deutschen - so darf man erläuternd hinzusetzen - weist die Wurzel des Wortes »erfahren« auf das Erkunden durch Fahren im Sinne von hin und her Wandern und deutet damit an, dass das Wissen, die Erkenntnis nicht unmittelbar im direkten Zugriff gewonnen wird, sondern dass man sich dem Wissen in vielen Schritten - systematisch oder unsystematisch, methodisch oder methodenfrei - über Wege und Umwege nähert. Im Grunde geht es, wenn von »Erfahrung« die Rede ist, darum, nicht bei der Intuition, der Vision oder auch bei irgendeiner Dogmatik stehen zu bleiben, sondern möglichst alle einschlägigen Phänomene in Betracht zu ziehen und zu prüfen. Das heißt nichts anderes, als dass Abschätzungen über den Lauf der Dinge, also auch Wahrscheinlichkeitsüberlegungen, einfließen. Ist die Wahrscheinlichkeit, dass ein bestimmter Zustand rein zufällig allein durch bloßes »Schütteln, Rütteln und Rühren« zustande gekommen ist, äußerst gering, so wird man auf Grund von Erfahrung zu dem Schluss gelangen, dass es kein Ergebnis des Zufalls ist. Man nimmt die Unwahrscheinlichkeit bestimmter Abläufe einfach ernst und sieht sich bei äußerst unwahrscheinlichen Ereignissen nach einer anderweitigen Erklärung um.

---

[145] Vgl. »Metaphysik«, Buch I., Kapitel 1, 980 b 21, 981 a nach der Übersetzung von Hermann Bonitz, bearbeitet von Horst Seidl, in: »Aristoteles - Philosophische Schriften in sechs Bänden«, Bd. 5, S. 2.

Hält man eine Steuerung der organischen Welt in ihrer Entstehung und in ihrem Fortbestand für möglich, dann ist die Frage unabweisbar, wie das gedacht werden kann. Können wir es anders als in Analogie zu unserem eigenen Willen und Bewusstsein, zu unserer eigenen Erfahrung denken? Selbstredend müsste ein in der Natur Ziele ansteuerndes Bewusstsein eine unvergleichlich größere Kapazität haben, als wir sie aufweisen. Wie immer man auch Finalität denkt: da das Physikalische durch Masse und Energie und ihre Veränderung definiert ist, wobei selbstredend die chemischen Vorgänge auch dazu gehören, liegt der Schluss nahe, dass ein Anderes als die Materie das Organische steuert und so die Finalität bewirkt.

c. Die physikalische Welterklärung als Arbeitshypothese und ihre Dogmatisierung

Eine ausschließlich physikalische Weltbeschreibung unter Einebnung aller Teleologie hat einen besonderen ästhetischen Reiz. Ein einheitliches Weltbild dieser Art erweckt nicht nur den Anschein, als ob der ganze Kosmos von durchschaubaren und beschreibbaren Gesetzen durchwaltet und prinzipiell lückenlos erkannt werden könnte. Man wäre auch an ein Ende der Grundlagenforschung gekommen, weil man die »wirkliche« Struktur der Welt erfasst hätte. Was soll man da noch weiter suchen? Einheitliche Erklärung der Phänomene suggeriert Wahrheit.

Es würde zudem die Weltsicht deutlich vereinfachen, wenn man mit wenigen Kategorien alles bewältigen könnte. Deshalb wird man des Versuchs einer einheitlichen, ausschließlich physikalischen Beschreibung aller Phänomene nicht müde, »physikalisch« also im Sinne des Wirkens der in der Materie manifestierten gegenwärtigen Zustände in die Zukunft, sei es durch dynamische oder durch statistische Kausalität, sei es durch Zufall oder auch durch Strukturbildung auf Grund systeminterner Fluktuationen[146], nicht aber durch eine – wie auch immer geartete – Teleologie oder Finalität, also nicht durch eine auf die Gegenwart wirkende, im Geiste - wessen Geist auch immer - antizipierte Zukunft. So sucht man auch das biologische Geschehen physikalisch vollständig zu erklären und hofft immer wieder, das Phänomen einer anscheinend auf die Gegenwart wirkenden Vorwegnahme künftiger noch nicht materialisierter Zustände als Schein zu entlarven und in das der Materie eigene Zeit- und Ursachenschema zurückpressen zu können.

Getragen werden solche Versuche von der Überzeugung, dass sich das, was man »Geist« nennt, letztlich eben doch in die Materie »einebnen« lasse, also doch nichts weiter ist als eine besondere Ausschwitzung der Materie. Diese Einstellung fand ihre drastische Formulierung in dem Satz von Karl Vogt[147], dass „die Gedanken etwa in demselben Verhältnis zum Gehirn stehen, wie die Galle zu der Leber oder der Urin zu den Nieren". Sie ist auch Wissenschaftlern unserer Tage nicht ganz fremd. Manfred Eigen etwa schreibt in seiner Vorrede zur deutschen Übersetzung von Monods »Le hazard et la nécessité«[148] immerhin den Satz: „Wenn wir schon eine Begründung unserer Ideen finden wollen, so sollten wir diese in der letzten Stufe, nämlich beim Zentralnervensystem des Menschen, suchen, denn hier ist der Ursprung aller Ideen, auch der von der göttlichen Durchdringung unseres Seins". Das klingt denn doch nicht viel anders, als wenn jemand den ergriffenen Hörern eines Violinkonzerts auf ihr Staunen über

---

146 Vgl. etwa Martin Carrier, in: »Enzyklopädie Philosophie und Wissenschaftstheorie«, herausgegeben von Jürgen Mittelstraß, 1980, Sonderausgabe 2004, Artikel: »Selbstorganisation«.

147 »Physiologische Briefe für Gebildete aller Stände«, 2. Auflage, Gießen, 1854, S. 323.

148 »Zufall und Notwendigkeit - Philosophische Fragen der modernen Biologie«, a. a. O. S. 15.

den Zauber der Musik sagt: „Sehen wir uns doch mal die Geige an!"

Wollen wir der Wahrheit näher kommen, so müssen wir die Wirklichkeit in all ihren Erscheinungsformen in den Blick nehmen und mit angemessenen Kategorien zu beschreiben suchen. »Unangemessen« sind Kategorien, die das Phänomen auf Begriffe reduzieren, die das Eigentliche nicht treffen. So ist etwa eine Beschreibung des Phänomens »Recht« unzulänglich, die sich nicht am Begriff des Sollens orientiert und sich stattdessen soziologischer Begriffe bedient und ausschließlich auf »Tatsachen« rekurriert. Das gilt trotz aller Vorurteile und Vorbehalte auch für das Phänomen der Finalität in der Natur. Sollte sich freilich herausstellen, dass es sich nur um scheinbar finale Phänomene handelt, wären die physikalischen Kategorien die richtigen. Erweist sich jedoch die Physik für eine Erklärung als unzureichend, muss zu anderen Ufern aufgebrochen werden.

Den Großen ihrer Zunft ist durchaus bewusst, dass es sich bei dem Dogma, alles Geschehen in der Natur lasse sich physikalisch erklären und jede Finalität sei als unwissenschaftlich auszuschließen, vorerst um eine methodische Sicht der Dinge handelt. So erklärt Monod sein „Postulat der Objektivität der Natur"[149] zum „Grundpfeiler der wissenschaftlichen Methode". Dann aber setzt er bedeutsam hinzu, dass diese Objektivitätsforderung freilich ein reines, für immer unbeweisbares Postulat sei, denn es sei „offensichtlich unmöglich, ein Experiment zu ersinnen, durch das man die Nicht-Existenz eines Projekts, eines irgendwo in der Natur angestrebten Zieles beweisen könnte". Monod konstatiert denn auch: „Die Objektivität selbst zwingt uns aber, den teleonomischen Charakter der Lebewesen anzuerkennen und zuzugeben, dass sie in ihren

---

[149] »Zufall und Notwendigkeit - Philosophische Fragen der modernen Biologie« a. a. O., S. 36.

Strukturen und Leistungen ein Projekt verwirklichen und verfolgen. Hier ist also, zumindest scheinbar, ein tiefer erkenntnistheoretischer Widerspruch. Das zentrale Problem der Biologie ist eben dieser Widerspruch, der als ein nur scheinbarer aufzulösen oder, wenn es sich wirklich so verhält, als grundsätzlich unlösbar zu beweisen ist"[150].

Das Methodische aus dem Blick verlierend wird das, was zunächst als »Arbeitshypothese« einen Sinn hat, nämlich die physikalische Betrachtungsweise oder das von Monod sogenannte Objektivitätspostulat, heute so gut wie vor hundertfünfzig Jahren zur offiziösen Doktrin der naturwissenschaftlichen Fakultäten, zum »dogmatischen« Selbstverständnis vieler Naturwissenschaftler. Das kann man als »physikalistischen Materialismus« - etwa im Unterschied zu einem »historischen« oder »dialektischen« - bezeichnen.

3. Das Leben und der Zweite Hauptsatz der Thermodynamik

a. Der natürliche Lauf der Dinge als physikalisches Gesetz

Man muss sich in der Tat wundern, wenn sich durch bloße Physik ein differenzierteres - also spannungsreicheres - Gebilde als zuvor aufbaut. Es liegt im Wesen der materiellen Spannungszustände, dass sie sich von selbst im Laufe der Zeit abbauen und nicht steigern. Wir würden schon gar keine »Spannung« feststellen, wenn wir nicht zugleich ihre Tendenz zu ihrem Abbau konstatierten. Die Spannungszustände mögen als Niveauunterschiede, Temperaturdifferenzen, elektrische Potenziale oder ähnliches auftreten; sie neigen zum Ausgleich. Freilich mag es schon im rein anorganischen Bereich so scheinen, dass sich Spannungen auch aufbauen, wo wir vorher keine festgestellt haben. Das liegt daran, dass größere Spannun-

---

[150] A. a. O. S. 37.

gen außerhalb unseres alltäglichen Gesichtskreises sich ab-
bauend in unserer Sphäre in kleinere Spannungen umsetzen.
Deutlich wird dies bei der Zufuhr der Sonnenenergie, die zu
Spannungszuständen auf der Erde führt, die selbstredend
auch ihre Tendenz zum Abbau haben.

Diese Tendenz zum Abbau als natürlicher Lauf der Dinge ist
unser aller Grunderfahrung, und zwar auf allen Gebieten. Ge-
röll rollt zu Tale, zerfallende Bauwerke stürzen ein, Gase ver-
mischen sich, Lebendiges stirbt und verwest und löst sich in
seine Bausteine auf. Von selbst - so erscheint es uns - baut sich
aufs Ganze im rein physikalischen Bereich nichts auf. Diese
Tendenz manifestiert sich denn auch in einem physikalischen
Gesetz, dem Zweiten Hauptsatz der Thermodynamik. Es kann
mit Rudolf Clausius dahingehend formuliert werden, dass
Wärme niemals aus einem kälteren Körper auf einen wärme-
ren Körper übergehen kann - was die Spannung erhöhen
würde - , wenn nicht gleichzeitig eine andere damit zusammenhängende Änderung eintritt[151]. Deshalb kann auch die einer periodisch arbeitenden Maschine zugeführte Wärme nicht
vollständig in Arbeit umgesetzt werden, weil sich ein Teil dieser Wärme durch Wärmeleitung, Wärmestrahlung und Rei-
bung notwendig zerstreut, nämlich an »kältere Reservoirs«
abgegeben wird und nach dem Zweiten Hauptsatz dann nicht
mehr von sich aus »zurückkommt«. Das Maß dieses in mechanische Arbeit nicht umsetzbaren, also insoweit verlorenen
Teils der aufgewendeten Energie nannte Clausius »Entropie«[152].

Nachdem der Satz von der Erhaltung der Energie - der Erste
Hauptsatz der Thermodynamik - formuliert war, wonach
Energie weder erzeugt noch vernichtet, sondern nur von einer

---

[151] Höfling, »Physik«, Bd. II, Teil 1, 10. Aufl.; S. 372.
[152] Vgl. Kratzer in: »Historisches Wörterbuch der Philosophie«, 1972; Band 2,
Artikel: »Entropie«.

Form in eine andere umgewandelt werden kann, ging es Clausius darum aufzuzeigen, dass dieser Erhaltungssatz keineswegs die beliebige Umkehrbarkeit der Naturvorgänge bedeute, dass vielmehr die spontan verlaufenden Vorgänge irreversibel seien und die Irreversibilität der Naturvorgänge in der Form eines Naturgesetzes gefasst werden könne. Allgemein formuliert kann dann der Zweite Hauptsatz der Thermodynamik auch so lauten[153]: „In einem abgeschlossenen System" - dem also von außen keinerlei Arbeit, Wärme oder Materie zugeführt oder entnommen wird[154] - „kann die Entropie niemals abnehmen, sondern sie bleibt bei reversiblen Vorgängen konstant und nimmt bei irreversiblen Vorgängen zu". Vorgänge, bei denen die Entropie zunimmt, laufen von selbst[155] und können nicht ohne anderweitigen Aufwand von Energie rückgängig gemacht werden. Damit liegt die Richtung eines Prozessablaufs - etwa der Diffusion von Gasen - fest. Seine Umkehrung wäre - beispielsweise im Falle der Diffusion - eine »Entmischung«, ein äußerst unwahrscheinlicher Sonderfall der Vermischung. Diese Erfahrung von der Irreversibilität ist so allgemein, dass wir durch sie den Zeitenlauf und seine Richtung - den »Zeitpfeil« - von der Vergangenheit in die Zukunft spüren. Das Zerschellen einer fallen gelassenen Vase lässt sich nicht mehr zurückdrehen, nicht mehr revidieren.

Die Irreversibilität ist nicht nur ein Grundzug der materiellen Welt, sie lässt sich mit Hilfe des Entropiebegriffs mathematisch als Gesetz formulieren. Diesbezügliche Modellvorstellungen zu erarbeiten und ihre Stimmigkeit durch Experimente zu verifizieren oder zu falsifizieren ist Aufgabe der Thermo-

---

[153] Auch diese Formulierung stammt von Clausius, siehe Höfling, »Physik«, Bd. II, Teil 1, 10. Aufl.; S. 371.

[154] Roland Reich, »Thermodynamik. Grundlagen und Anwendungen in der allgemeinen Chemie«, 1993, S. 44.

[155] Ilja Prigogine / Isabelle Stengers, »Dynamik und Thermodynamik« in: »Lust am Forschen«, a. a. O. S. 80.

dynamik. Sie, die Thermodynamik, - so schreiben Manfred Eigen und Ruthild Winkler - „wäre nicht ein so wundervolles, logisch in sich geschlossenes Denkgebäude, wenn sie sich in Spekulationen über das Universum verloren hätte. Die Stärke ihrer Argumentation beruht gerade darauf, dass sie sich mit abgegrenzten Systemen befasst, deren Anfangs- und Randbedingungen reproduzierbar kontrolliert werden können. Sie ist daher eine Wissenschaft, die sich eher auf das im Laboratorium untersuchbare System als auf das Universum bezieht. Als solche gewährt sie vor allem Einsichten in die abgrenzbaren Systeme der unbelebten wie auch der belebten Welt."[156] Die Thermodynamik zeigt in ihrem Zweiten Hauptsatz, wie es an sich läuft, wenn die Natur allein gelassen wird, wenn keiner eingreift.

Wenn dem so ist, dann ist der Zweite Hauptsatz - auch wenn sich die Thermodynamik nicht spekulativ im Universum verliert - das allgemeine Weltgesetz, vorausgesetzt, dass das Universum ein geschlossenes System ist[157]. Und wie sollte es das nicht sein? Woher soll ihm Masse und Energie zufließen? Ist dem so, dann steht unser Wissen von der physikalischen Irreversibilität mit dem Kern unserer Existenz, nämlich der Unwiederbringlichkeit unseres Daseins in allen seinen Phasen, voll im Einklang. Geht die Entwicklung in der Natur grundsätzlich von spannungsreichen zu entspannten Zuständen, so heißt das, dass sie auf ein Gleichgewicht zuläuft[158], in dem sich das, was im Gleichgewicht ist, nicht mehr bewegt. Strukturärmere Zustände werden wahrscheinlicher.

---

[156] »Das Spiel. Naturgesetze steuern den Zufall«, 1975, S. 174 f.
[157] So Monod, »Zufall und Notwendigkeit, a. a. O. S. 172; vgl. auch Prigogine / Isabelle Stengers, »Dynamik und Thermodynamik«, a. a. O.
[158] Siehe Roland Reich, »Thermodynamik«, a. a. O. S. 1.

b. Entropie als Zustandswahrscheinlichkeit und Maß der Ordnung

In der zweiten Hälfte des 19. Jahrhunderts wurde ein Zusammenhang zwischen den makrophysikalischen Phänomenen der Thermodynamik - Temperatur, Druck und Volumen - einerseits und der kinetischen Gastheorie - nämlich der Theorie über die Bewegungsvorgänge der einzelnen Gasmoleküle - andererseits hergestellt. Ludwig Boltzmann entwarf eine allgemeine statistische Theorie der Thermodynamik und sah in der Entropie ein Maß der Wahrscheinlichkeit[159]. Jeder Energieverteilung komme eine quantitativ bestimmbare Wahrscheinlichkeit zu. Den Zustand des Wärmegleichgewichtes könne man dadurch berechnen, dass man die Wahrscheinlichkeit der verschiedenen möglichen Zustände des Systems aufsuche. Der Anfangszustand werde in den meisten Fällen ein sehr unwahrscheinlicher sein, von ihm eile das System immer wahrscheinlicheren Zuständen zu, bis es den wahrscheinlichsten, den des Wärmegleichgewichtes, erreicht habe[160]. „Da diese" - die quantitativ bestimmbare Wahrscheinlichkeit - „in den für die Praxis wichtigsten Fällen identisch ist mit der von Clausius als Entropie bezeichneten Größe", so wolle er ihr ebenfalls diesen Namen geben[161].

In der statistischen Thermodynamik wird also davon ausgegangen, dass ein und derselbe thermodynamische Makrozustand durch ganz verschiedene Mikrozustände realisiert sein

[159] Zeh, »Entropie«, 2005, S.15.

[160] Ludwig Boltzmann, »Über die Beziehung zwischen dem zweiten Hauptsatze der mechanischen Wärmetheorie und der Wahrscheinlichkeitsrechnung respektive den Sätzen über das Wärmegleichgewicht«, in: »Wissenschaftliche Abhandlungen von Ludwig Boltzmann, II. Band - 1875-1881 -, hrsg. von Fritz Hasenöhrl, 1909, S. 164, 165.

[161] Ludwig Boltzmann, »Der zweite Hauptsatz der mechanischen Wärmetheorie«, in: »Populäre Schriften«, 1905, S. 37.

kann. Der Makrozustand wird durch Temperatur, Druck und Volumen des betrachteten Systems bestimmt. Ein Mikrozustand ist klassisch durch Angabe aller Orte und Impulse der zum System zählenden Teilchen gegeben. Die Größe der Entropie ergibt sich dann aus der Zahl der möglichen verschiedenen Mikrozustände, die auf den gleichen Makrozustand hinauslaufen. Ist die Entropie die Zahl der möglichen Positionierungen von Energie und Masse im Mikrozustand bei gleichbleibendem Makrozustand, dann ist sie eine sehr große Zahl.

Man kann in der Entropie auch ein Maß der Ordnung sehen. Ihre Abnahme im Erscheinungsbild eines Ensembles wird als - zunehmende - »Entropie« verstanden und gemessen[162]. Auf den ersten Blick scheint es allerdings nicht unbedenklich, die Entropie als ein Maß für die Unordnung zu definieren und der spannungslosen Gleichverteilung den größten Entropiewert beizumessen. Es widerspricht nämlich nicht von vornherein jeglichem Ordnungsbegriff, Gleichverteilung für Ordnung zu halten. Hier muss man freilich näher zusehen, dass es sich um eine »regellose« Gleichverteilung handelt. Was ein Widerspruch in sich selbst zu sein scheint, nämlich »regellos« und »Gleichverteilung«, löst sich auf, wenn man sich vor Augen stellt, dass richtungsweisende Kräfte durch den Spannungsabbau immer mehr verschwinden und die Masseteilchen immer regelloser positioniert sind. Am Ende treten Masse und Energie nur noch als ein »Brei« ohne alle Struktur – also »regellos« - und damit ohne alle wirkende Kräfte in Erscheinung. Eine in dieser Art gleichmäßige Verteilung weist weniger Struktur auf als eine Ungleichverteilung, als ein Spannungsfeld.

---

[162] Vgl. Lüscher, Moderne Physik, 1987, 3. Aufl., S. 367.

Geht man nämlich daran, den Zustand der Gleichverteilung oder totalen Unordnung auf mikrophysikalischer Ebene zu beschreiben, wird man sofort inne, dass die Beschreibung sehr viel aufwendiger wird, als wenn ein strukturierter Zustand zu beschreiben wäre[163]. Ist keinerlei Regel oder Struktur mehr ersichtlich, muss jedes Elementarteilchen gesondert in seinen Koordinaten und sonstigen Parametern dargestellt werden; eine einzige Angabe, die eine Vielzahl von Teilchen ordnend erfasst, ist nicht möglich. Die Entropie erreicht ihr Maximum, denn dieses Chaos als Makrozustand kann durch eine unermessliche Vielzahl von Mikrozuständen dargestellt werden. Die Informationsmenge, die notwendig ist, um das Ensemble zu beschreiben, wird umso größer, je ungeordneter die Elemente sind. In der zur Beschreibung des Ensembles notwendigen Informationsmenge – gemessen etwa in Alternativentscheidungen »Bit« - hat die Ordnung ihr Maß. Der Relationsbegriff der Ordnung wird im Verhältnis zur Unordnung eindeutig. In der Informationstheorie also misst die Entropie den Logarithmus der Zahl der noch fehlenden Ja-Nein Entscheidungen zur vollständigen Information über eine vorgegebene Nachricht[164]. Schon eine einzige anwendbare Regel reduziert die Informationsmenge zur Beschreibung des Ensembles und die Zahl binärer Entscheidungen, die zu eben dieser Identifizierung von Elementen eines Ensembles nötig ist. Dieser Zusammenhang illustriert sich durch die kinetische Gastheorie. Dass sich alle Gasmoleküle etwa in der rechten Hälfte eines geschlossenen Behälters befinden, würde ihre Beschreibung vereinfachen. Auf die Frage, in welcher Hälfte sich das einzelne Teilchen befindet, ob in der rechten oder linken Hälfte des Gefäßes, wäre generell für jedes Teilchen die Antwort: in der rechten. Dass dem so wäre, ist freilich äußerst unwahrscheinlich; viel wahrscheinlicher ist es, dass sie

---

[163] Vgl. Monod, »Zufall und Notwendigkeit« a. a. O. S. 173.
[164] Manfred Eigen / Ruthild Winkler, »Das Spiel. Naturgesetze steuern den Zufall« 1975, Piper; S. 169.

durchmischt und regellos den gesamten Behälter in Anspruch nehmen.

c. Der Aufbau von Strukturen und das Problem der Entropie

Der Aufbau von Organismen aus den Elementen der anorganischen Welt scheint dem Zweiten Hauptsatz von der wachsenden Entropie zu widerstreiten. Dieses Problem wird allenthalben gesehen. So konstatiert Monod[165], dass „die Erhaltung, die Reproduktion und die Vermehrung von Strukturen hoher Ordnung mit dem Zweiten Hauptsatz der Thermodynamik unvereinbar erscheinen. Denn dieses Prinzip schreibt vor, dass jedes ‚abgeschlossene‘ makroskopische System sich nur in Richtung des Abbaus seiner Ordnung entwickeln kann".

Dass der Aufbau von Organismen aus den Elementen der anorganischen Welt entgegen dem ersten Anschein mit den Gesetzen der Thermodynamik in Wirklichkeit dann doch vereinbar ist, begründet Monod an der gleichen Stelle wie folgt: „Diese Aussage des Zweiten Hauptsatzes ist jedoch nur gültig und verifizierbar, wenn man die Gesamtentwicklung eines energetisch abgeschlossenen Systems betrachtet. Innerhalb eines solchen Systems wird man in einer einzelnen Phase die Entstehung und Vermehrung von geordneten Strukturen beobachten können, ohne dass deshalb die Gesamtentwicklung des Systems aufhört, dem Zweiten Hauptsatz zu gehorchen". Er verweist auf den Vorgang der Kristallisation: „Der Zusammenschluss von anfänglich ungeordneten Molekülen zu einem vollkommen bestimmten Kristallgitter stellt eine örtliche Zunahme an Ordnung dar, die mit einer Überführung thermischer Energie aus der kristallinen Phase in die Lösung ‚bezahlt‘ wird. Die Entropie (Unordnung) des Gesamtsystems

---

[165] »Zufall und Notwendigkeit «, a. a. O. S. 34 f.

wächst um den durch den Zweiten Hauptsatz vorgeschriebenen Betrag. Dieses Beispiel zeigt, dass ein örtlicher Ordnungszuwachs innerhalb eines geschlossenen Systems mit dem Zweiten Hauptsatz vereinbar ist". Diese Überlegung gelte auch, wenn es sich um die Vermehrung von im Vergleich zu Kristallen extrem komplexen Bakterien handele.

Ein »abgeschlossenes« System, also ein System mit hermetischen Grenzen gegen seine Umgebung, ist eine Idealvorstellung, der man sich in physikalischen Überlegungen bedient; in der Praxis vermag man sie aber nie absolut zu erreichen. Das tut aber der Argumentation von Monod keinen Abbruch. Je auf eine bestimmte Situation bezogen kann nämlich ein System näherungsweise als abgeschlossen angesehen werden, wenn man seine Grenzen so weit zieht, dass keine Veränderung in der Umgebung durch den in Rede stehenden Vorgang - hier etwa die Kristallisation - mehr feststellbar ist. Dies berücksichtigend ist dann der Zweite Hauptsatz der Thermodynamik nach Max Planck so zu formulieren: „Jeder in der Natur stattfindende physikalische und chemische Prozess verläuft in der Art, dass die Summe der Entropien sämtlicher an dem Prozess irgendwie beteiligten Körper vergrößert wird. Im Grenzfall, für reversible Prozesse, bleibt jene Summe ungeändert" [166]. Bei der Kristallisation etwa folgen die Molekel den ordnenden molekularen Anziehungskräften. Dabei nimmt ihre potenzielle Energie ab und wird in kinetische Energie der ungeordneten Molekularbewegung verwandelt, die als Wärme an die unmittelbare Umgebung abgegeben wird. Dadurch nimmt die unmittelbare Umgebung zwangsläufig an Entropie zu, während die des gefrierenden Wassers infolge der Ordnung der Eiskristalle geringer wird[167]. Dieser

---

[166] Max Planck, »Vorlesungen über Thermodynamik«, 1922, 7. Auflage, S. 92.
[167] Reich, »Thermodynamik. Grundlagen und Anwendungen in der allgemeinen Chemie«, 1993, S. 166.

Vorgang endet in einem thermodynamischen Gleichgewicht, wie es die Thermodynamik voraussagt.

Einen Vorstoß, die Entstehung lebendiger Substanz zu erklären, hat Prigogine in seinen Forschungen zur Thermodynamik unternommen, für die er 1977 den Nobelpreis für Physik erhalten hat. Er hat festgestellt, dass auch bei irreversiblen Vorgängen fern vom thermischen Gleichgewicht Strukturen auftreten können, die für sich genommen eine geringere Entropie aufweisen als ihr Zustand zuvor. Hier ist es gerade das Nichtgleichgewicht, das zur Quelle der Ordnung werden kann, die Prigogine dann „dissipative Strukturen" nennt[168]. Sie eröffnen nach seiner Formulierung die „Möglichkeit der Selbstorganisation" in Systemen, die weit vom Gleichgewicht entfernt sind[169]. Es sei daher ein sehr verlockender Gedanke, die Entstehung des Lebens mit aufeinanderfolgenden Instabilitäten in Zusammenhang zu bringen, die in etwa den aufeinanderfolgenden Verzweigungen entsprächen, die zu einem immer kohärenteren Zustand der Materie führen[170]. Allerdings lasse sich aus den Anfangsbedingungen dieser irreversiblen Prozesse über die Verzweigungen dissipativer Strukturen die weitere Entwicklung des Systems dann nicht mehr mit Sicherheit voraussagen[171]. Die zunehmende Einschränkung deterministischer Gesetze bedeute, „dass wir von einer geschlossenen Welt, in der alles gegeben war, zu einer neuen Welt gelangen, die offen ist für Schwankungen und Erneuerungen"[172]. Das al-

---

[168] Prigogine, »Vom Sein zum Werden — Zeit und Komplexität in den Naturwissenschaften«, <From Being to Becoming - Time and Complexity in Physical Sciences> 1979, Neuausgabe aus dem Englischen übersetzt von Friedrich Griese, 6. Auflage, 1992, S. 102 f; »dissipare« (lateinisch) bedeutet auf deutsch <zerstreuen>.

[169] A. a. O. S. 226.

[170] A. a. O. S. 135.

[171] Vgl. a. a. O. S. 120, 218, 222, 40.

[172] A. a. O. S. 223.

les mag sein, die Physik wird damit nicht verlassen und von „Selbstorganisation" kann nicht die Rede sein, solange nicht eine hinreichende Erklärung der Koordination und Abstimmung der Vorgänge, die Leben entstehen lassen, geleistet ist.

Die Abstimmungsvorgänge, die notwendig sind, um Leben entstehen zu lassen, unterscheiden sich allerdings grundsätzlich vom Vorgang der Kristallisation: „Die Strukturen des lebenden Protoplasmas ... vermögen sich nicht von selbst aus ungeformten Lösungen aufzubauen. Denn sie sind so kompliziert und so fein aufeinander abgestimmt, dass sie nur im Kontakt mit bereits vorhandenen Strukturen verwirklicht werden können. Der oberste Grundsatz der Zytologie, dass sich alle Zellen aus ihresgleichen herleiten, gilt daher in erweiterter Form auch für den unsichtbaren submikroskopischen Zellenaufbau: Structura omnis e structura"[173]. Die Vermehrung der Organismen – verglichen mit der Kristallisation – ist ersichtlich nicht an die Lage und an die bloßen Eigenschaften der Moleküle gebunden. Augenscheinlich spielt beim Aufbau der Lebewesen nun endgültig ein »Plan« hinein, das, was Monod als »invariant« auf die nächste Generation übertragene »Teleonomie« bezeichnet[174]. Würden sämtliche Kristalle einer Kristallart zerstört, so würden sich doch aus einer Lösung, die die gleichen chemischen Bestandteile wie die zerstörten Kristalle enthält, auch die gleichen Kristallkörper »von selbst« wieder bilden. Bei Lebewesen stirbt mit dem letzten Individuum die Art aus. Mit dem Aussterben einer Art ist der Plan verloren, in seinem Kern augenscheinlich etwas Geistiges. Bei Kristallen ist die Ordnung in der Struktur der Materie molekülgebunden physikalisch-chemisch vorgeformt, bei Lebewesen nicht. Bei Kristallen ist ein geschlossenes System denkbar,

---

[173] <jede Struktur aus einer Struktur>, so Albert Friedrich Frey-Wyssling, zitiert nach Pascual Jordan, »Der Naturwissenschaftler vor der religiösen Frage«, 5. Aufl.; 1968, S. 302.
[174] »Zufall und Notwendigkeit«, a. a. O. S. 30 f.

das sich in der Zeit abspult; die Welt der Lebewesen ist offen. Lebewesen können ohne Stoffwechsel mit ihrer Umgebung nicht existieren und befinden sich schon deshalb fernab von jedem thermischen Gleichgewicht.

d. Beschränkung der Hauptsätze der Thermodynamik auf physikalische Systeme

Solange wir auf der rein physikalischen Schiene bleiben, bleibt auch das Problem einer Unsumme notwendig zu koordinierender Vorgänge ungelöst, um Leben »nachhaltig« entstehen zu lassen. Dabei ist es im Grunde gleichgültig, ob man die Entstehung der Organismen nun von dissipativen Strukturen oder von sonstigen makrophysikalischen oder mikrophysikalischen Prozessen, Proteinen und Nukleinsäuren ihren Ausgang nehmen lässt. Will man den Pfad der Wissenschaft nicht verlassen, muss man die Unwahrscheinlichkeiten der notwendigen »treffenden« Zufälle ernst nehmen und die unwahrscheinliche Häufung unwahrscheinlicher treffender Ereignisse noch ernster, nämlich für äußerst unwahrscheinlich, ja praktisch für ausgeschlossen halten.

Wie immer man sich die Entstehung des Lebens zu erklären sucht, die ordnungsfeindliche Tendenz des Zweiten Hauptsatzes der Thermodynamik steht im Gegensatz dazu. James Clerk Maxwell hatte deshalb im Jahre 1871 ein Gedankenexperiment veröffentlicht, das die - »nur« - statistische Natur des Zweiten Hauptsatzes ins rechte Licht setzen sollte[175]. Es sollte zeigen, dass sich auf molekularer Ebene Verhältnisse einstellen können, die von dem makroskopisch zu erwartenden Temperaturausgleich abweichen. Das Gedankenexperiment, später unter dem Namen »Maxwellscher Dämon« bekannt geworden, geht von zwei gasgefüllten, thermisch isolierten

---

[175] Vgl. hinzu: Max Planck, »Determinismus oder Indeterminismus«, 1937, a. a. O. S. 347.

Behältern gleicher Temperatur aus, die durch ein kleines Loch miteinander verbunden sind, das mit einer Klappe verschlossen werden kann. Das Loch sei so klein, dass nur ein einziges Teilchen hindurchfliegen kann, sofern die Klappe offen ist. Wird nun die Klappe von einem »Dämon« bedient, der sich die einzelnen Partikel, die auf das Loch zufliegen, anschaut, kann er jedes Mal, wenn sich von links ein überdurchschnittlich schnelles oder von rechts ein überdurchschnittlich langsames Teilchen auf die Klappe zubewegt, sie öffnen und das Teilchen auf die andere Seite fliegen lassen. Kommt hingegen von links ein langsames Teilchen oder von rechts ein schnelles, dann macht er die Klappe zu und das Molekül kommt nicht durch. Auf diese Weise müssten sich links die langsamen und rechts die schnellen Teilchen sammeln, d.h. es müsste sich der Behälter links abkühlen, der Behälter rechts aufheizen.

Später sah man in dem maxwellschen Gedankenexperiment sogar einen Ansatz, mit Intelligenz den Entropiesatz »auszuhebeln«. Jacques Monod[176] knüpft an dieses Gedankenexperiment an und sucht das, was er unter „Information" versteht, in die Überlegungen einzubeziehen und dadurch die Finalität – oder wie er es nennt: die „Teleonomie" – auf physikalische Grundlagen zurückzuführen. Léon Brillouin habe nämlich, so führt Monod aus, angeregt durch eine frühere Arbeit von Szilard, bewiesen, dass der »Dämon« durch die Ausübung seiner Erkenntnisfunktionen „notwendig eine bestimmte Menge Energie verbrauchen musste, die in der Bilanz des Vorgangs genau die Abnahme des Systems an Entropie ausglich. Denn um sachkundig die Klappe schließen zu können, muss der Dämon vorher die Geschwindigkeit jedes Gasteilchens gemessen haben. Nun setzt aber jede Messung, das heißt jede Informationsgewinnung, eine Wechselwirkung voraus, die selbst

---

[176] Vgl. zu allem Monod, »Zufall und Notwendigkeit«, a. a. O. S. 66 f.

Energie verbraucht". Dieses Theorem sei damit zu einer der Quellen für die Vorstellungen über die Äquivalenz zwischen Information und negativer Entropie geworden: „Hier interessiert uns dieses Theorem insofern, als die Enzyme ja gerade im mikroskopischen Maßstab eine Ordnung schaffende Funktion ausüben. Diese Herstellung von Ordnung ist aber, wie wir gesehen haben, nicht umsonst zu haben; sie vollzieht sich auf Kosten eines Verbrauches an chemischem Potenzial. Die Enzyme funktionieren schließlich genau wie der Maxwellsche Dämon nach der Richtigstellung durch Szilard und Brillouin: Sie zapfen das chemische Potenzial auf den Wegen an, die das Programm festgelegt hat, dessen Ausführende sie sind". Hier sei nebenbei die Frage erlaubt: wer oder was legt Programme fest?

Dass sich ein Enzym, wenn es wirken soll, in die Thermodynamik einfügt und einfügen muss, ist keine Überraschung; das Rätsel ist nur seine Herkunft und Installation. Steuerung geht auf ein Ziel, also auf etwas, was es so in seiner Verteilung von Masse und Energie noch nicht gibt. Die Antizipation des Ziels, die für die Veränderung der Verteilung von Masse und Energie maßgeblich wird, gehört in eine andere Kategorie als die der Materie, nämlich in die des »Immateriellen«, der Intelligenz. Damit tut sich ein Abgrund auf, der bisher nicht überbrückt worden ist und wohl auch nicht überbrückt werden kann. Man kann zwar Masse in Energie umrechnen und umwandeln und umgekehrt, aber Masse oder Energie in einen Plan oder ein Projekt, das - wie Monod sagt[177] - Lebewesen ihrem teleonomischen Charakter entsprechend in ihren Strukturen und Leistungen zu verwirklichen sucht, das stößt auf Schwierigkeiten. Es ist bisher kein »Ordnungswärmeäquivalent« und auch kein »Informationsenergieäquivalent« entdeckt worden. Veränderungen von Energie und Masse unterliegen

---

[177] »Zufall und Notwendigkeit«, S. 37.

anderen Kategorien als das Entstehen oder Verändern eines Planes, als die Antizipation künftiger Zustände. Die Erhaltungssätze der Physik wollen quantitative Bestimmungen sein. Für das Verhältnis von Finalität und Energie ist bisher keine quantitative Relation gefunden worden. Auch wenn die Informationstheorie einen Begriff der Entropie verwendet, ist er doch mit dem Entropiebegriff der Thermodynamik nicht kompatibel. Man denke etwa an das Problem der Redundanzen in der Informatik.

Es gibt nun aber auf dieser Erde eben doch gehäuft Verläufe, die dem widersprechen, was nach dem Zweiten Hauptsatz der Thermodynamik an sich zu erwarten wäre. Anstatt nämlich mit vorrückender Zeit dem Chaos - der »Unordnung« - entgegenzugehen, führen diese Verläufe hie und da zu einer höheren Ordnung als anfänglich bestand. Angesichts der nicht unerheblichen Zahl solcher Vorgänge hier auf Erden retten Wahrscheinlichkeitsüberlegungen den Entropiesatz nicht, denn zu einem Naturgesetz gehört Universalität. Es hilft nichts, auf den - bloß - statistischen Charakter der mikrophysikalischen Grundlagen der Thermodynamik hinzuweisen, denn eine Häufung unwahrscheinlichster Unwahrscheinlichkeiten ist eben – wie Max Planck bemerkt[178] - „nicht mehr unsere Natur", nicht mehr unsere Welt.

Da nun einerseits der Entropiesatz eine experimentell und rechnerisch voll bestätigte Gesetzmäßigkeit aufzeigt und da andererseits eine Häufung anscheinend gegenteilig strukturierter Vorgänge in unserer Welt nicht zu leugnen ist, geht es um die Frage, wie sich das erklären lässt, wie sich das verträgt. Einen ersten Aufschluss könnte vorab die nähere Bestimmung des Geltungsbereichs des Zweiten Hauptsatzes der Thermodynamik geben.

---

[178] »Die Einheit des physikalischen Weltbildes«, a. a. O., S. 28, 41 f.

Der Zweite Hauptsatz der Thermodynamik kann - wie gesagt - dahin formuliert werden: „Wärme geht nicht von selbst von einem Körper niedrigerer Temperatur auf einen solchen höherer Temperatur über"[179]. Die Begriffe »von selbst« oder »von sich aus«, wie auch »abgeschlossenes System« und »systemimmanent« laufen im Grunde auf dasselbe hinaus. Wenn etwas nicht »von selbst« läuft, dann muss – wenn es laufen soll - »von außen« nachgeholfen werden, und mit diesem Eingriff ist das System nicht mehr »abgeschlossen«.

Was heißt nun »von sich aus«? Das Gegenteil des »Von-sich-aus« ist das Tätigwerden des erwähnten maxwellschen Dämons. Man nehme einmal an, irgendein Experimentator plane zur Erforschung des Einflusses der Gravitation auf Vermischungsprozesse eine - freilich zugegebenermaßen nicht sehr sinnvolle – Versuchsserie, die er damit beginnt, dass er blaue und rote Kugeln in gleicher Zahl und zunächst von gleicher Größe und gleichem Gewicht in einem durchsichtigen Kasten mit einer auf diesen Kasten aufgetragenen Schichtenskala dergestalt platziert, dass die blauen Kugeln die unteren und die roten Kugeln die darüber befindlichen Schichten einnehmen. Diesen Kasten stellt er auf eine Rüttel- und Schüttelanlage mit einer gewissen Laufzeit und lässt die Kugeln durcheinander schütteln. Den Grad der Vermischung mit fortschreitender Zeit stellt er durch eine Apparatur fest, die die Kugeln gleicher Farbe nach Schichten getrennt abzählt. Nach einer gewissen Zeit sieht er, dass schon eine gewisse Vermischung eingetreten ist, aber noch keine vollständige. Er verlässt den Raum, vergisst aber, ihn abzuschließen. Nach Stunden kommt er wieder und findet zu seiner Überraschung, dass die Schüttelmaschine planmäßig steht, die Kugeln aber wie anfänglich säuberlich entmischt und geschichtet im Kasten

---

[179] Siehe Dorn, »Physik«, Oberstufe Ausgabe A, 16. Auflage, 1972, S.145.

liegen. Denken wir uns nun als des Rätsels Lösung den maxwellschen Dämon als den »Leibhaftigen«, und zwar in Gestalt eines Kollegen, der den Versuch für Unfug hält und sich den Spaß erlaubt, - das Zählwerk manipulierend - nach dem Aufhören des Schüttelns und Rüttelns die Kugeln geschwind wieder geordnet im Kasten zu platzieren. Nehmen wir weiter an, dass die Menschenkenntnis unseres Experimentators seinen physikalischen Vorstellungen nicht nachsteht, dann würde er auf die Nachfrage des Kollegen, was denn der Versuch des Tages gebracht habe, den wahren Zusammenhang ahnend und mit einem Anflug von Humor die Antwort geben: „Über eine Phase der Vermischung war am Ende die anfängliche Ordnung wiederhergestellt." „Na, wie steht es denn da mit dem Zweiten Hauptsatz?" „Das Ergebnis widerspricht ihm nicht, denn das System war leider nicht abgeschlossen!"

Der Zweite Hauptsatz macht keine Schwierigkeiten, wenn wir es mit »rein« physikalischen Vorgängen zu tun haben, wenn also ein bloßes »Schütteln«, »Rütteln« oder »Rühren« oder genauer: eine Veränderung in der raumzeitlichen Verteilung von Masse und Energie allein infolge von Kräften, in Zug und Druck, in Wirkung, Gegenwirkung und Wechselwirkung stattfindet. Dann in der Tat verläuft das Geschehen von der Ordnung zum Chaos. Das ist also sozusagen die »Selbstorganisation der Materie« in ihrem eigentlichen Sinne. Sobald aber der Mensch eingreift – um den Fall unserer alltäglichsten Erfahrung zu nehmen - bietet sich ein anderes Bild: aus dem Chaos wird Ordnung, aus den Rohstoffen, die ungeordnet irgendwo auffindbar sind – ein »Werkzeug«, ein Artefakt. Wenn diese Erfahrung mitgedacht wird, ist »der Kittel geflickt«. Das auf einem menschlichen Willensentschluss beruhende Eingreifen ist kein »rein« physikalisch bedingter Vorgang. Wird das berücksichtigt, dann ist der Zweite Hauptsatz ein universales und undurchbrochenes Naturgesetz, das heißt,

wenn man seine Anwendung auf physikalische Vorgänge beschränkt, also nur diejenigen Vorgänge einbezieht, die vollständig durch Verteilung von Masse und Energie und ihre
Ortsveränderungen beschrieben werden können. Das heißt:
der Entropiesatz – wie jedes physikalische Gesetz – ist univer-
sal, aber in seinem Geltungsbereich - wie jedes Gesetz - beschränkt: Er gilt nur für ausschließlich physikalisch beschreibbare Vorgänge und nicht für Psychisches und seine Einwirkung auf Physisches.

Diese Einschränkung des Geltungsbereichs der Physik gilt offensichtlich allgemein: So sind etwa auch die Erhaltungssätze
auf Psychisches unanwendbar - man denke an ein »grundlo-
ses« Mutfassen oder an das »spurlose« Verfliegen des Zorns.
Der äußere Grund liegt schon darin, dass wir im Bereich des
Immateriellen keine exakten Messverfahren haben und dass
damit jeder quantitative Vergleich - und das ist die Grundlage
der Erhaltungssätze - unmöglich ist: Der Zorn lässt sich nicht
messen. Soweit der Körper durch den Zorn in »motorische
Bewegung« gesetzt wird, muss die - materielle - Energiebilanz
stimmen: der Zornesröte des Gesichts liegt eine Energieum-
wandlung zum Grunde, die voll dem Energieerhaltungssatz
unterliegt. Aber die Zornesröte ist ja nicht der Zorn.

Was für die menschlichen Handlungen gilt, gilt für das organische Leben überhaupt. Man kann es geradezu als eine Or-
ganisation aus der Unordnung der Materie zu Gliederung und
Struktur bezeichnen. Auch hier wird das Bild »gestört«, das
wir von der unbelebten Natur ausschließlich auf Grund des
Zweiten Hauptsatzes der Thermodynamik erwarten, nämlich
der Verlauf von der Ordnung zum Chaos. Angesichts der Evolution wird die physikalische Ursache auf dieser Erde als die
angeblich einzige Art von Ursache im Weltgeschehen problematisch. Deshalb ist das Argument Kutscheras, würde der
Entropiesatz für offene, lebende Systeme (d. h. Organismen)

gelten, so gäbe es überhaupt keine Lebewesen[180], nicht schlüssig. Der Entropiesatz gilt für alle physischen Vorgänge. Aber der Geist schafft Ordnung, die nicht physikalischen Ursprungs ist.

Gerade weil wir den Ansatzpunkt des Psychischen am Physischen nicht kennen, es also rätselhaft ist, wo und wie die »res cogitans« auf die »res extensa«[181] wirkt und umgekehrt, auf welchen »Knopf« des Körpers das Immaterielle »drückt« und womit es drückt, bricht die physikalisch beschreibbare Ursachenkette ab. Hier hat alle Physik ihre Grenze. Was freilich offensichtlich ist: dass diese nichtphysikalischen Einflüsse auf das physikalische Geschehen vorhanden sind und zu Resultaten führen, die ohne sie nicht Wirklichkeit wären. Das entnehmen wir vorab dem unbezweifelbaren Selbsterlebnis unserer Willenshandlungen. Haben wir allerdings vom Psychischen zurückkehrend den Faden im Physischen wieder aufgenommen, sind wir also diesseits der physisch-psychischen Grenze, gelten natürlich die »Gesetze des Landes« - der Physik - uneingeschränkt: So muss etwa vom Anfang und bis zum Ende des Physischen die Energiebilanz im Sinne des Erhaltungssatzes stimmen, selbst wenn durch einen psychisch verursachten Anstoß aus Gleichverteilung Ordnung geworden ist. Zweckmäßigkeit kann sich in dieser Welt nicht anders als durch Beachtung der Naturgesetze realisieren. Allein und ausschließlich mehr Energie bringt von sich aus keineswegs mehr Ordnung und schon gar keine harmonische und abgestimmte; man denke an unsere Sonne mit ihrer Oberflächentemperatur von knapp 6000 Grad, auf der wir keineswegs eine komplexere Natur vermuten als auf unserer kühlen und energiearmen Erde.

---

[180] »Evolutionsbiologie«, 1. Auflage, 2006, 4. Auflage, 2015, S. 321.
[181] Vgl. zu »res cogitans« <denkende Sache>, »res extensa« <ausgedehnte Sache> Descartes, »Meditationen über die Grundlagen der Philosophie«, II, 5 und VI, 19.

Wenn man den Geltungsbereich des Zweiten Hauptsatzes der Wärmelehre mit den Begriffen »Geschlossenheit« und »System« umreißt, dann steht hier nicht so sehr die Abgrenzung räumlich-physikalischer Systeme untereinander - also gegen andere räumlich-physikalische Systeme - zur Debatte, sondern vor allem die Abgrenzung gegenüber dem Psychischen, gegenüber dem »Immateriellen«. Diese Schranke ist bei allen physikalischen Gesetzen stillschweigend mitzudenken. Spätestens seit es Leben auf dieser Erde gibt, seit Willenshandlungen geschehen, kann von einer lückenlosen physikalischen Determinierung des Geschehens durch Energie und Masse nicht mehr die Rede sein. Dass der Geist der Unordnung entgegenwirkt, ist ein uralter Gedanke abendländischer Philosophie, den Anaxagoras zuerst ausgesprochen hat: „Im Anfang war alles eins; da kam der Geist und schuf Ordnung"[182].

4. Entstehung des Lebens - Zufall oder Steuerung?

Es dürfte unbestritten sein, dass alles, was lebt, auf einer hochkomplexen Ordnung beruht. Geringfügige Änderungen - etwa Vergiftungen oft durch eine sehr kleine Dosis - bringen es zum Erlöschen. Es ist also eine außerordentlich feine Abstimmung erforderlich, damit etwas Lebensfähiges entsteht, wächst und erhalten bleibt. Das wird allgemein gesehen. Wolfgang Stegmüller zum Beispiel bemerkt in anderem Zusammenhang, nämlich in Bezug auf die Universalität des genetischen Codes, dass er sich nur einmal herausgebildet und sich im Verlauf der Entwicklung der Spezies von Lebewesen nicht mehr verändert habe, weil „bereits die geringfügigsten

---

[182] Nach der Übersetzung Nietzsches, »Die Geburt der Tragödie aus dem Geist der Musik«, Schlechta Ausgabe, Bd. 1; S. 74; vgl. Capelle, »Die Vorsokratiker«, 1968, S. 273, Nr. 75; S. 274, Nr. 78 zu »Anaxagoras«.

Veränderungen in diesen Zuordnungen für ein Lebewesen tödlich wären"[183].

Die Herstellung eines Zusammenwirkens von Elementen - hier verstanden als Bausteine (Dinge) - oder auch eines Zusammenwirkens von Ereignissen zu einem bestimmten Gebilde oder Geschehensablauf kann sich auf zweierlei Weise ergeben: entweder durch Zufall oder durch Steuerung. In unserem Zusammenhang soll »Zufall« bedeuten, dass die Einfügung des einzelnen Elements in ein Ganzes »blind« erfolgt, sich also allein als ein Resultat physikalischer Abläufe einstellt - »ohne Sinn und Verstand« - und in Abwesenheit jeder Zwecksetzung.

Eine »Abstimmung« durch »sinnloses Rütteln, Schütteln und Rühren« ist im Grunde gar keine »Abstimmung«, sondern eben blinder Zufall, - also ein Passendwerden von Teilen zu einem Ganzen, ein Funktionieren, dem keinerlei Zielvorstellung zugrunde liegt, und ohne jede Absicht. In diesem Sinne ist der Zufall zurückgedrängt, sobald Steuerung eingreift und nicht aus dem Ruder läuft. Vor dem Anfang und nach dem Ende der Steuerung ist das Geschehen wieder Resultat bloßer Naturgesetzlichkeit und fällt in die Zufälligkeit zurück.

Der Begriff »Steuerung« rekurriert auf das jedem Menschen geläufige Erlebnis des Wollens und Bewirkens. Abstimmung durch Steuerung besteht in der geistigen Antizipation des erstrebten, also noch nicht durch Masse und Energie manifestierten Zustands, in der Auswahl der zur Erreichung dieses Zustands geeigneten Mittel und in dem Inswerksetzen eben dieser Mittel dergestalt, dass man die vorhandene Verteilung von Energie und Masse so ändert, dass sie dem antizipierten, zunächst noch nicht realisierten Zustand entspricht. Es müs-

---

[183] »Hauptströmungen der Gegenwartsphilosophie«, Bd. 2, 6. Aufl., 1979, S. 646.

sen neue Kausalketten gesetzt werden, die sich aus dem bisherigen physikalischen Zustand nicht ergeben. Die Antizipation eines künftigen Zustands ist nicht materieller Art; wir denken sie als einen Bewusstseinsakt, der selbst kein physikalischer Vorgang ist. Finalität beruht auf Willen. Sie ist das Bestreben auf Herbeiführung einer Lage, die nach dem Geschehensablauf, wie er vor Einsatz des Willens zu erwarten gewesen war, nicht eingetreten wäre. Wille und Bewusstsein können nicht durch die Verteilung von Energie und Masse und ihrer Änderung hinreichend beschrieben werden. Es mag zwar sein, dass der Akt des Wollens mit bestimmten neuronalen Prozessen im Gehirn verbunden ist, die in bildgebenden Verfahren ihrerseits als bestimmte Strukturen des Gehirns zur Darstellung gebracht werden können; aber damit wird das, was der Wollende als Bewusstsein erlebt, nicht sichtbar. Unsere raumzeitliche Vorstellung hat im Gehirn kein raumzeitliches Abbild.

Der Gedanke des Wirkens einer geistigen Vorwegnahme der Zukunft in der organischen Natur braucht keineswegs zu einer Allbeseelung der Welt zu führen. Erkennt man in der Natur finale Strukturen, dann bedeutet das nämlich nicht, dass wir uns jeden final erscheinenden Vorgang punktuell von einem aktuellen Steuerungsbewusstsein begleitet denken müssen. Man kann sich eine Unzahl von Abläufen auch durch Mechanismen, Automatismen, Schaltungen und Regelkreise in Gang gesetzt vorstellen. Ins Extreme gewandt kann einer dieser Automatismen im Einzelfalle vielleicht auch einmal durch bloßes »Schütteln, Rütteln und Rühren« zustande kommen Aber letztlich kommt man mit dieser »Methode« wegen der unendlichen Zahl von Automatismen, die zueinander passen müssen, wenn etwa Leben entstehen soll, nicht weiter; irgendwann müssen auch die Automatismen erfunden, installiert und miteinander abgestimmt werden.

Der allererste Anfang unserer organischen Welt mag eine - zunächst - gleichgültige Zufallskonstellation - etwa eine Kombination von Aminosäuren - gewesen sein; diese Zufälligkeit erregt kein Erstaunen. Um auf dem Wege zu einem lebendigen Organismus weiterzukommen, werden dann aber ganz bestimmte Vorgänge - im Grunde weitreichende Koordinationen und subtile Abstimmungen - gefordert. Wenn man sie als Zufälle auffassen will, dann verlangt die Weiterentwicklung aus der gegebenen Anfangskonstellation zu einem lebenden Organismus »treffende« Zufälle, und zwar einen »treffenden« Zufall nach dem andern, ja mitunter sogar mehrere höchst unwahrscheinliche, treffende Zufälle gleichzeitig, etwa das Auftreten bestimmter Enzyme, wenn nicht der zufällig gegebene Ansatz wieder zunichte werden soll. Deshalb geht die Argumentation Kutscheras fehl, wenn er meint, die Unwahrscheinlichkeit der Lebensentstehung durch Zufall mit dem Argument plausibel machen zu können, dass es zwar sehr unwahrscheinlich sei, im Lotto sechs Richtige zu treffen, aber dass es eben doch Tatsache sei, dass bei jeder Ausspielung tatsächlich ein Sechser getroffen werde[184]. Es genügt eben nicht, dass jede Woche ein Sechser getroffen wird; es muss vielmehr - damit die Entstehung des Lebens vorankommt - der Sechser jede Woche von demselben Spieler - also im gleichen Ereignisstrang - getroffen werden, und das ist extrem unwahrscheinlich. Die Seltenheit des einzelnen Ereignisses als solche ist nicht das Entscheidende, sondern seine Koordination. Es mag ja sein, dass den Miller-Experimenten[185] des Jahres 1953 zufolge sich im Labor aus den Stoffen, wie sie in der Uratmosphäre vermutet werden, die Base Adenin - ein Bestandteil der Desoxyribonukleinsäure, des Trägers der genetischen Information - gewinnen lässt; aber dieser Ansatz zur Entstehung des Lebens ist sogleich wieder verspielt, wenn nicht auch die

---

[184] »Evolutionsbiologie«, Ursprung und Stammesentwicklung der Organismen, 1. Auflage, 2006, 4. Auflage, 2015, S. 318.
[185] Siehe Sven Thoms, »Ursprung des Lebens«, 2005; S. 38 ff.

106

übrigen Bestandteile der Desoxyribonukleinsäure zutage treten, und zwar an derselben Stelle. Und da geht es nicht anders, als dass Steuerung einsetzt. Leben entsteht nicht dadurch, dass man die chemischen Bestandteile von Lebewesen zusammenschüttet und mit elektrischen Entladungen traktiert.

Dass sich aus der Feststellung oder Nichtfeststellung eines Steuerungsgeschehens in der Natur weitere Fragen ergeben, liegt auf der Hand. Blinder Zufall oder intelligente Steuerung stellt uns vor die Alternative: »Selbstorganisation der Materie« - und zwar bis zu der Höhe, die wir in den lebenden Organismen vor Augen haben - oder »Schöpfung« durch den Geist, wenn wir so einmal das Nichtmaterielle nennen wollen. Ist der Kosmos ein bloßer Zufall, wäre Gott nicht vorhanden. Ist die Ordnung, der Kosmos, das Ergebnis einer Steuerung, dann stellt sich die Frage: Wer oder was steuert? Weiter wird man fragen, welches Ziel wird angesteuert? Und schließlich: Weshalb wird das Ziel angesteuert? Was hat sich der oder das Steuernde dabei gedacht? Wenn Vernunft am Werke ist - und diesen Anschein hat es zunächst einmal - , erscheinen diese Fragen sinnvoll. Ob man auf sie Antworten bekommt oder auch nur bekommen kann, wird sich zeigen. Gäbe es in der Natur keine Finalität, gingen die Fragen ins Leere.

Ordnung und Zufall sind gegenläufig, wenn auch keine kontradiktorischen Gegensätze. Es wird nicht bestritten, dass sich einmal auch etwas aus Zufall so fügt, dass wir darin eine Ordnung sehen oder dass es sogar unseren Zwecküberlegungen entgegenkommt. Wieweit eine anfangs zufällig angestoßene Geschehensfolge allein - ohne weitere Steuerung - in der materiellen Welt am Ende von sich aus zu den vorgefundenen Organismen führen kann und mit welcher Wahrscheinlichkeit, ist nach Erfahrung abzuschätzen und für unser physikalisches und metaphysisches Weltverständnis von entscheidender Bedeutung.

Wenn uns das organische Leben zum Schibboleth[186] für die Alternative »Steuerung« oder »Selbstorganisation der Materie« wird, müssen wir uns ein Bild von der Wahrscheinlichkeit der Entstehung des Lebens durch rein mechanische Abläufe – also durch sinnloses »Schütteln«, »Rütteln« und »Rühren« – machen. Als Beispiel diene die Entstehung des tierischen Auges. Hierzu beziehen wir uns auf die überzeugenden Ausführungen von Eugen Bleuler [187]. Er legt seinen Überlegungen ein grob mechanisches Modell zugrunde. Um ein Auge zustande zu bringen, müssen entstehen: 1. eine nervöse Retina, 2. das Pigment, das die Übertragung des Lichtreizes auf die Nervenenden ermöglicht, 3. eine durchsichtige und optisch glatte Haut, die »Cornea«, 4. eine Konvexlinse, 5. ein durchsichtiger Körper, der die notwendige Distanz zwischen Linse und Retina ausfüllt, und 6. ein Schutzorgan (Deckel). Er geht der Einfachheit halber von einem einzelligen Organismus aus und nimmt an, dass jedes der eben genannten Teilorgane des Auges linear 1/20 der Körperausdehnung in jeder Richtung einnimmt. Dann umfasst eines dieser Organe $1/20^3$ des Körpervolumens. Teile man den ganzen Körper in $20^3 = 8000$ solcher Würfel auf, so bestehe dem Zufall nach für jedes dieser Organe eine Wahrscheinlichkeit von 1/8000, „ungefähr" oder mit seinem Mittelpunkt in einen bestimmten Würfel zu geraten. Die Organe müssten freilich in bestimmter Reihenfolge hintereinander liegen, wobei die Cornea nur an der vorderen Oberfläche liegen dürfe, und auch da seien nur eine oder ganz wenige Stellen geeignet. Es sei sicher schon viel zu viel, wenn

---

[186] Das hebräische Wort für »Ähre«, an dessen Aussprache die Gileaditer des Alten Testamentes ihre Feinde, die Ephraimiter erkannten (Richter, 12, 6).

[187] »Die Psychoide als Prinzip der organischen Entwicklung« 1925, S. 12 ff, zitiert nach Georg Siegmund, »Naturordnung als Quelle der Gotteserkenntnis«, 3. Aufl. 1965, S. 273 ff.

man annehme, dass von dem als Würfel gedachten Haufen von 8000 kleinen Würfelchen in der Vorderfläche von 400 Quadraten der vierte Teil noch zu einem Sitz der Cornea dienlich wäre. Die drei optischen Organe, Cornea, Linse und Glaskörper, müssten außerdem sehr gut zentriert sein; die Einreihung des Mittelpunktes irgendwo in eines der Würfelchen genüge nicht. Nehme man an, dass eine Abweichung von 1/10 ihrer Größe noch toleriert werde, dann habe man nach den 3 Raumrichtungen für jedes wieder eine brauchbare nebst 999 unbrauchbaren Möglichkeiten. Die Zentrierung müsse aber auch winkelrecht sein. Nehme man eine Toleranz der Schwankungen innerhalb eines Grades (Abweichungen von einem halben Grade von der Idealachse nach allen Seiten) an, so ergebe sich - wenn man alles das zahlenmäßig kalkuliere - eine Wahrscheinlichkeit von $1/131072 \bullet 10^{40}$. Schließlich aber dürften Augenlid und Retina nur um einen Bruchteil ihrer Größe abweichen, so dass der Nenner noch um einige Stellen zu vermehren wäre. Hatte er so schon eine schwindelnde Höhe, so könne man den weiteren Überlegungen unserer Zahlenvorstellungen gar nicht mehr folgen. Die Pigmentpartikel müssten eine ganz genaue Lage zu den einzelnen mikroskopisch feinen Nervenendigungen haben; in der Retina eines komplizierten Auges seien Millionen solcher Pigment- und Nervenelemente in einer Lage, die nach Millionstel Meter zu bestimmen sei. Eine Linse darf keine unregelmäßige Form, nicht die Gestalt einer Hand oder eines Tisches haben; von den unendlich vielen Möglichkeiten ist nur eine tauglich. In einer richtig funktionierenden Linse habe ferner jede der (bei größeren Tieren viele Millionen) Zellen ihre bestimmte Lage, um die richtige Krümmung hervorzubringen, und sie hat je nach ihrer Lage ihren eigenen Brechungsindex. Es sei leicht abzusehen, dass solche Umstände die Wahrscheinlichkeit eines Zufalls auf unendlich nahe an Null herabsetzen.

Zu all diesen Unwahrscheinlichkeiten bemerkt Siegmund[188] nicht unzutreffend, dass auch dann immer noch kein funktionsfähiges Organ gegeben wäre, denn mit dem Auge allein und für sich genommen könnte das Tier nichts anfangen. Erst wenn es in die organismische Ganzheit durch mannigfache Beziehungen eingebaut ist, bekommt es Sinn. „Nur durch eine Menge von Reflexen und Instinkten, die das Sehen biologisch sinnvoll an Licht und Dunkel, an Form und Farbe, an Nähe und Ferne anpasst, es bei Beute mit Angriffsinstinkten, bei Feinden mit Abwehrinstinkten paart, vermag das Auge ein nützliches Organ zu werden. Andernfalls wäre kein Nutzwert vorhanden oder es wäre in vielen Fällen sogar schädlich".

Für die Entstehung des Auges hat der Selbsteinwand Darwins nach wie vor etwas Überzeugendes: „Die Annahme, dass sogar das Auge .... nur durch natürliche Zuchtwahl zu dem geworden sei, was es ist, scheint, ich will es offen gestehen, im höchsten möglichen Grade absurd zu sein"[189]. Und: „Liesse sich irgend ein zusammengesetztes Organ nachweisen, dessen Vollendung nicht möglicherweise durch zahlreiche kleine aufeinanderfolgende Modifikationen hätte erfolgen können, so müsste meine Theorie unbedingt zusammenbrechen"[190]. Er setzt allerdings hinzu: „Ich vermag jedoch keinen solchen Fall aufzufinden", also auch bezüglich der Entstehung des Auges nicht.

Im Grunde wird die Größenordnung der Unwahrscheinlichkeit einer schlicht zufälligen Entstehung des Lebens auf rein

---

[188] »Naturordnung als Quelle der Gotteserkenntnis«, 3. Aufl. 1965, S. 275.

[189] »Über die Entstehung der Arten durch natürliche Zuchtwahl oder die Erhaltung der begünstigten Rassen im Kampfe um's Dasein«, <On the origin of species by means of natural selection; or the preservation of favoured races in the struggle of life>, übersetzt von Carus, 9. Auflage, 1899, S. 202.

[190] A. a. O. S. 206.

physikalischer Grundlage nicht bestritten. Manfred Eigen[191] macht eine andere Rechnung auf und geht vom Genom aus. Er verweist auf die Dimensionen des Komplexitätsproblems, mit denen man es zu tun habe, wenn man angesichts der optimalen Anpassung der Gene an ihren Zweck im Gesamtgefüge der Lebensordnung die Menge sämtlicher alternativer Symbolsequenzen, die aus einem einzigen Gen durch bloße Vertauschung der Symbole entstehen, ins Kalkül ziehen müsste. Das Genom eines Organismus setze sich aus Tausenden von einzelnen Genen zusammen, die jedes eine Sequenz bilden. Die Zahl der Symbole in der Sequenz übersteige selten die Größenordnung tausend. Diese Symbole als molekulare Träger der Erbinformation werden durch die vier Nucleinsäurebasen Adenin (A), Thymin (T), Cytosin (C) und Guanin (G) bestimmt. Allein bei einer Genlänge von tausend Symbolträgern – jeder der tausend Positionen sei eines der vier Symbole A, T, G oder C zugeordnet - gebe es 4^{1000} alternative Anordnungen gleicher Länge. Diese Zahl sei unvorstellbar. Der gesamte Materiegehalt des Universums wäre das Äquivalent von etwa 10^{74} solcher Gene. Das Alter des Universums betrage nicht einmal 10^{18} Sekunden. Selbst wenn die gesamte Materie des Universums von Beginn, das heißt vom Urknall an, dazu benutzt worden wäre, ausschließlich Nucleinsäuren, nämlich Gene der genannten Länge zu produzieren, und wenn diese Gene innerhalb jeder Sekunde abgebaut und in veränderter Sequenz wieder aufgebaut worden wären, so hätte von den 10^{600} möglichen Sequenzen nur ein winziger Bruchteil (nämlich 10^{92}) durchprobiert werden können. Aus diesem spektakulären Zahlen-Missverhältnis lasse sich der Schluss ziehen, dass Gene, die eine optimale Funktionseinheit repräsentieren, nicht per Zufall entstanden sein können, sondern das Ergebnis eines auf ein Optimum ausgerichteten zielstrebigen Prozesses sein müssten. Die wesentli-

---

[191] »Perspektiven der Wissenschaft«, 1988, 2. Aufl. 1989, S.153 f; vgl. zu den folgenden Zahlen auch seine »Stufen des Lebens«, 3. Aufl. 1993; S. 35.

che Bedeutung des darwinschen Prinzips liege darin zu zeigen, dass die potenzielle Zahl der im Evolutionsprozess erscheinenden Gensequenzen erheblich eingeschränkt sei[192].

Stegmüller meint, Manfred Eigen im Wesentlichen folgend, dass „die probabilistische Natur der Elementarprozesse zusammen mit thermodynamischen Gesetzmäßigkeiten die Voraussetzungen für die ‚Entwicklung des Lebens' schaffen" und dass „die Herausbildung von immer leistungsfähigeren Mutanten bei gegebenen Voraussetzungen durch thermodynamische Gesetze geradezu erzwungen" werde[193]. Leider wird der thermodynamische Zwang zur „Herausbildung von immer leistungsfähigeren Mutanten" dann nicht näher - ja eigentlich überhaupt nicht - dargestellt.

Immer geht es also um die Frage, ob die Entstehung des Lebens ausschließlich auf blinder Kausalität - auf »blinder« Naturgesetzlichkeit - beruhen kann. Auch das Resultat einer blinden Naturgesetzlichkeit ist - wie gesagt - in unserem Zusammenhang »Zufall«. Gibt es aber materielle Erscheinungen, die in ihrer Entstehung nicht ohne eine subtile Koordination erklärt werden können, dann ist der Schluss plausibel, dass es nicht zufällig so gelaufen ist, sondern dass ein anderes am Werke war, dass irgendeine Zwecksetzung bestand.

5. Das darwinsche Prinzip und seine Grenzen

Ohne eine massive Reduktion unwahrscheinlichster Zufälle auf plausible Geschehensabläufe ist das Leben der Organismen auf dieser Erde naturwissenschaftlich - und das heißt durch bloße Kausalität im weitesten Sinne - nicht zu erklären. Um diese Reduktion bemüht sich Darwin mit seinem Haupt-

---

[192] »Perspektiven der Wissenschaft«, a. a. O. S. 160 f.
[193] »Hauptströmungen der Gegenwartsphilosophie«, Bd. 2, 6. Aufl.; S. 682 f.

werk, dessen These schon aus seinem Buchtitel ersichtlich ist, nämlich die Entstehung der Arten durch natürliche Ausle- se[194]. Hier sah er den Mechanismus gefunden, der das Leben auf dieser Erde ohne Teleologie – das heißt: ohne Gott und Geist – bündig erklären sollte. Das wird bis auf den heutigen Tag dankbar gepriesen, etwa auch von Manfred Eigen, der die Bedeutung des darwinistischen Prinzips darin sieht, dass das Leben keineswegs auf einer zufälligen Kombination aus der unermesslichen Zahl möglicher Gensequenzen beruht. Die 10^{600} alternativen Sequenzen eines aus tausend Symbolen be- stehenden Gens hätten als Wahrscheinlichkeitsmaß nur dann einen Aussagewert, wenn eine bestimmte Sequenz durch rei- nes Erwürfeln zustande käme. Gerade das aber werde durch Selektion verhindert beziehungsweise weitgehend einge- schränkt[195].

Man darf aber zweifeln, ob Darwins Theorie der Selektion das auch leistet. Den entscheidenden Sprung in der Entwicklung des Lebens spart Darwin nämlich aus. Er nimmt zwar die Ent- stehung des Menschen mit in seine Theorie hinein: „Licht wird auf den Ursprung der Menschheit und ihre Geschichte fallen"[196]; über die Entstehung des Lebens überhaupt schweigt er aber vorsichtiger- und redlicherweise. Und da zeigt sich auch schon die Grenze der darwinschen Theorie: Dieser erste Schritt zum Leben kann keine Selektion, also kei- ne Auswahl aus Vorhandenem, sein. Hier gilt: »C'est le pre- mier pas qui coûte«[197]! Selektion funktioniert erst dann, wenn

---

[194] »Über die Entstehung der Arten durch natürliche Zuchtwahl oder ... «, a. a. O., siehe im Text des Werkes die Überschrift des 4. Kapitels, S. 97, wie etwa auch S. 128.

[195] »Perspektiven der Wissenschaft«, a. a. O. S. 160.

[196] »Über die Entstehung der Arten .... «, a. a. O. S. 564.

[197] <Es ist der erste Schritt, der zählt>. Ein Bonmot der Madame du Deffand (1697 -1780), mit dem sie die Erzählung des Kardinal de Polignac vom heili- gen Dionysius kommentierte, der auf dem Montmartre enthauptet, seinen

schon was da ist, das gefördert oder verhindert werden kann. Die Entstehung des Lebens ist ein Problem des Aufbaus, ein Ankämpfen gegen die in der Natur ganz allgemein wachsende Entropie, es ist ein Problem der Koordination der zum Leben führenden Vorgänge.

Auch wenn man mit molekularen Systemen eine Evolution zu simulieren und zu zeigen vermag, dass ein Mechanismus, wie ihn die Theorie von der chemischen Evolution des Lebens und ihren darwinschen Einsprengseln postuliert, auch tatsächlich laufen kann, ist damit nicht viel für die Entstehung des Lebens auf dieser Erde gewonnen. Selbstredend - so dürfen wir heute sagen - kann man »nachbauen«, so wie Wöhler im Jahre 1828 den Harnstoff synthetisch nachgebaut hat, der bis dato nur von Organismen produziert wurde. Aber den Harnstoff sozusagen »erfinden«, das heißt, ein hoch komplexes System schaffen, in dem der Harnstoff seine Funktion hat, ist eine andere Sache. Es geht vorab um die »Erfindung« dessen, was wir mit »Leben« bezeichnen, so etwa um die »Erfindung« von Membranen, die den Raum abgrenzen, in dem dann Leben seinen Ort hat und pulsiert, ferner auch um die Koordination des Stoffwechsels und die abgestimmten katalytischen Vorgänge usw., also eben um »Erfindungen« und weniger um die »Serienproduktion«, die dann später im Gefolge der »Erfindung« durch Schaltungen, Regelkreise und sonstige Automatismen - wie etwa auch durch die Funktion der Gene - etabliert sein mag. Der Physik - und mit der muss ja angefangen werden, wenn man den Geist nicht an den Anfang setzt - sind finale Phänomene wie der vom Darwinismus vorausgesetzte »Vermehrungsdrang« und der »Kampf ums Dasein« unbekannt. Vor allem fehlt der Physik jede Initiative, eine Entwicklung in die Wege zu leiten!

Kopf unterm Arm dorthin trug, wo er begraben sein wollte, nämlich nach dem späteren St. Denis.

Und selbst wenn der entscheidende Schritt zum Leben getan ist, wird eine physikalische Betrachtung der Dinge den Zufall, den höchst unwahrscheinlichen Zufall, der wegen seiner Unwahrscheinlichkeit einer Erklärung bedarf, als Entwicklungsmotor nicht los. Das zeigt auch eine Bemerkung Kutscheras, der Lebensvorgänge für physikalisch-chemisch erklärbar und das Wirken einer nichtmateriellen Seele für widerlegt hält[198]. Zur Entstehung der primären seriellen Endocytobiose zum Beispiel, also zum Fusionieren zweier genetisch verschiedener Urmikroben unter Bildung komplexer, zur Mehrzelligkeit befähigter Eucyten, sieht er sich nämlich zu dem Geständnis veranlasst, dass nach derzeitigem Kenntnisstand die primären Endosymbioseprozesse, die zu mitochondrien- und chloroplastenhaltigen Eucyten geführt haben, „einmalige Zufallsereignisse" gewesen seien. „Viele Millionen derartiger Zellfusionsprozesse haben in den warmen Urozeanen stattgefunden, aber nur einmal wurde das aufgenommene Alpha-Proteobakterium nicht vom Wirt verdaut, sondern domestiziert (Urmitochondrion)". In analoger Weise seien wahrscheinlich auch alle Chloroplasten der ‚grünen Lebewelt' auf eine <einzige> archaische Urplastide zurückführbar[199].

Es ist nicht leicht sich vorzustellen, wie aus diesen nur ganz vereinzelt auftretenden höchst unwahrscheinlichen Zufällen die unerhörte Fülle der Erscheinungen der Pflanzen- und Tierwelt entstanden sein soll. Auch hier machen die ersten Schritte besondere Schwierigkeiten. Aber auch die späteren Phasen lassen an Plausibilität zu wünschen übrig, wenn man etwa bedenkt, wie eine Tierklasse aus einer anderen mit strukturell anderem Bauplan hervorgegangen sein soll. Der bloße Verweis auf Mutationen in den Erbanlagen größeren oder kleineren Umfangs allein tut es nicht. So konstatiert etwa Er-

---

[198] »Evolutionsbiologie«, Ursprung und Stammesentwicklung der Organismen, 2006, 4. Auflage, 2015, S. 21 f.
[199] A. a. O. S. 204.

vin Laszlo: „Alles deutet darauf hin, dass bedeutende evolutionäre Ereignisse, wie das Auftreten neuer Arten, nicht mit der Annahme erklärt werden können, Makroevolution sei die Summe einiger zufällig entstandener und durch natürliche Selektion ausgewählter mikroevolutionärer Modifikationen. Neue Arten können nicht aus der schrittweisen Veränderung bestehender Arten hervorgegangen sein: auch die Fossilienfunde und ihre zeitliche Einordnung sprechen gegen die These einer graduellen Entwicklung."[200]

Nimmt man die darwinsche Selektionstheorie mit dem Zwang zur Anpassung im Kampf ums Dasein sozusagen »wörtlich«, so lässt sie dem gründlichen Umbau der Organismen in eine andere Klasse eigentlich keine Chance. Wie soll man sich beispielsweise die Entwicklung des Reptils zum Vogel vorstellen? Wie viele Mutationen sind erforderlich, ehe das Tier fliegen kann! Flügel, Federkleid, leichter Knochenbau, Stromlinienform ... Ohne den leichten Knochenbau und ohne Federn bietet die Umbildung der vorderen Gliedmaßen zu Flügeln doch nur Nachteile, die auf den Selektionsdruck hin verschwinden müssten! Wie können sich die Arten in der Umbauphase behaupten?

Die Theorie von der »Nische«, in die sich die umbauende Art flüchtet, »um dem Selektionsdruck zu entgehen«, steigert die Plausibilität nicht wesentlich. In der Nische finden sich doch am Anfang neben dem »fortschrittlich« mutierten Tier ja auch noch die nicht mutierten, die zunächst einmal noch mit ihren vier Pfoten im Vorteil sind. Und wo sind sie denn, die abgeschlossenen Räume, die »Nischen«, die es den Reptilien nach der Umgestaltung der Pfoten in Flügel nun in aller Ruhe gestatten, auf die Mutation zum leichteren Knochenbau und zum Federkleid zu warten, um sich dann endlich aus ihrer Ni-

---

[200] »Wissenschaft und Wirklichkeit«, 1994, aus dem Englischen von Delavre und Kühling, S. 73.

sche heraustrauen und in die Lüfte erheben?[201] Die Wahrscheinlichkeit eines erfolgreichen Umbaus erhöht sich nicht wesentlich, wenn man sich eine andere Reihenfolge der Mutationen denkt: etwa die Entstehung der Federn vor der Entstehung von Flügeln. Der »Archaeopteryx« konnte wohl ein wenig fliegen[202], zumindest flattern, hatte also die Phase der aktuell noch nutzlosen Mutationen schon hinter sich.

Im Grunde ist nur ein schneller und zügiger Umbau, eine »Totalmutation« vorstellbar. Aber wie sieht der zureichende Grund dafür aus? Wer oder was soll das in die Wege leiten und die nötigen Koordinationen übernehmen, auf dass alsbald eine lebensfähige Klasse werde? Mit steigendem Umfang der mutativen Veränderung, mit der Zunahme also der durch die Mutation veränderten Merkmale des Phänotyps sinkt die Aussicht auf Erfolg[203]; die letalen Mutationen häufen sich. Der tiefgreifende Umbau muss sozusagen bei laufendem Betrieb erfolgen[204].

Die in den letzten Jahrzehnten entwickelte »Evolutionäre Entwicklungsbiologie« (»Evo-Devo«[205]), die sich mit der Steuerung der Entwicklung der Lebewesen im Hinblick auf die Evolution befasst, legt den Schluss nahe, dass, um voranzukommen, nicht unbedingt auf eine passende Mutation gewartet werden muss. Man geht davon aus, dass viele Gene in den Organismen nicht nur einmal, sondern mehrfach genutzt

---

[201] Vgl. »Wissenschaft und Wirklichkeit«, a. a. O. S. 37.
[202] Brockhaus Enzyklopädie in 20 Bänden, 17. Auflage, 1966, Bd. 1, Artikel »Archaeopteryx« und etwas anders lautend »Brockhaus Enzyklopädie« in 24 Bänden, 19. Auflage, 1987, Bd. 2, Artikel »Archaeopteryx«.
[203] Siehe Rupert Riedl, »Die Ordnung des Lebendigen«, 1975, 1990; S. 138, 351.
[204] Den tiefgreifenden Umbau macht auch Konrad Lorenz in seinem Aufsatz »Über die Entstehung von Mannigfaltigkeit«, (1965) in: »Das Wirkungsgefüge der Natur und das Schicksal des Menschen« nicht plausibel.
[205] »Evo-Devo« ist die Abkürzung von <Evolutionary Developmental Biology>, zu deutsch: »Evolutionäre Entwicklungsbiologie«.

werden, also »zweckentfremdet« in neue Zusammenhänge eingebaut, also sozusagen nur »neu verdrahtet« werden. Die »Evolutionäre Entwicklungsbiologie« sucht zu erklären, „wie es überhaupt möglich ist, dass manche Merkmale voneinander unabhängig variieren können ... ohne dass der Organismus durch die vielen Änderungen lebensuntüchtig wird"[206]. Auch wenn man die Gene als in sich fertige »Bausteine« - als »Module« - auffasst, ist der blinde Griff in den „Werkzeugkasten"[207] noch keine erfolgversprechende Methode, komplexe Gebilde in ihrer Struktur und Funktion zu konstruieren oder auch nur zu erhalten. Mag sich auch der Abstimmungsbedarf etwas verringern, wenn man den Körper als aus Modulen zusammengesetzt auffasst[208]: Entscheidend ist immer der erste Schritt, sozusagen die eigentliche »Erfindung« selbst. Und da fehlt dem Darwinismus - wie Ernst Jünger sagt[209] - „das Auge für das ganz und gar Unökonomische, Unrationelle der Pflanzen, den fürstlichen Aufwand, den Überfluss, der weit bedeutendere Absichten als die der reinen Fristung und Konkurrenz verrät".

Freilich: Irgendwie ist die Entwicklung der Lebewesen auf dieser Erde vor sich gegangen. Weder die Physik noch die Paläontologie sollen geleugnet werden. Wenn wir die Erd- und Weltgeschichte betrachten, dann stellen wir unzweifelhaft eine

---

[206] Vgl. Ingo Brigandt, »Evolutionäre Entwicklungsbiologie (,Evo-Devo')«, in: »Evolution« Ein interdisziplinäres Handbuch, 2010, herausgegeben von Philipp Sarasin und Marianne Sommer, Verlag J. B. Metzler, S 123f.

[207] Sean B. Carroll, »Evo Devo: Das neue Bild der Evolution«, 2008, <Endless Forms Most Beautiful> 2005, zitiert nach Wikipedia, Artikel »Evolutionäre Entwicklungsbiologie«, letzte Bearbeitung der hier benutzten Fassung vom 25. Februar 2018.

[208] Zweifelnd Reinhard Junker / Niko Winkler, in: »Evolution - Ein kritisches Lehrbuch«, herausgegeben von Reinhard Junker / Siegfried Scherer, 1998, 7. aktualisierte und erweiterte Auflage, 2013, S. 85 f.

[209] Tagebucheintrag vom 26. Mai 1945, »Strahlungen II«, in: Sämtliche Werke Bd. 3.

Höherentwicklung fest, nämlich die von der Erde als einem Feuerball zu unserer heutigen mit Anpflanzungen durch Menschen und Baulichkeiten bestückten Erdoberfläche, vom Einzeller zum Menschen. Dieses Phänomen der Entwicklung hier auf Erden nennen wir Evolution. Kutschera - und der Sache nach nicht nur er - identifizieren die Evolution mit Höherentwicklung und formulieren: „Evolution bedeutet das Hervorgehen des Höheren aus dem Niederen, des Zusammengesetzten aus dem Einfachen, des Vollkommenen aus unvollkommenen Vorstufen. Anders formuliert: Evolution ist die stufenweise Entwicklung eines urtümlichen Vorläufers zu komplexeren Nachfahren"[210].

Gut und schön - aber wieso eigentlich »Höherentwicklung«? Dass sich Populationen an veränderte Umstände anpassen und anpassen müssen und dadurch eine Weiterentwicklung in die Wege geleitet wird, hat Darwin überzeugend dargestellt. Aber Bakterien und Viren kommen auf dieser Erde auch nicht schlecht weg. Wie steht es mit der Selektion als Ursache der Höherentwicklung? Höherentwicklung bringt auch viele Nachteile mit sich, die eine Anpassung erschweren. Im Grundsatz gilt: je komplizierter, umso störanfälliger, desto eher fällt es der Auslese zum Opfer. Wie man es auch dreht und wendet: Die höheren Tiere sind an die Umwelt nicht besser angepasst als die Amöbe[211]. Und die höchste Zahl der Nachkommen als entscheidender Evolutionsfaktor indiziert auch nicht gerade eine Höherentwicklung. Es lässt sich nicht

---

[210] »Evolutionsbiologie«, Ursprung und Stammesentwicklung der Organismen, 2006, 4. Auflage, 2015, S. 28.

[211] Siehe Karl Ludwig von Bertalanffy, »Gesetz oder Zufall: Systemtheorie und Selektion«, 1970, in: Koestler / Smythies, »Das neue Menschenbild«, Wien, S. 82; vgl. auch Jakob von Uexküll, »Umwelt und Innenwelt der Tiere«, Verlag von Julius Springer, 1909, S. 4 und Konrad Lorenz, »Die Vorstellung einer zweckgerichteten Weltordnung«, 1976, in: »Das Wirkungsgefüge der Natur und das Schicksal des Menschen«, herausgegeben von Irenäus Eibl-Eibesfeldt, Serie Piper, Neuausgabe 1983, S. 30.

bestreiten, dass Wirbeltiere komplexer und raffinierter sind als etwa Nesseltiere, die weder Kopf noch Gehirn haben, so dass sich schon deshalb - wie im Ernst nicht zu leugnen ist - die Rede von der Höherentwicklung rechtfertigen lässt. Und unzweifelhaft höher als alles, was eine Amöbe bietet, ist der Geist, der den Menschen beseelt. Hier möchte man die elegische Frage anschließen: Wie kann es passieren, dass »wir« uns von der schmerzfrei in sich ruhenden, »unsterblichen« Amöbe zu einem Lebewesen »hinaufgemendelt« haben, das Religion hat, Philosophie und Kunst treibt und nach und nach eine immense Leiderfahrung ansammelt? Wen überkommt nicht in bedrängender Lage der Wunsch, den Gottfried Benn[212] ins Leere gesprochen hat:

O dass wir unsere Ururahnen wären.
Ein Klümpchen Schleim in einem großen Moor.
Leben und Tod, Befruchten und Gebären
glitte aus unseren stummen Säften vor.

Ein Algenblatt oder ein Dünenhügel,
vom Wind Geformtes und nach unten schwer.
Schon ein Libellenkopf, ein Möwenflügel
wäre zu weit und litte schon zu sehr.

Wo stellen wir denn nun eigentlich die in ihrem Resultat unzweifelhafte, in ihrer Entstehung aber rätselhafte[213]Höherentwicklung fest? Am Sternenhimmel - da, wo nach allgemeiner Auffassung Physik und nur Physik gilt - beobachten wir sie jedenfalls nicht; das Aufscheinen einer Supernova ist keine Höherentwicklung. Warum sollte hier auf Erden nach Auffassung derer, die meinen, dass die Lebensprozesse im Prinzip

---

[212] »Gesänge«.
[213] Vgl. die physikalisch motivierte Skepsis eines Max Planck in seinem Vortrag »Ursprung und Auswirkung wissenschaftlicher Ideen«, vom 17. Februar 1933, in: »Vorträge und Erinnerungen«; WBG 1965, S. 270, 281.

physikalisch-chemisch erklärbar sind[214], etwas anderes gelten? Wieso Höherentwicklung, wenn alles »Physik« ist?

Dass der darwinschen Theorie die Wertkomponente fehlt, dass sie keine Höherentwicklung erklärt, hat Manfred Eigen mit großer Schärfe gesehen und deshalb seine Theorie von der - freilich rätselhaften - »Wertlandschaft« eingeführt[215].

6. Die „Wertlandschaft" des Manfred Eigen

Wie bereits ausgeführt, verkennt Manfred Eigen nicht, dass das Leben durch bloßen Zufall nicht entstehen konnte. Nicht jede der denkbaren Gensequenzen gleicher Länge sei gleich möglich. Vielmehr würden bestimmte Spielregeln eingreifen[216]. Aufschluss gibt ihm die Spieltheorie, die die Kombination von Zufall und Gesetzmäßigkeit untersucht. Sein Modell ist das statistische Kugelbrettspiel. Jede Position auf dem Spielbrett kann mit gleicher a-priori-Wahrscheinlichkeit erwürfelt werden. Nach bestimmten Spielregeln richten sich dann die Folgen, die das Erwürfeln einer Brettposition hat. Damit kann das Schicksal von Populationen simuliert werden wie: indifferentes Driften, stabiles Gleichgewicht, instabiles Wachstum oder katastrophenartiger Untergang[217]. Übertragen auf das Phänomen des organischen Lebens heißt das: Die Evolution basiert auf Mutation, dem Würfeln, und auf Auslese, der Spielregel, also auf Zufall und auf Gesetz[218].

---

[214] Vgl. Kutschera, a. a. O. S. 21, 342.

[215] Vgl. Manfred Eigen, »Perspektiven der Wissenschaft«, 1988, 2. Aufl. 1989, S. 133.

[216] Manfred Eigen und Ruthild Winkler, »Das Spiel. Naturgesetze steuern den Zufall«, 1975, S. 69.

[217] A. a. O. S. 47.

[218] Manfred Eigen, »Perspektiven der Wissenschaft«, a. a. O. S. 130.

Die entscheidende Feststellung Manfred Eigens ist: Der Ausleseprozess, dem die zufälligen Mutationen unterworfen sind, treffe keine willkürliche Entscheidung. Wäre das einzige Kriterium der Auswahl die Tatsache des Überlebens selbst, so würde Darwins Selektionsprinzip - von Darwin selbst formuliert als „survival of the fittest" - nur eine triviale Tautologie, nämlich ein „survival of the survivor"[219] sein. Leider sei Darwin oft in dieser Weise missdeutet worden. Dem Ausleseprozess liege aber ein „physikalisch klar formulierbares Bewertungsprinzip" zugrunde. Dieses Bewertungsprinzip der Selektion für makroskopische Systeme lasse sich ähnlich den Gesetzen der Thermodynamik formulieren, und zwar mit dem einzigen „formellen" – wie Manfred Eigen es nennt - Unterschied, dass an die Stelle der absoluten Extremalprinzipien der Thermodynamik „eingeschränkte" Optimalprinzipien treten[220].

Das ist nun allerdings ein Unterschied, und zwar ein gravierender! Liegt ein Extremalprinzip zugrunde, dann wird nur »gerechnet« und alles läuft in der Tat »mechanisch«, »physikalisch«. Liegt aber ein Optimalprinzip zugrunde, also ein Bewertungsprinzip, was denn nun das Beste sei, muss zuerst »bewertet« werden, und erst dann wird »gerechnet«. »Bewerten« heißt: etwas an einer Norm, an einer Zielvorstellung messen. Was sind die Ziele? Wer stellt sie auf? Was wird höher, was wird niedriger bewertet? Ist das Ziel der Mensch? oder der von ihm mit unsicherem Erfolg bekämpfte Krankheitserreger? Das Bewerten ist nun einmal der klassische Fall einer finalen Tätigkeit und findet sich in der Physik schlechterdings nicht. Jede Wertverwirklichung - wenn sie um des Wertes we-

---

[219] „survival of the fittest", auf deutsch: »Überleben des Passendsten«, „survival of the survivor" »Überleben des Überlebenden«.

[220] So Manfred Eigen, Vorrede zu Jacques Monod, »Zufall und Notwendigkeit« - Philosophische Fragen der modernen Biologie« <Le hazard et la nécessité>, 1970, dtv 1975, S. 13.

gen geschieht und nicht aus bloßem Zufall - ist ein finales Geschehen. Das physikalische Geschehen ist dagegen auf Kausalität im weitesten Sinne und dann allerdings nur auf Kausalität gestellt, sein »Wesen« ist die Abwesenheit von Wertung, von Finalität.

Manfred Eigen sucht die Bewertung mit seinem Modell einer »Wertlandschaft« zu determinieren, also den Unterschied seines Optimalprinzips zu einem Extremalprinzip einzuebnen und dadurch das Problem der Wertsetzung und des Wertsetzers zum Verschwinden zu bringen: Analog zur Höhenverteilung auf der Erde könnte man eine Selektionswertlandschaft konstruieren, in der hohe Nachkommenschaft pro Zeiteinheit durch einen entsprechenden Höhenwert ausgedrückt werde. Da ähnliche Sequenzen[221] auch ähnliche Eigenschaften und damit ähnliche Höhenwerte besäßen, entstünden - wie auf der Erde - zusammenhängende Wertlandschaften mit Gebirgsmassiven, deren Gipfel via Grate verbunden seien, und die Hügel, Täler und ausgedehnte Tiefebenen aufwiesen. So wie die Wassertropfen auf der Erdoberfläche sammelten sich die Sequenzen in bestimmten Regionen der Werttopografie an. Jedoch anders als die Wassertropfen bevorzugten sie Wertgipfel und Grate und mieden Täler. Da der Raum hochdimensional sei, gebe es mannigfache Vernetzungen von Gebirgsgraten und somit eine effiziente interne Lenkung zum höchsten Wertgipfel. Weit sei der Weg zum höchsten Gipfel im hochdimensionalen Raum - trotz seines ungeheuren Volumens - nicht. Der größtmögliche (umwegfreie) Abstand entspreche der Zahl der Dimensionen[222].

Solange Manfred Eigen den Höhenwert der Wertlandschaft ausschließlich mit einer gegebenen Größe korreliert, und zwar

---

[221] Das heißt: eine Reihe von ‚Bausteinen‘, hier: der Gene.
[222] »Perspektiven der Wissenschaft«, a. a. O. S. 126 f

ohne jede Wertung, also allein auf die Zahl der Nachkommenschaft pro Zeiteinheit abstellt, handelt es sich in der Tat um eine rein numerische Größe, die ohne weiteres - das heißt: ohne jede Bewertung - zu einer Extremalgröße werden kann. Man kann sogleich zu rechnen anfangen. Da gibt es denn auch Höchstwerte, »Gipfel« - also eine hohe Zahl an Nachkommen pro Zeiteinheit - und »Tiefebenen« - eine niedrige Zahl. Rätselhaft bleibt allerdings, weshalb die Sequenzen Wertgipfel „bevorzugen". Gibt es in der Natur einen Drang zu möglichst zahlreicher Nachkommenschaft? Die Physik kennt ihn nicht.

Im Unterschied zum klassischen Darwinismus hält Manfred Eigen dessen Behauptung, Mutanten entstünden wahllos und nicht zielorientiert, für nicht korrekt. Zufällig sei allein der molekulare Prozess der Mutation, für den sich allenfalls Wahrscheinlichkeitsaussagen machen ließen, wann und wie er sich vollzieht. Deshalb lasse sich die historische Evolutionsroute auch nicht im voraus berechnen, sie sei nach wie vor zufallsbedingt. Determiniert sei aber die Tatsache, dass diese historische Evolutionsroute inhärent wertorientiert sei, und zwar „aufgrund einer wertorientierten Besetzung des Mutantenspektrums"[223].

Wie sich eine „wertorientierte Besetzung des Mutantenspektrums" ergebe, erläutert Manfred Eigen anhand des von ihm entwickelten Modells der Quasispezies. Nach klassischer darwinistischer Auffassung finde die Selektion am Wildtyp - also in freier Wildbahn - statt. Der »Wildtyp« bezeichnet den „Genotyp[224] (und damit auch den Phänotyp[225]) einer unter natürlichen Umweltbedingungen lebenden und die Mehrheit ihrer Individuen kennzeichnenden Art"[226]. Demgegenüber

---

[223] A. a. O. S. 134.
[224] < Erbanlagen eines Organismus>.
[225] < Erscheinungsbild eines Organismus>.
[226] A. a. O. S. 268.

unterstreicht Manfred Eigen mit seinem Quasispezies-Modell die Bedeutung aller reproduktionsfähigen Mutanten, insbesondere auch der neutralen, deren Einfluss um so stärker werde, je weniger sie sich in ihrem Selektionswert vom Wildtyp unterschieden. Zur Selektionsbewertung stehe nicht der einzelne Typ an, sondern der gesamte Mutantenclan[227], eben die Quasispezies. Sie sei in einem System von replizierenden, nicht miteinander kooperierenden Individuen wie RNA-Molekülen, Viren und Bakterien die Zielscheibe der Selektion[228]. Im Quasispezies-Modell zeige sich, dass Selektion dank gleichzeitiger Begünstigung fast-neutraler Mutanten bereits eine Art Vorausplanung der nächsten Mutationsschritte einschließe. Es werde dort am intensivsten nach neuen Mutanten gesucht, wo aufgrund der Werttopografie die Aussicht auf Erfolg am größten sei.[229] Auch hier sei die Frage erlaubt: Wer sucht da? Das Suchen ist eine finale Tätigkeit. Und vor allem: Was wird im Voraus für erfolgreich gehalten? Müssen da nicht ständig widerstreitende Gesichtspunkte gegeneinander abgewogen werden, wenn man den »erfolgreichen Weg« gehen will oder soll?

Das Modell der Quasispezies hat in der Virologie zweifellos zum Verständnis des Krankheitsgeschehens beigetragen[230] und die Strategie seiner Verbreitung und auch Bekämpfung enthüllt. Das Problem, Virusinfekte zu bekämpfen, liegt nämlich - wie die HIV-Infektion zeigt - unter anderem darin, dass die Viren häufig mutieren, sich also verändern und dadurch die Antikörper, die der Kranke gegen sie entwickelt, wie auch die Medikamente ins Leere laufen; die Wirkstoffe treffen nicht mehr den Gegner an, gegen den sie konzipiert sind. „Im Wechselspiel zwischen der Bildung neutralisierender Anti-

---

[227] A. a. O. S. 131 f.
[228] A. a. O. S. 266.
[229] A. a. O. S. 133.
[230] A. a. O. S. 162 f.

körper durch den Wirt und der Entwicklung immunresistenter Fluchtmutanten von HIV ist die Abwehr der meisten Infizierten über kurz oder lang erschöpft"[231]. Hier findet in der Tat unter den Viren eine Selektion anhand der zunächst treffenden Antikörper und Medikamente statt, und zwar auf molekularer Ebene mit einem strengen Ja-Nein-Ergebnis und nicht sozusagen in freier Wildbahn eines Phänotyps, wo zudem mit einem ganzen Bündel günstiger oder ungünstiger Umstände einschließlich ökologischer Nischen gerechnet werden muss. Es überlebt das Virus, das durch eine Mutation von den ursprünglich eingedrungenen Viren genetisch abweicht, auf die sich der Erkrankte durch spezielle Antikörper eingestellt hatte. Selbstredend darf - von der Viruspopulation aus gesehen - die Mutationsrate nicht so hoch werden, dass von ihr nichts mehr übrig bleibt, so dass also am Ende gar kein HIV mehr vorhanden wäre. Wollte man die Entwicklung in diese Richtung treiben, also die Mutationsrate der Viren künstlich hoch treiben, so würde man „zwangsläufig auch Mutationen im Erbgut des Wirts, also des HIV-Infizierten, erzeugen und damit wahrscheinlich die Krebsentstehung fördern. Aus diesem Grund gilt ein entsprechender therapeutischer Ansatz als zu riskant."[232] Man sieht: Ändern sich die Verhältnisse und kommt der Wildtyp in Schwierigkeiten, ist ein gewisser Mutantenreichtum für das Überleben der Art von Vorteil. Die Art hält sozusagen eine Reihe - im Hinblick auf die vom Erkrankten entwickelten Antikörper - überlebensfähiger Mutanten bereit; und das nennt Manfred Eigen augenscheinlich „wertorientierte Besetzung des Mutantenspektrums". Ist freilich - wie gesagt - die Mutationsrate zu hoch, löst sich die Virenart auf.

---

[231] So Nicola Siegmund-Schultze, »Quasispezies - Infektabwehr«, in »Deutsches Ärzteblatt«, 2009; 106(7): A-284 / B-243 / C-235, abgerufen aus dem Internet am 16. Januar 2017.
[232] A. a. O.

Allerdings ist mit einer zahlreichen Nachkommenschaft noch keine steigende Komplexität, noch keine Entwicklung etwa vom Einzeller zum Vielzeller oder gar zum Menschen verbunden. Ist es nicht vielmehr eher umgekehrt: je primitiver das Lebewesen, desto höher die Zahl der Nachkommen? Vielleicht nicht immer, aber oft. Weshalb sollten die Gensequenzen auch nach höherer Komplexität streben? Die mutierenden Viren sind nicht höher als die nicht mutierten, nur anders, und das allein erhöht ihre Überlebenschance.

»Höher« heißt keineswegs: »besser angepasst«. Weshalb ein »geschlossener Blutkreislauf«? Ist ein geschlossener Blutkreislauf besser – besser angepasst und deshalb lebenstüchtiger - als gar kein Blutkreislauf wie ebenfalls bei den Plattwürmern? Oder: welchen Vorteil bietet die geschlechtliche Vermehrung gegenüber der vegetativen? Es gewinnt die Vielfalt der Organismen. Nur: das ist nicht der Gesichtspunkt, auf den die Evolution nach Manfred Eigen abstellt, solange er den »Höhenwert« ausschließlich in hoher Nachkommenschaft pro Zeiteinheit sieht. Geht es nur darum, dann ist das geschlechtliche Verfahren jedenfalls unsicherer, weil sich erst die Geschlechtspartner finden müssen[233].

Sollte die Wertlandschaft mehr repräsentieren als die Fortpflanzungsrate, dann bleibt die Frage, weshalb die Gensequenzen nach Auffassung Manfred Eigens die Wertgipfel und Grate bevorzugen und Täler und Tiefebenen meiden. Geht es um die Wassertropfen auf der Erdoberfläche, die sich in Tälern sammeln, so ist die Antwort einfach: es ist die Schwerkraft, die auch zugleich die Landschaft formt. Aber welche Kraft wirkt in der Evolution in die Höhe? Welches Kriterium erklärt uns die Höherentwicklung? Während wir bei der Schwerkraft auf Grund des Masse-Anziehungs-Gesetzes

---

[233] Vgl. Sven Thoms, »Ursprung des Lebens«, a. a. O. S. 109.

gleich auch die Richtung der wirkenden Kraft haben, sagt die Zahl der Nachkommen über die Höherentwicklung – also über die Richtung der Entwicklung - nichts aus. Die Evolution zu einem Mechanismus zu erklären, der ausschließlich kausal nach physikalischen - einschließlich chemischen - Gesetzen determiniert abläuft, erweist sich also bisher als unzureichend, um eine Höherentwicklung zu begründen.

7. Monod und die physikalisch unerklärliche, immaterielle Komponente des genetischen Codes

Repräsentativ für Versuche, die Entstehung des Lebens auf Physik und nur auf Physik zurückzuführen und dem Zufall die entscheidende Rolle beizumessen, sind auch die Gedankengänge des Jacques Monod. Er verkennt keineswegs die teleologischen Züge der Natur, die er „teleonomisch" nennt; er hält sie sogar für einzigartig im Universum[234]. Aber diese Teleonomie muss nach Monod sozusagen ohne mentalen Rest gedacht werden, also nicht so, als ob sie eine Zwecksetzung sei. Ihr stellt er - wie erwähnt[235] - als „Grundpfeiler der wissenschaftlichen Methode" sein „Postulat der Objektivität der Natur" entgegen, das „die systematische Absage an jede Erwägung" bedeutet, „es könne zu einer wahren ,Erkenntnis' führen, wenn man die Erscheinungen durch eine Endursache, d. h. durch ein ,Projekt' deutet"[236].

Seit es eine „physikalische"[237] Theorie der Vererbung gebe, sei „das Geheimnis des Lebens" „zum großen Teil enthüllt"[238]. Die teleonomischen Phänomene sind nach seiner Auffassung

---

[234] Monod, »Zufall und Notwendigkeit - Philosophische Fragen der modernen Biologie« a. a. O., S. 27.
[235] Siehe oben S. 83.
[236] Monod, a. a. O. S. 36.
[237] A. a. O. S. 19.
[238] A. a. O. S. 20.

ein Produkt der Selektion, wie es im Prinzip von Darwin erkannt worden ist[239]. Die Selektion ihrerseits fußt nach Monod
auf der Vererbung, und das heißt, dass „die Invarianz der
Teleonomie notwendig vorausgeht"[240]. Unter »Invarianz« versteht er die Fähigkeit, die zum Aufbau der eigenen Struktur
entsprechende Information unverändert zu reproduzieren
und zu übertragen[241]. Die Selektion arbeite „an den Produkten
des Zufalls", nämlich denen der Mutationen. Die „Erforder-
nisse", nach denen selegiert werde, seien dann freilich nicht
mehr durch den Zufall geprägt, sondern unterlägen strenger
Notwendigkeit, „die gleichzeitig und unauflöslich die äußere
Umwelt und die Gesamtheit der Strukturen und Leistungen
des teleonomischen Apparats" umfasse[242]. Man muss ihn so
verstehen, dass die nach seiner Meinung scheinbare Finalität
in Wirklichkeit nichts anderes als eine kausale Anpassung ist.

Im Grunde ist das Leben für Monod ein physikalischer Prozess, was sich auch daran zeigt, dass er den Unterschied zwischen Lebewesen und Kristallen, die sich ja in gewisser Weise
auch produzieren, darin sieht, dass „die Informationsmenge,
die von den Kristallstrukturen dargestellt wird, ... um mehrere
Größenordnungen kleiner <ist> als die Menge, die bei den einfachsten uns bekannten Lebewesen von einer Generation zur
anderen übertragen wird[243]". Im übrigen seien die inneren
Kräfte, die den Lebewesen ihre makroskopische Struktur vermitteln, von gleicher Art wie die mikroskopischen Wechselwirkungen, die für die kristalline Morphologie verantwortlich
seien. Dass es sich so verhalte, sei einer der Hauptgedanken
dieser seiner Abhandlung »Zufall und Notwendigkeit«[244].

---

[239] A. a. O. S. 38.
[240] A. a. O. S. 38.
[241] A. a. O. S. 29 f.
[242] Siehe a. a. O. S. 110 und S. 115.
[243] A. a. O. S. 30.
[244] A. a. O. S. 29.

Die Physik Monods ist allerdings keine »Mechanik« im Sinne von Newton oder Laplace. Monod gelangt nämlich zu der These, dass die Biosphäre keine prognostizierbare Klasse von Objekten oder Erscheinungen enthalte, sondern selber ein besonderes Ereignis darstelle, das mit den fundamentalen Prinzipien vereinbar, aus ihnen aber nicht ableitbar sei, das seinem Wesen nach also unvorhersehbar sei[245]. Die Unvorhersehbarkeit sei quantenmechanisch bedingt. Eine Mutation sei ein mikroskopisches, quantenhaftes Ereignis, auf das die Unbestimmtheitsrelation Heisenbergs anzuwenden sei. Zwischen den Ereignissen, die in der Replikation einen Fehler hervorrufen könnten, - also sozusagen dem Motor der Entwicklung - und dessen funktionalen Auswirkungen bestehe vollständige Unabhängigkeit[246].

Die Mechanik der Replikation[247] bilde also nach Monod teleonomische Strukturen nur zufällig aus: „Der reine Zufall, nichts als der Zufall, die absolute, blinde Freiheit als Grundlage des wunderbaren Gebäudes der Evolution - diese zentrale Erkenntnis der modernen Biologie ist heute nicht mehr nur eine unter anderen möglichen oder wenigstens denkbaren Hypothesen; sie ist die einzig vorstellbare, da sie allein sich mit den Beobachtungs- und Erfahrungstatsachen deckt"[248]. Eine der Invarianz vorgängige Zielsetzung – Finalität - sieht Monod also nicht. Seine These ist so zu verstehen, dass die nach seiner Meinung scheinbare Finalität in Wirklichkeit nichts anderes als eine kausale Anpassung sei.

---

[245] A. a. O. S. 53.

[246] A. a. O. S. 107 f.

[247] Aus dem Lateinischen auf Deutsch: <Vorgang der identischen Vermehrung> und zwar speziell des genetischen Materials, gleichbedeutend mit »Reduplikation«.

[248] A. a. O. S. 106.

Doch beschleichen Monod immer wieder Zweifel, ob angesichts des gewaltigen Weges, den die Evolution seit vielleicht drei Milliarden Jahren zurückgelegt habe, angesichts der ungeheuren Vielfalt der Strukturen, die durch sie geschaffen worden sei, und der wunderbaren Leistungsfähigkeit von Lebewesen das alles das „Ergebnis einer riesigen Lotterie" sein könne[249]. Und schließlich sieht er sich zu der Feststellung veranlasst: „Aufgrund der gegenwärtigen Struktur der belebten Natur ist die Hypothese nicht ausgeschlossen - es ist im Gegenteil wahrscheinlich -, dass das entscheidende Ereignis <nämlich die Entstehung des Lebens> sich nur ein einziges Mal abgespielt hat. Das würde bedeuten, dass die a priori-Wahrscheinlichkeit dieses Ereignisses fast null war"[250]. Damit sind wir wieder voll in den Unwahrscheinlichkeiten einer zufälligen Entstehung des Lebens drin.

Monod weist aber zudem auf ein recht konkretes Problem hin, dessen Lösung rein physikalisch schwer vorstellbar ist: nämlich die Kohärenz von Genotyp und Phänotyp, speziell die Entstehung des genetischen Codes und seine Wirkung. Das Resultat ist eindeutig: Wenn der und der Genotyp vorhanden ist, entsteht der und der Phänotyp. Die Frage ist aber: Wie entsteht und wie vollzieht sich diese Kohärenz von Genotyp und Phänotyp, diese Wirkung des Genotyps auf diejenigen Proteine, die den Phänotyp aufbauen? Monod sieht denn auch in der Herkunft des genetischen Codes und dem Mechanismus seiner Übersetzung nicht nur ein „Problem", sondern meint, man müsse eher von einem wirklichen Rätsel sprechen. Er gibt dem Rätsel folgende Formulierung: „Der Code hat keinen Sinn, wenn er nicht übersetzt wird. Die Übersetzungsmaschine der modernen Zelle enthält mindestens fünfzig makromolekulare Bestandteile, die selber in der DNS codiert sind: Der

---

[249] A. a. O. S. 124.
[250] A. a. O. S. 128.

Code kann nur durch Übersetzungsergebnisse übersetzt werden. .... Wann und wie hat sich dieser Kreis in sich geschlossen? Es ist überaus schwierig, sich das vorzustellen"[251]. Da man heute wisse, wie der Code zu dechiffrieren und dass er allgemeingültig sei, sieht Monod sich vor die Alternative gestellt: Entweder erklärt sich „die Struktur des Code ... aus chemischen oder genauer stereochemischen Gründen; wenn ein bestimmtes Codon (Codeeinheit) ‚gewählt' wurde, um eine bestimmte Aminosäure darzustellen, so deshalb, weil zwischen ihnen eine gewisse stereochemische Verwandtschaft bestand" oder aber „die Struktur des Code ist chemisch willkürlich; der Code, so wie wir ihn kennen, ist das Resultat einer Serie von Zufallswahlen, die ihn nach und nach bereichert haben"[252]. Monods Sympathie liegt bei der ersten Alternative, aber er gesteht zu, dass sie auf schwachen Füßen steht: „Die erste ist die bei weitem verführerischste Hypothese; zunächst, weil sie die Universalität des Code erklären würde; dann, weil sie erlauben würde, uns einen ersten Translationsmechanismus vorzustellen, in dem die Sequenz oder Anordnung der Aminosäuren, aus der sich das Polypeptid ergibt, einer direkten Wechselwirkung zwischen den Aminosäuren und der replikativen Struktur zuzuschreiben wäre; schließlich und vor allem, weil diese Hypothese, wenn sie richtig wäre, sich grundsätzlich verifizieren ließe. Es wurden auch schon zahlreiche Versuche ihrer Verifikation unternommen, deren Bilanz vorerst als negativ zu betrachten ist. Vielleicht ist das letzte Wort in dieser Sache noch nicht gesprochen"[253]. Jedenfalls seien diese Strukturen in dem Sinne »zufällig«, als es unmöglich sei, eine theoretische oder empirische Regel zu formulieren, mit der sich aus einer genauen Kenntnis von 199 eines aus 200 Bausteinen bestehenden Proteins die Beschaffenheit des letz-

---

[251] A. a. O. S. 127.
[252] A. a. O. S. 128.
[253] A. a. O.

ten, noch nicht durch die Analyse festgestellten Bausteins vorhersagen ließe[254].

Monod wie alle Biologen reden vom »genetischen Code« und rekurrieren damit auf das Phänomen des Zeichens. Zeichen sind wahrnehmbare Gegenstände, die auf ein Anderes verweisen, nämlich auf einen Gegenstand, ein Ding, eine Sache, einen Sachverhalt, einen Gedanken oder wiederum auf ein Zeichen. Aus der Verweisung - der Zuordnung von Zeichen und Bezeichnetem - ergibt sich die Bedeutung des Zeichens. Unter einem »Code« versteht man ein System und ein Verzeichnis von Zeichen und ihrer Zuordnung, ihrer Bedeutung.

Im Hinblick auf die Entstehung der Zeichen unterscheidet man natürliche von künstlichen Zeichen. Bei natürlichen Zeichen - auch »Anzeichen« genannt - beruht die Bedeutung auf einem mehr oder weniger bekannten Kausalzusammenhang. Künstliche Zeichen dagegen entstehen auf Grund einer Festsetzung, die auch auf einer Vereinbarung beruhen kann. Ihre Bedeutung beruht auf gewillkürter Zuordnung von Bezeichnendem und Bezeichnetem. Die Zuordnung ist ein In-Beziehung-Setzen von Phänomenen, Dingen und Begriffen, Zeichen und Symbolen. Sie ist ein geistiger, ein mentaler Vorgang, denn sie beruht auf dem Denken als einem Bewusstwerden, Herstellen und Verarbeiten von Beziehungen, welcher Art auch immer. Sie ist eine finale Tätigkeit. So bedeutet weißer Rauch aus dem Konklave die Wahl eines Papstes. Das Feuer wird in der Sixtinischen Kapelle angezündet, um der Welt die Wahl eines Papstes mitzuteilen. Man hätte auch ein anderes Signal wählen können, dessen Bedeutung dann freilich der Welt bekannt sein muss. Ohne Kenntnis der Bedeutung ist das Zeichen sinn- und wirkungslos. Außerhalb der Sedisvakanz wäre der Rauch nur ein natürliches Zeichen,

---

[254] A. a. O. S. 94.

ein Anzeichen, dass in der Sixtinischen Kapelle ein Brand ausgebrochen ist.

Der Begriff des Zeichens umfasst also seine wahrnehmbare Gestalt - ein physisches Phänomen, nämlich eine bestimmte Verteilung von Masse und Energie - und die Verweisung, also seine Zuordnung zu dem Bezeichneten, aus der sich seine Bedeutung ergibt. Die Bedeutung ist eine „mentale Größe" (»entité psychique«[255]), also insbesondere nicht der bezeichnete außersprachliche Gegenstand (»chose réelle«) selbst[256].

Der Hauptfall eines Systems künstlicher oder gewillkürter Zeichen ist die Sprache. Die Wörter in ihrer wahrnehmbaren Gestalt - also die Laute in ihrer zeitlichen oder die Schriftzeichen in ihrer örtlichen Reihung - haben in ihrer Entstehung keinerlei physikalische Notwendigkeit, sie beruhen auf Willkür, sind also ein Erzeugnis des menschlichen Willens. So gibt es für die Zuordnung des Wortes »Mensch« zum Begriff unserer Spezies keinen naturgesetzlichen Grund; das französische Wort »homme« tut es genauso. Die Verknüpfung von Zeichen und Bezeichnetem versteht sich also nicht von selbst; sie muss gezielt hergestellt werden und von dem, der sie kennen will, gelernt werden. Es wäre - milde gesagt - ein absurdes Unternehmen, angesichts der Vielzahl existierender Sprachen etwa eine materielle Prädisposition deutscher Gehirne für das Wort »Mensch« zur Bezeichnung unserer Gattung und französischer Gehirne für das Wort »homme« nachweisen zu wollen.

---

[255] Ferdinand de Saussure, »Cours de linguistique générale«, 1916, < Grundfragen der allgemeinen Sprachwissenschaft>, 1968, herausgegeben von R. Engler 1, 150, zitiert nach dem »Historischen Wörterbuch der Philosophie«; herausgegeben von Ritter und Gründer, 1995, Band 9: Se-Sp, Artikel: »Signifiant / signifié«.

[256] Anders der Sprachgebrauch von Gottlob Frege, der mit »Bedeutung« den Gegenstand des Zeichens meint und das, was heute »Bedeutung« genannt wird, »Sinn« nennt (»Über Sinn und Bedeutung«, in: »Zeitschrift für Philosophie philosophische Kritik«, Neue Folge 100, 1892, S. 25 - 50, hier: S. 26 ff.).

Die Sprache ist mit ihren Bedeutungen ein geistiges Phänomen.

Monod spricht den Bezug des genetischen Codes zur Sprache ausdrücklich an: „Der genetische Code ist zwar in einer stereochemischen Sprache abgefasst, und jeder Buchstabe dieser Sprache besteht aus einer Sequenz von drei Nukleotiden in der DNS (einem Triplett); dieses Triplett legt eine unter den zwanzig Aminosäuren in der Polypeptid-Kette fest". Und nun kommt der entscheidende Satz: „Zwischen dem codierenden Triplett und der codierten Aminosäure besteht jedoch keine unmittelbare sterische Beziehung". Er fügt hinzu: „Daraus ergibt sich die sehr wichtige Folgerung, dass dieser Code, der in der gesamten belebten Natur auftritt, in dem Sinne chemisch willkürlich ist, als die Informationsübertragung ebenso gut nach einer anderen Übereinkunft stattfinden könnte"[257]. Ist also der Gencode ein Verzeichnis willkürlicher Zeichen? Wie soll man sich diese Festsetzung vorstellen? Wer oder was hat diese Festsetzung getroffen? Wie kommt es dazu, dass die Aminosäuren der Codierung gemäß an der richtigen Stelle platziert werden, wenn sterische Bezeichnungen keine Rolle spielen?

Auch hier bei der Entstehung des Gencodes in seiner Funktion, den Aufbau der Lebewesen zu bestimmen, wird angesichts der Vielzahl der Gene und ihrer diffizilen Wirkungen eine unermessliche Koordinationsleistung sichtbar, die ohne finale Momente nicht denkbar erscheint. Von der Koordination kann man sich nicht vorstellen, dass sie letztlich ein Produkt des Zufalls - also ein Resultat sinnlosen »Schüttelns, Rüttelns und Rührens« - ist. Wie dem auch sei: Die Information mit ihren Implikationen wird zum Schlüsselbegriff für das Geschehen in der lebendigen Natur.

---

[257] A. a. O. S. 103.

8. Die Information als Ursprung des Lebens?[258]

a. Finales Geschehen sprengt den physikalischen Rahmen

Um die Entstehung und Entwicklung des Lebens hier auf dieser Erde zu erklären, nimmt die Naturphilosophie eines Jacques Monod wie auch die eines Manfred Eigen ihre Zuflucht zu Vorgängen, die sich nicht lückenlos physikalisch beschreiben lassen, die aber dem menschlichen Geist nicht fremd sind, nämlich zu Wertung und Sprache. Im Unterschied zu Monod[259] erklärt Manfred Eigen: „Die .... Gene können nicht zufällig, quasi per Würfelentscheid, entstanden sein"[260]. Geistige Ursachen kommen aber auch für ihn nicht in Betracht; denn so hat er in Übereinstimmung mit Monod verkündet: „Die Molekularbiologie hat dem Jahrhunderte aufrecht erhaltenen Schöpfungsmystizismus ein Ende gesetzt"[261]. Das heißt also: auf keinen Fall können die Gene in ihrer Entstehung und in ihrer Funktion durch eine immaterielle Ursache erklärt worden. Gleichwohl glaubt er an einen „auf das Ziel, nämlich auf die Funktionstüchtigkeit ausgerichteten Optimierungsprozess"[262].

Tritt man zur Erklärung der Lebensentstehung einem finalen Geschehen, eben einem „auf das Ziel der Funktionstüchtigkeit der Gene" gerichteten Prozess, näher, dann setzt das voraus, dass um eines Zieles willen die Gene entstanden sind. Nimmt man das nicht an, so greift die »Physik« in ihrer blinden Kausalität wieder Platz und von einem Ziel und Zweck ist so we-

---

[258] Manfred Eigen, »Stufen des Lebens«, 3. Aufl. 1993, S. 51.

[259] »Zufall und Notwendigkeit - Philosophische Fragen der modernen Biologie«, a. a. O., S. 106.

[260] »Stufen des Lebens«, a. a. O. S. 36.

[261] Vorrede zu Jacques Monod, »Zufall und Notwendigkeit«, dtv, 1975, S. 15.

[262] »Stufen des Lebens«, 3. Aufl. 1993, S. 36.

nig die Rede wie beim Wirken der Schwerkraft. Zielsetzung, also Finalität, ist in unserer der Zeit unterworfenen Welt ohne eine Antizipation des erstrebten Zustands nicht möglich, sie wäre ein Widerspruch in sich. Nur mit Bewusstsein können Ziele gesetzt und Mittel zur Zweckerreichung ausgewählt werden. Selbstredend braucht nicht jeder Schritt eines finalen Geschehens von einem aktuellen antizipierenden Bewusstsein begleitet zu werden. So ist etwa der Schritt von der Blüte zur Frucht sozusagen als ein vollautomatischer Prozess erklärbar. Aber irgendwann und irgendwie muss dieser Schritt antizipiert - also irgendwie vorweggenommen - worden sein. Oder soll man sich - wenn man jede immaterielle Einwirkung (woher auch immer sie kommen mag) strikt ablehnt - eine Veränderung der Materie dergestalt vorstellen, dass Teile dieser Materie ein unbewusstes Streben befällt, sich in ihrer derzeitigen Konstellation zu vermehren und die dieser Vermehrung entgegenstehenden physikalischen Kausalketten zu meiden? Das wäre denn freilich eine vitalistische Auffassung, die Manfred Eigen etwas weniger strikt ablehnt als Jacques Monod[263]. Nähme man ein solches »Streben« an, so wäre das zwar der entscheidende Schritt zum Leben, der dann aber auch einer Erklärung bedarf.

Der anorganischen Natur ist dieses Streben fremd. Streben etwa die Gletscher nach Wachstum und Vermehrung? Wehren sie sich gegen ihren Untergang? Der »Kampf ums Dasein« beginnt frühestens, wenn Leben da ist. Das ist der springende Punkt. Die Elementarteilchen unterliegen zwar physikalischen Kräften, einschließlich den Kräften, die in chemischen Bindungen und Verbindungen zutage treten. Das Streben nach Vermehrung ist der Materie aber absolut fremd; die Masse beharrt, bis eine Kraft ihre Lage, Gestalt oder Bewegung verän-

---

[263] Siehe Manfred Eigen, Vorrede zu Jacques Monod, »Zufall und Notwendigkeit«, a. a. O. S. 42.

dert[264] - das ist alles. Auch wenn zu unserem Leidwesen die Gletscher schmelzen: Die Wassermoleküle kämpfen weder um ihre Existenz in der Formation eines Gletschers noch in der eines Gebirgsbaches noch in der des Meeres; auch Gletscher, Gebirgsbäche oder das Meer kämpfen nicht um ihre Existenz. Es ist ihnen »egal« - und das ist schon zu viel gesagt. Woher kommt dann aber dieses Streben nach Vermehrung, wenn sich Materie in Nucleinsäuren und Aminosäuren formiert und eine gewisse Komplexität erreicht hat? Den einzelnen Molekülen wird man ein solches Streben wohl nicht nachsagen, zumindest haben wir dafür keinerlei Anhaltspunkte; wir selbst bestehen ja aus einer Unzahl solcher Moleküle; aber nicht sie - die Moleküle - kämpfen, sondern »wir«.

b. Der „Algorithmus der Lebensentstehung" nach Manfred Eigen[265]

Den Schlüssel zu dem Problem eines auf die Funktionstüchtigkeit ausgerichteten Optimierungsprozesses sieht Manfred Eigen im Begriff der Information. Dieser Begriff schließt ihm speziell die Fähigkeit des organischen Lebens zur Selbstreproduktivität auf, ohne die nach jeder Generation die für den betreffenden Lebenszustand spezifische Information, der Bauplan des Lebewesens - also die einmal errungene Komplexität - verloren gehen müsste[266]. Mit der Entstehung von Nucleinsäuren und den vier Nucleinsäurebasen Adenin (A), Thymin (T), Cytosin (C) und Guanin (G) eröffne sich nämlich die Möglichkeit, eine Nachricht auf dem Träger der Gene, der Desoxyribonukleinsäure, zu codieren. Damit entstehe eine

---

[264] Siehe das erste Newton-Axiom: „Jeder Körper behält seine Geschwindigkeit nach Betrag und Richtung so lange bei, wie er nicht durch äußere Kräfte gezwungen wird, seinen Bewegungszustand zu ändern." (Höfling, »Physik«, Bd. II, Teil 1, 10. Aufl.; S. 73).

[265] »Perspektiven der Wissenschaft..a. a. O. S. 119.

[266] Vgl. a. a. O. S. 143.

völlig neue Qualität: die Information. „Information, das ist im vorliegenden Falle eine bestimmte Symbolanordnung, der eine phänotypische Qualität zugeordnet werden kann"[267]. Diese Information könne auch tradiert, übermittelt werden. Die Desoxyribonukleinsäure liegt als Doppelstrang vor und zwar derart, dass ein Adenin (A) der Sequenz mit einem gegenüberliegenden Thymin (T) eine lockere Bindung eingeht und ein Guanin (G) sich an ein Cytosin (C) bindet. Diese chemische Eigenschaft, dass sich A nur mit T und C sich nur mit G verbindet, nennt man Komplementarität. Wird dieser Doppelstrang entwunden und lagern sich an dem entwundenen Strang gemäß der Komplementarität die entsprechenden Nucleinsäurebasen an, ist mit dieser Art von Selbstreproduktivität die durch die bestimmte Abfolge von Nucleinsäurebasen codierte Information weitergegeben.

Erst Information mache Selektion möglich, denn auf die Frage, was denn eigentlich das Kriterium für die Selektion sei, gibt Manfred Eigen die - etwas sibyllinische - Antwort: „Es ist allein die selbstreflexive Informationsbewertung durch Reproduktion ..."[268]. Der entscheidende Phasensprung von der Chemie zur Biologie liegt also für Manfred Eigen in dem Auftauchen von Information - „eine völlig neue Qualität, die in der physikalisch-chemischen Begriffswelt ... nicht vorkommt"[269] - und ihrer Tradierung. Und stolz fasst er zusammen: „Wir haben einen einfachen Algorithmus gefunden, der hinter der komplexen Wirklichkeit des Lebens steht. Es ist ein im Verhalten der Materie begründeter Algorithmus, dessen Wirkungen - in der Erzeugung von Information - das Materielle transzendiert"[270]. Trotz dieser »Transzendenz« betont

---

[267] A. a. O. S. 125.
[268] A. a. O. S. 129 f.
[269] A. a. O. S. 122.
[270] A. a. O. S. 130.

Manfred Eigen: „Die Logik des Lebenden hat ihren Ursprung in Physik und Chemie"[271].

c. Der defizitäre Informationsbegriff des Manfred Eigen

Der Schlüssel zu diesem Algorithmus - die Information und ihre Codierung - hat nach Manfred Eigen freilich seine Voraussetzungen: „Die Einführung des Begriffs Information erfordert erstens die Existenz einer begrenzten Anzahl definierter Symbole, zweitens die Möglichkeit, diese Symbole zu Ketten (Sätzen) zu verknüpfen, deren Aufbau von einer Grammatik und deren Sinn mittels semantischer Vereinbarungen geregelt werden, sowie drittens ... eine Vorrichtung zum Lesen (und gegebenenfalls Übersetzen) der in den Symbolabfolgen enthaltenen Nachricht. Sämtliche dieser Voraussetzungen sind in den Nucleinsäuren aufgrund chemischer Eigenschaften erfüllt"[272]. Die Codierung erklärt Manfred Eigen wie folgt: „Die in den makromolekularen Ketten verankerten vier Nucleobasen übernehmen die Rolle von Sprachsymbolen. Die Abfolge dieser Symbole vermag eine Nachricht zu codieren"[273]. Die genetische Information, so lautet nach Francis Crick das »Zentrale Dogma der Molekularbiologie«, fließt von der Desoxyribonucleinsäure (DNA) als dem molekularen Träger der Erbinformation über die Ribonucleinsäure (RNA), die als Informationsüberträger fungiert[274], hin zum Protein[275], aus dem sich der Phänotyp aufbaut. Das wird von Manfred Eigen dahin formuliert: „In jeder Zelle wird DNA in RNA umgeschrieben (Transkription) und RNA in Protein übersetzt (Translation). Proteine sind molekulare Maschinen, die nahe-

---

[271] A. a. O. S. 120.

[272] A. a. O. S. 122.

[273] A. a. O. S. 121 f.

[274] A. a. O. S. 260, 266.

[275] Vgl. Thoms, »Ursprung des Lebens«, Fischer Kompakt, 2005; S. 6, 45.

zu die gesamte Arbeit übernehmen, auch die Transkription und Translation"[276].

Es lässt sich nun durchaus verstehen, was „definierte Symbole" sind – nämlich die bekannten vier Nucleobasen – und auch noch, dass diese Symbole sich zu Ketten – zu „Sätzen", wie Manfred Eigen erläutert - verknüpfen oder von einem Dritten verknüpft werden. Höchst rätselhaft aber ist es, dass „deren Aufbau von einer Grammatik und deren Sinn mittels semantischer Vereinbarungen geregelt werden". Wer „regelt" denn da, wer baut eine „Grammatik" auf und schließt „semantische Vereinbarungen", die den Sinn der „Sätze" bestimmen? Und wer hält sich an diese „Vereinbarungen" und wieso und weshalb? Das alles macht keine Schwierigkeiten, wenn etwa von den Inkas im alten Peru und ihrer Knotenschrift, der »Quipu«, die Rede ist. Da haben wir es mit denkenden und planenden Menschen zu tun, die vereinbaren können, welche Bedeutung in bestimmter Art und Reihenfolge geknüpfte Knoten haben sollen. Aber im Molekularbereich? Wenn von „Vereinbarung" die Rede ist, dann sind daran augenscheinlich mehrere beteiligt, wenn sich aber das Vereinbarte auf Grund zufälliger Gesetzmäßigkeit ereignet haben sollte, dann fragt man sich, was da »Vereinbarung« heißen soll. Diese Fragen und Bedenken sind keine Beckmesserei an etwas metaphorisch klingenden Formulierungen, sondern wurzeln tief in der Sache selbst. Vor allem ist es kein Mangel unserer Sprache, der zu einer irreführenden Ausdrucksweise zwingt. Wenn man niemanden namhaft machen kann, der diese „Vereinbarung" geschlossen hat, dann kann man auch nicht sagen, dass eben dieser Vorgang auf Vereinbarung beruht. Man soll uns sagen, wie diese Koinzidenz von Zeichen und Bedeutung tatsächlich - unter ausschließlichem Rückgriff auf die Physik mit ihren Begriffen und Gesetzen - zustande gekommen ist.

---

[276] A. a. O. S. 51.

Was verspricht sich Manfred Eigen letztlich vom Informationsbegriff? Augenscheinlich die Theorie eines Wirkungszusammenhanges, der über bloße materielle Wechselwirkungen hinausgeht. Hat man noch sein Wort vom über „Jahrhunderte aufrecht erhaltenen Schöpfungsmystizismus", dem „ein Ende gesetzt" worden sei[277], im Ohr, dann ist klar, dass Manfred Eigen mit dem Gebrauch des Begriffs »Information« einen Wirkungszusammenhang bezeichnen will, der von keiner Finalität – dem Wesensmerkmal aller Schöpfung - getragen sein soll. Es ist und bleibt eben nach seiner Auffassung die Materie in ihrem „Verhalten", „die chemische Eigenschaft der Komplementarität"[278], die die Information und mit ihr die Komplexität des Lebens bewirkt.

Der Begriff »Information« wird ersichtlich in die Biologie eingeführt, um das Wirken von etwas anderem als von Energie und Masse zu kaschieren, indem man eine Identität von Information, ihrer Manifestation und ihrer Wirkung suggeriert. Mit dem Begriff einer „selbstreflexiven Informationsbewertung durch Reproduktion", die das „Kriterium für eine Selektion" hervorbringe, erweckt Manfred Eigen zudem den Anschein, als ob er sogar Kategorien des Geistes für das Verhalten der Materie in Anspruch nimmt, denn den Philosophen dient der Begriff der Selbstreflexion zur Beschreibung des Geistigen, des Selbstbewusstseins. Aber wo sollen denn nun nach seiner Meinung der oder die Träger des Selbstbewusstseins sein? Denkt er an eine Allbeseelung der Natur? Näher liegt, dass der Begriff der Selbstreflexion von Manfred Eigen wohl mehr im Sinne eines Regelkreises, einer Rückkoppelung verstanden wird, so dass es für ihn dabei bleibt: statt Finalität „Verhalten der Materie".

---

[277] Vorrede zu Jacques Monod, »Zufall und Notwendigkeit«, S. 15.
[278] »Perspektiven der Wissenschaft«, a. a. O. S. 130 und S. 129.

Leistet der Informationsbegriff das, was sich Manfred Eigen augenscheinlich von ihm verspricht? Können mit seiner Hilfe die Entstehung des Lebens und seine Bewegung verstanden und die Annahme immaterieller Wirkungen im biologischen Geschehen - also insbesondere auch die Annahme finaler Strukturen - vermieden werden? Der Informationsbegriff weist eine Vielzahl von Aspekten auf, die Gegenstand von verschiedenen Wissenschaftszweigen sind und die daher auch recht unterschiedlichen Fragen zur Antwort dienen. Das heißt aber auch: Wenn man einen besonderen Aspekt aus der Antwort einer bestimmten Wissenschaft - etwa der Informatik oder der Nachrichtentechnik - heraushört, sollte man das nicht sogleich für die abschließende Antwort halten, selbstredend aber auch nicht überhören.

Will man den Informationsbegriff nicht verkürzen, dann muss man davon ausgehen, dass die Übermittlung von Information fünf Stadien durchläuft: Es muss erstens der Inhalt der Information bestimmt werden, also das, worüber informiert werden soll. Zweitens ist das, worüber informiert werden soll, zu artikulieren, man kann auch sagen: zu formulieren, das heißt: es sind dem Inhalt der Information Zeichen zuzuordnen, die einem Zeichenvorrat entnommen werden, dessen Bedeutung selbstredend dem Informierenden - also dem Informator - wie auch dem zu Informierenden - also dem Informanden - bekannt ist. Drittens sind die dem Inhalt der Information zugeordneten Zeichen dem Informanden zu übermitteln. Viertens sind die empfangenen Zeichen zu lesen, zu hören oder zu fühlen, das heißt: die empfangenen Zeichen sind ihren Bedeutungen zuzuordnen, sind zu entschlüsseln. Fünftens sind die auf Grund der übermittelten Zeichen vermittelten Bedeutungen zu verstehen, das heißt: zu dem Inhalt zusammenzufügen, den der Informator dem Informanden übermitteln wollte.

Das Konzipieren, das Zuordnen - nämlich das Artikulieren und das Lesen - sowie das Verstehen sind rein geistige Vorgänge, ebenso die vorgängige Bildung eines dem Informator wie dem Informanden bekannten Zeichenvorrats durch Zuordnung von Zeichen und Bedeutung. Lediglich die Übermittlung ist ein Vorgang, der in seinem Ablauf physikalisch beschrieben werden kann, nämlich ein Transportvorgang. Transportiert werden können außer Zeichen natürlich auch alle möglichen anderen Sachen wie etwa eine Kiste Äpfel, in der keine Information liegt. Der Transportvorgang definiert also den Begriff »Information« keineswegs vollständig. Ein auf bloße Zeichenfolgen beschränkter Informationsbegriff, der die Frage nach dem Akt der Zuordnung von Zeichen und Bezeichnetem und das Verständnis ihrer Bedeutung ausspart, mag für die Nachrichtentechnik relevant sein; eine Antwort auf die Frage nach der Entstehung des Lebens erhofft man sich mit dieser Beschränkung vergeblich.

Nimmt man den Begriff »Information« in seinem Vollsinne, dann manifestiert sich Information zwar in der Materie, dient aber dazu, Verständnis zu bewirken. Sie ist also weder ausschließlich ein materielles Ding noch ausschließlich etwas Immaterielles; sie hat Anteil an beidem, dem Immateriellen - das traditionell »Geist« genannt wird - und der Materie, die als Masse und Energie erscheint. Die in Masse und Energie manifestierte Information muss gelesen und bestimmungsgemäß verstanden werden. Die Wirkung des Lesens erschöpft sich weder in einem bloßen Spiegeln noch in einem Kopieren noch in einer strukturgleichen Anlage von Ähnlichem. Information – wenn sie nicht ein rein mentales Ziel hat - veranlasst zu einer Neuverteilung von Masse und Energie, die in der materiellen Manifestation der Information nicht proportional vorgegeben ist. Die Verteilung von Masse und Energie in ihrer Manifestation bewirkt mikrophysikalisch selbst nicht oder nicht selbst die Verteilung von Masse und Energie, die sich infolge der Information nach ihrem Sinne einstellen soll. Der Prozess ihrer Wirkung ist nicht lückenlos physikalisch beschreibbar, das heißt, sie wirkt nicht allein »durch Zug und Druck«, nicht allein durch materielle Wechselwirkungen von Atomen, Molekülen oder Kristallen, von Energieformen und deren Umwandlungen[279]. Diese Erkenntnis rechtfertigt die Feststellung Norbert Wieners: „Information is information, not matter or energy. No materialism which does not admit this can survive at the present day"[280]. Formuliert man wie Carl Friedrich von Weizsäcker, „Information ist weder ein materielles Ding noch ein Bewusstseinsinhalt"[281], dann hält man sie für eine besondere - dritte - Seinsweise.

Ob man nun die Information für eine besondere Seinsweise hält oder ihr – wie es mir richtiger erscheint - Anteil an den beiden Seinsweisen, dem Materiellen und dem Geistigen, gibt: Die Wirkung der Information bedarf der »Vermittlung«. „»Vermitteln« bedeutet, etwas als Mittelstück zwischen unvermittelte Dinge einschieben"[282], also Trennung wie Verbindung, so wie der Mörtel zwischen den Mauersteinen, wobei allerdings die Bedeutung des Verbindens überwiegt. Der Gegensatz ist die »Unmittelbarkeit« als einer direkten, nicht durch Zwischenglieder hergestellten Beziehung. Der Begriff der Vermittlung bezeichnet den Weg von der Information zur

---

[279] Vgl. Manfred Eigen »Perspektiven der Wissenschaft«, 1988, 2. Aufl. 1989, S. 122.

[280] <Information ist Information, weder Masse noch Energie. Kein Materialismus, der das nicht zugesteht, kann heutzutage überleben>, in: »Cybernetics« - 1948 – S. 155; zitiert nach H. Schnelle in Historisches Wörterbuch der Philosophie; hrsg. von Joachim Ritter und Karlfried Gründer; 1976; Band 4: I-K, Artikel: »Information«.

[281] »Die Einheit der Natur«, dtv, 1974, S. 51.

[282] Siehe »Deutsches Wörterbuch von Jacob und Wilhelm Grimm, elektronische Ausgabe der Erstbearbeitung, 2004, Artikel »Vermitteln«

.

ihrer Entschlüsselung und ihrem Verständnis, den Weg ihrer Wirkung.

Das Gebilde, dessen Herstellung die Information der Gene vermittelt, wird durch die Anziehungs- und Abstoßungskräfte des Mediums, in dem sich die Information manifestiert hat, nicht zustande gebracht. Da, wo das geschieht, liegt irgendetwas anderes vor, aber keine Information: Ein Stein kommt ins Rollen und löst eine Mure aus - das ist kein Fall von Information, denn der Stein wirkt »unmittelbar« durch Ortsveränderung seiner Masse und Energie auf die übrigen Steine, also auf der gleichen Ebene und nicht »vermittelt«; es findet keine Übersetzung statt. Bloße Struktur – wie die Form der Sterne oder der Pflanzen – ist noch keine Information, betont auch Weizsäcker und setzt bedeutungsvoll hinzu, Information habe sprachlichen Charakter[283].

Die Wirkung der Information liegt sozusagen in der Befolgung einer Weisung. Eine solche oder eine ähnliche Ausdrucksweise lässt sich letztlich nicht vermeiden, denn sie liegt in der Natur der Sache. Das wird auch von Weizsäcker nicht viel anders gesehen, wenn er schreibt: „Vielleicht ist hier die naivste Ausdrucksweise auch wirklich die sachgemäßeste: diejenige, die sprachliche Kategorien auch dort anwendet, wo kein sprechendes und kein hörendes Bewusstsein ist. Chromosom und heranwachsendes Individuum stehen in einer solchen Beziehung zueinander, als ob das Chromosom spräche und das Individuum hörte; Metaphern, die sich jedem Naturforscher aufdrängen, legen davon Zeugnis ab, z. B. die Redeweise, dass das Chromosom die Art des Wachstums vorschreibt oder dass das Wachstum dieser Vorschrift gehorcht"[284]. Ist dem so und dient Information wie die Sprache

---

[283] »Die Einheit der Natur«, a. a. O. S. 117.
[284] A. a. O. S. 118.

bestimmungsgemäß und offensichtlich einem Zweck, so hat sie auch eine teleologische Struktur. Mag uns alles, was wir der Wirkung einer Information zuschreiben, als Mechanismus, Automatismus, Schaltung und Regelkreis erscheinen - irgendwann und irgendwo sind sie eingerichtet worden, und da war Steuerung, also Finalität und damit Bewusstsein zugange, denn Finalität ohne Bewusstsein wäre ein »hölzernes Eisen«[285].

d. Information - kein teleologiefreier Begriff

Es ist ausgeschlossen, einen teleologiefreien Begriff der Information zu entwickeln, denn jede Information ist zweckhaft, sie enthält ein »Um-zu«. Auch die Mitteilung einer Information über Vergangenes hat einen Zweck, nämlich die Ansicht über Vergangenes zu begründen, zu stabilisieren oder zu ändern. Um das Teleologische, das sich bei der Verwendung des Begriffs »Information« aufdrängt, zu vermeiden, wird der Begriff für die Naturwissenschaften mitunter dahin formuliert, dass unter »Information«[286] „ein potenziell oder tatsächlich vorhandenes nutzbares oder genutztes Muster von Materie und / oder Energieformen verstanden" wird, „das für einen Betrachter innerhalb eines bestimmten Kontextes relevant ist". Wie man sieht ist das Bemühen, einen teleologiefreien Begriff der Information zu entwickeln, vergeblich. Das zeigt die unvermeidliche Verwendung der Hilfsbegriffe „nutzbares Muster" und „relevant" - nämlich nutzbar und relevant wofür? Diese Begriffe haben einen unübersehbaren teleologischen Einschlag. Der vorgeschlagene Satz: „Information ist das, was

---

[285] Vgl. Nicolai Hartmann, »Teleologisches Denken«, 2. unveränderte Aufl., 1966, S. 37.
[286] Ich verweise hier auf den Artikel »Information« nach »Wikipedia«, Stand Januar 2008, der deutlich konziser abgefasst ist als seine Bearbeitung in der Fassung von 2018.

sich aus dem Zustand eines Systems für die Zustände anderer Systeme ableiten lässt", bringt keinen Begriff von Information, sondern enthält nur eine Beschreibung dessen, was zu deuten und begrifflich zu fassen ist, ist also keine Antwort, sondern nur der Gegenstand der Frage.

Richtig ist, dass nicht stets der volle Informationsbegriff Gegenstand wissenschaftlicher Untersuchungen zu sein braucht. So begnügt sich etwa die Informationstheorie mit den statistischen Gesetzmäßigkeiten der technischen Übermittlung und der Verarbeitung von Signalfolgen, ohne dass es auf den Inhalt und das Verständnis der Information ankommt. „Das Modell, von dem die mathematische Informationstheorie ausgeht, ist ein auf den Nachrichtenkanal zentriertes Kommunikationsmodell ...., welches aus Sender (Signalquelle), Signalübertragungskanal, Empfänger, sowie einem gemeinsamen Signalvorrat zwischen Sender und Empfänger besteht"[287]. Es kommt auf die wissenschaftliche Fragestellung an, ob ich den vollen Informationsbegriff ins Visier nehmen muss oder ob ich mich mit Teilaspekten des Begriffs begnügen kann. In der Frage nach der Entstehung des Lebens ist der volle Begriff unverzichtbar. Es ist nicht anders, wie wenn ich in einer Mordgeschichte auf die Frage, ob ich wüsste, weshalb der Verdächtige – mein Zimmernachbar - heute um sechs Uhr morgens statt um sieben das Haus verlassen habe, antworte: „Weil um fünf statt um sechs sein Wecker geschellt hat." Hier zeigt sich die Unzulänglichkeit einer kausalen Erklärung eines finalen Vorgangs. Der Kausalnexus zwischen dem Schellen des Weckers und dem Aufstehen sagt nichts über den finalen Zusammenhang des in Rede stehenden Geschehens aus, und um den geht es!

---

[287] Sybille Krämer, in: »Enzyklopädie Philosophie«, herausgegeben von Hans Jörg Sandkühler, Felix Meiner Verlag, 1999, Artikel: »Information«.

148

Information kann in ihrer Wirkung durch einen Mechanismus ersetzt werden, worunter hier ein Prozess verstanden wird, der - einmal in Gang gesetzt - keinerlei Initiative bedarf und keinerlei Spontaneität mehr aufweist, sondern nach physikalischen - einschließlich chemischen - Gesetzen abläuft. Von der Information im Vollsinn bleibt dann nur die Übermittlung von materiellen Gebilden, die die Wirkungen wie Zeichen auslösen. Ergibt sich, dass das Entstehen dieses Mechanismus nach physikalischen Gesetzen unwahrscheinlich ist, so darf geschlossen werden, dass der Mechanismus durch einen immateriellen Vorgang initiiert worden ist. Die unabdingbare Voraussetzung jeder Information bleibt die Zuordnung von Zeichen und Bedeutung. Diese Zuordnung muss hergestellt sein; sie ergibt sich nicht aus Wechselwirkungen von Energie und Masse, also nicht aus physikalisch-chemischen Gesetzen. Die Manifestation des Zeichens und seine Bedeutung sind total heterogen. Die Manifestation des »Zeichens« ist eine materielle, auf Masse und Energie beruhende Erscheinung - etwa ein beschriebenes Stück Papier - , die Verknüpfung von Bedeutung und Zeichen ist immaterieller Art; sie beruht nicht auf physikalischer Gesetzmäßigkeit, sondern auf »Vereinbarung«, oder einseitig auf »Festsetzung«. Der Begriff der Information ersetzt nicht die Zuordnung von Zeichen und Bedeutung, sondern setzt sie voraus. Der freie Akt der Zuordnung bezieht sich immer nur auf künstliche Zeichen. Natürliche Zeichen sind in ihrem Bezug, der kein finales Moment aufweist, vorgegeben; von ihnen ist hier nicht die Rede.

e. Mythologisierende Verschleierungen

Den Texten Manfred Eigens[288] täte eine »Entmythologisierung« not. Da ist - wie schon gesagt - in Bezug auf die vier Nucleobasen davon die Rede, dass sie „die Rolle von Sprach-

---

[288] Vgl. etwa »Perspektiven der Wissenschaft«, a. a. O. S. 121 f.

symbolen" „übernehmen", vom „Lesen und Übersetzen", vom „Aufbau von einer Grammatik und deren Sinn mittels semantischer Vereinbarungen" - alles finale Tätigkeiten des Immateriellen, ohne dass auch nur angedeutet wird, wie denn das auf der Ebene der Nucleobasen – also auf der Ebene der Physik und Chemie - zu verstehen sei. Hier wird von molekularen Strukturen geredet als hätten sie Geist und Initiative. Die Kräfte der Natur werden als Selbstorganisation der Materie beseelt. Man kann die Redeweise von Manfred Eigen auch »metaphorisch« nennen; sie klingt »animistisch«. In jedem Falle ist sie verschleiernd und kann eigentlich auch - von seinem Standpunkt aus - insoweit nicht wissenschaftlich sein, denn er ist ja - wie schon gesagt - der Meinung, dass „die Logik des Lebenden .... ihren Ursprung in Physik und Chemie" hat.

Weitgehend entzaubert ist auch der Begriff der Rückkopplung, wenn es um die Entstehung des Lebens geht. In unserer raumzeitlichen Welt gibt es keine echte physikalische Rückwirkung, sondern nur eine Wirkung in die Zukunft; denn die Vergangenheit ist nun einmal das, was sich schlicht und im strengen Sinne nicht mehr ändern lässt. Die »Rückwirkung« im weiteren Sinne und eigentlich in Anführungszeichen ändert nicht die eigene Entstehung, die Produktion der eigenen Existenz, sondern nimmt Einfluss auf die Faktoren, die später Strukturähnliches wie die eigene Existenz produzieren werden, also gegenwärtig in die Zukunft wirken. Auch Ziel- und Zwecksetzungen und ihre Verwirklichung - also finale Strukturen in der Natur - machen da keine Ausnahme: Die gegenwärtige mentale Vorwegnahme eines erstrebten künftigen Zustands wirkt auf die Gegenwart und löst um des gegenwärtigen Zieles willen gegenwärtige Aktionen aus, die dann in Zukunft –in wirklicher Zukunft – erst in Erscheinung treten. Den unaufhaltbaren und irreversiblen Fortgang der Zeit bedenkend, beantwortet auch die Figur des Hyperzyklus die eigentliche Frage nach der Entstehung des Lebens nicht. Es mag ein

Protein ein Enzym produzieren, das seinerseits ein Protein entstehen lässt, das demjenigen in der Struktur gleicht, das seinerseits das Enzym produziert hat; aber dasselbe, durch das es tatsächlich produziert worden ist, ist es nicht. Ehe eine Mutation eintreten kann, muss es das Gen geben. Auch hier gilt: »C'est le premier pas qui coûte«.

Man kann sich des Eindrucks nicht erwehren, dass viele heutige Biologen aus »dogmatischen« Gründen die Annahme finaler Strukturen in der lebenden Natur abzulehnen suchen, obwohl sich aus jeder Seite ihrer Abhandlungen ergibt, dass sie ohne teleologische Begriffe oder sonstige »Finalismen« in der Darstellung gar nicht auskommen. Diese »Finalismen« in mikrobiologischen Darstellungen werden auch von Stegmüller nicht bestritten; er sieht darin aber kein Anzeichen dafür, dass tatsächlich finale Strukturen vorliegen, die sich nun einmal anders nicht darstellen lassen, sondern meint, „dass es sich dabei um nichts weiter handelt als um eine abkürzende, rein metaphorische Redeweise". Und er bleibt mit Nachdruck dabei: „Nein; es liegt keine geistige Tätigkeit vor. Vielmehr handelt es sich ausschließlich um Kombinationen und Zuordnungen, die nur von chemisch-physikalischen Gesetzmäßigkeiten beherrscht werden"[289]. Wenn dem so ist, wäre es da nicht ein Verdienst der Aufklärung, in biologischen Darstellungen sich einer angemessenen Ausdrucksweise zu bedienen und nüchtern die chemisch-physikalischen Gesetzmäßigkeiten aufzeigen und auf teleologische Metaphern zu verzichten? Sollte es freilich die »Widerständigkeit des Wirklichen«[290] sein, die eine teleologiefreie Darstellung scheitern lässt, dann ist es Zeit, sich nach einer neuen Konzeption umzusehen.

---

[289] »Hauptströmungen der Gegenwartsphilosophie«, Bd. 2, 6. Aufl., 1979, S. 627 f.
[290] Siehe oben S. 22

9. Der Geist als Ursache des Lebens

a. Besinnung auf den phänomenologischen Ansatz

Bleibt man bei der Physik stehen, könnte die Entstehung des Lebens nur auf einer äußerst unwahrscheinlichen Häufung unwahrscheinlichster »mechanischer« Zufälle beruhen, die zudem einer zum anderen passen müssten. Die physikalischen Abläufe haben an sich - ohne weitere Einwirkung - etwas Planlos-Chaotisches, das besagt auch der Zweite Hauptsatz der Thermodynamik. Da es Leben, um dessen Erklärung es geht, aber nun einmal tatsächlich gibt, liegt es nahe, dass die zunächst in den Blick genommenen Kausalketten allein nicht ausreichen, um es hervorzubringen. Es muss also augenscheinlich noch ein Faktor hinzukommen, der das, was in der Natur nur zufällig erscheint, gezielt herbeiführt, so dass Leben entsteht. Viele Vorgänge, die mit der Entstehung oder Aufrechterhaltung des Lebens im Zusammenhang stehen, machen den Eindruck, als ob sie geplant sind. Dieser Eindruck verbindet sich notwendig mit der Vorstellung, dass Ziele gesetzt und dann ihre Verwirklichung angesteuert wird. Diese Vorstellung hat etwas Logisches, wenn uns die Entstehung der biologischen Phänomene im Hinblick auf die notwendigen subtilen Abstimmungen durch bloßen Zufall höchst unwahrscheinlich erscheint. Steuerung beseitigt den Zufall und setzt eine Antizipation des künftigen Zustands voraus, der angesteuert wird[291]; sonst bleibt es beim blinden physikalischen Geschehen. Diese Vorwegnahme muss immaterieller Art sein, sonst sind wir wieder in der Physik und nur der Physik, also in einer materiellen Konstellation, die sich blind zu Leben zusammengefügt haben soll, was eben gerade äußerst unwahrscheinlich ist.

---

[291] Vgl. Nicolai Hartmann, »Teleologisches Denken«, - 1951- 2. unveränderte Aufl. 1966, S. 67.

Die Ansteuerung eines Ziels - auch Finalität oder Zweckursache genannt - ist in der Welt der Materie in gewisser Hinsicht immer auch eine »Schöpfung aus dem Nichts«, denn das Antizipierte ist in der Welt des Materiellen bisher schlechterdings nicht vorhanden. Diese immaterielle Vorwegnahme von dem, was sein soll, manifestiert sich eben noch nicht in Masse und Energie. Auch im Gehirn findet man nicht einmal eine Skizze, kein noch so rudimentäres Abbild des angesteuerten Zustands. Die Antizipation ist ein Bewusstseinsvorgang, ein rein mentales, geistiges Geschehen.

Augenscheinlich liegen den physikalisch allein nicht hinreichend erklärbaren Phänomenen der Natur Abläufe zugrunde, die mit denen eine gewisse Ähnlichkeit haben, die uns Menschen in unserer Tätigkeit tief vertraut sind. Im Grunde können wir weite Strecken der Entstehung des Lebens mit Prozessen unseres eigenen Schaffens sozusagen simulieren. Der Mensch baut ja recht komplizierte Maschinen und er weiß, wie er zu Werke geht. Er macht sich einen Plan, bestimmt die Mittel zur Erreichung seines Ziels, beschafft sich das Material, fügt es zusammen und koordiniert die Abläufe und Wirkungen, um zum Erfolg zu gelangen - alles final geprägte Tätigkeiten; anders geht es nicht. Häufig werden in technischen Vorkehrungen und Apparaturen auch Automatismen installiert, deren Wirkung - wenn nicht das Chaos eintreten soll - mental vorweggenommen sein muss.

Blicken wir auf den Weg der abendländischen Philosophie zurück, bietet sich für dasjenige, das die Fähigkeit hat, ein neues Werk zu konzipieren und zu schaffen, der Begriff des Geistes an. Dieser Begriff kommt - geistesgeschichtlich gesehen - vom Gottes-, Götter- und Gespensterbegriff her, entfaltet und konkretisiert sich dann aber als Geist, den wir als Menschen in uns erleben, und ist zugegebenermaßen von einer außerordentlichen Vielschichtigkeit. Schon im Hinblick auf seine ver-

153

schlungene Vergangenheit und die nuancenreichen Schattie-
rungen in seinem Gebrauch ist der Geistbegriff in einer allgemein anerkannten Definition nicht gefasst worden. Gerade das
aber macht ihn geeignet, zunächst einmal das zu bezeichnen,
was Wirkungen zeitigt und nicht Materie ist, was also ein Immaterielles ist. Dieses immaterielle »Phänomen«, das in der
materiellen Welt wirkt, erschließen wir aus dem Entstehen
und dem Bestand der organischen Natur und erleben es unmittelbar in uns selbst, in unserem eigenen Wirken. Dieses
wirkende Immaterielle im Menschen und in der Natur wollen
wir also »Geist« nennen, mögen auch der in der Natur wirkende Geist und der in uns wirkende sehr unterschiedlichen
Zuschnitt haben.

b. Der Geist im Visier des phänomenologischen Blicks

Der Begriff des Geistes ist an dieser Stelle auch nicht zu vermeiden; seine Einführung steht nicht im Widerspruch zu der
hier intendierten phänomenologischen Methode, denn Geistiges ist als Bewusstseinsvorgang in unserer Welt genauso und
mit eklatanter Intensität gegeben wie das Materielle. Im Gegenteil, man würde gegen phänomenologische Grundsätze
verstoßen, wenn man das Geistige, das unser Leben auch bestimmt, ignorieren würde. Ein »Nichts« ist es ja nicht, das die
zum Leben führenden physikalischen Abläufe koordiniert.
Die phänomenologische Methode rekurriert „auf die Washeit,
auf das, was der Gegenstand" ist, und lässt zunächst seine
Existenz außer Betracht[292]. Das klingt etwas seltsam, wird
aber einsichtig, wenn man erkennt, dass der Begriff der Existenz immer dann, wenn der Gegenstand problematisiert wird,
eine Deutung des Gegebenen notwendig macht, also einem
späteren Stadium des Erkennens angehört. Das will heißen:
Die »Schlacht um den Geist« ist und wird hier an dieser Stelle

---

[292] Bochenski, »Die zeitgenössischen Denkmethoden«,1954; S. 24.

noch nicht geschlagen und schon gar nicht gewonnen. Es geht hier nicht um die Frage, wie das Gegebene letztlich zu deuten ist, ob es Bestand hat, sondern was an Strukturen der Wirklichkeit vorliegt, vorliegen kann, vorliegen muss, wenn man finale Zusammenhänge in der lebendigen Natur erklären will. Dabei bemühen wir uns um Logik und machen von der Erfahrung Gebrauch, die wir mit uns und unseren Mitmenschen machen.

Dem Geistbegriff Raum zu geben, rechtfertigt sich nach altem Wissenschaftsbrauch[293] allerdings erst, wenn sichergestellt ist, dass Phänomene mit seiner Hilfe plausibler werden. Wirkliche Erkenntnis vermag er nur für den Fall zu befördern, dass es gelingt, ihn zumindest ansatzweise positiv zu fassen. Ontologisch heißt das: Der Begriff ist nur gerechtfertigt, wenn es so etwas wie Geist »gibt«, wenn sich der Geist als seiend erweist und nicht als bloße Zustandsform der Materie. Sollte sich nämlich erweisen, dass der Geist als Derivat der Materie begriffen und im Wege ihrer Selbstorganisation entstanden gedacht werden muss, dann kann ihm letztlich keine Bedeutung für die Welterklärung zugesprochen werden. Geist wäre dann eben doch nur Materie und unterläge ausschließlich ihren Gesetzen mit ihren jeweils eingeschränkten Geltungsbereichen.

Wenn wir im Wirken des Geistes den Schlüssel zur Lösung des Problems der Entstehung des Lebens vermuten, dann muss dieser das Leben schaffende Geist selbstredend eine ganz andere Potenz und Kapazität aufweisen, als unter uns Menschen vorhanden. Gleichwohl ist der mit dem Begriff des Geistes hergestellte Bezug zur Menschennatur sinnvoll; sonst hätten wir überhaupt keinen Begriff von dem, was sozusagen jenseits der Physik auf dieser Erde zu wirken vermag. Freilich

---

[293] Siehe unter dem Artikel »Ockham's razor« <Ockhams Rasiermesser> etwa Carl Gethmann in:»Enzyklopädie Philosophie und Wissenschaftstheorie«, hrsg. von Jürgen Mittelstraß, 1980, Sonderausgabe 2004.

laufen wir mit dieser Einstellung auch Gefahr eines zu Irrtümern verleitenden Anthropomorphismus.

Dieser Anthropomorphismus ist aber unvermeidlich, wenn wir »Geist« denken. Schon unsere im Wesentlichen doch recht erfolgreiche Physik hat einen unverkennbaren anthropomorphen Einschlag. Sie baut auf Begriffen auf, die wir unserer körperlichen - also raumzeitlichen - Verfasstheit entnehmen, wie etwa den Begriff der Kraft, der aus dem Erlebnis unseres Muskeltonus geboren ist, oder den Begriff der Energie als sozusagen aufgespeicherter Kraft, die man im ausgeruhten Zustand verspürt. Im Prinzip nicht anders steht es mit den Begriffen »Wärme«, »Strahlung«, »Druck« oder »Spannung«. Damit erzielen wir eine anthropomorphe Anschaulichkeit, die – wie unter Berufung auf Heisenberg oben näher ausgeführt worden ist[294] – die wahren, von unseren Sinnen unabhängigen, mikrophysikalischen Verhältnisse nicht abbildet, uns aber zu einer Unmenge praktischer Erkenntnisse verholfen hat. Und schließlich: Wer sagt denn, dass nicht angesichts eines - mit Verlaub zu sagen - unendlichen Geistes, wie er herkömmlich dem Gottesbegriff entspricht, sich nicht auch Raum und Zeit und Materie letztlich als Anthropomorphismen erweisen? Das Phänomen der quantenphysikalischen Verschränkung[295] könnte eine erste Andeutung dieser ontischen Fragwürdigkeit sein.

Wir müssen damit »leben«, dass die Abbildlichkeit unserer Welt Grenzen hat, die sich übrigens auch in der Metaphysik zeigen. Wenn wir etwa Gott jenseits von Raum und Zeit zu denken suchen, nämlich ubiquitär und ewig – also Vergangenheit, Gegenwart und Zukunft in totaler Präsenz, - dann ist uns eine angemessene Vorstellung dieses Gottes verwehrt.

---

[294] Vgl. oben S. 41.
[295] Siehe oben S. 63.

Das ist das Resultat des phänomenologischen Blicks. Die Welt ist ja schon deshalb ein unendliches Forschungsobjekt, weil sie Kategorien unterworfen erscheint, die für uns Menschen inkompatibel sind; allen voran Geist und Materie. Die Deutung der Phänomene in ihrer Stückhaftigkeit bleibt bei aller Phänomenologie selbstredend »vorbehalten«, und nichts anderes wird hier versucht. Die Forschung selbst hört denn auch nicht auf.

Hermetisch getrennt sind die raumzeitliche Welt und die geistige Welt nicht. Auch der Geist hat seine Wirkungen in unserer raumzeitlichen Welt. Nur - und das ist entscheidend - stößt die von der materiellen Wirkung zurückverfolgte Ursächlichkeit bei geistverursachten Wirkungen auf Gegebenheiten, die zureichend raumzeitlich nicht beschrieben werden können. Auch wenn wir den menschlichen Geist und seine Äußerungen in Raum und Zeit einem bestimmten Individuum zuordnen, ist der Geist nur »ungefähr«, nicht streng zu »orten«. Wir können ihn weder mit einem bestimmten Teil des Gehirns noch mit dem Gehirn insgesamt identifizieren. John Carew Eccles meint denn auch, es habe keinen Sinn zu sagen, „wo die Gefühle von Liebe oder Hass, oder von Freude oder Furcht, oder von solchen Werten wie Wahrheit, Güte und Schönheit lokalisiert sind"[296].

Man kann diese Einsicht auch anders illustrieren: Die Druckerschwärze der Buchstaben auf einem Blatt Papier und der Sinn des Gedruckten – das Zeichen und seine Deutung - gehören unterschiedlichen Welten an. Die Verteilung der Druckerschwärze auf dem Papier kann präzise durch Koordinaten verortet und zeitlich datiert werden, die Bedeutung dieser

---

[296] John Carew Eccles, in Karl R. Popper / John C. Eccles, »Das Ich und sein Gehirn«, <The Self and Its Brain - An Argument for Interactionism>, 1977, aus dem Englischen von Angela Hartung, 1982, 12. Taschenbuchauflage 2014, S. 452.

Druckerschwärzeverteilung nicht. Nimmt man diesen Befund zunächst einmal hin – es wird immer wieder versucht, ihn zu leugnen -, dann bezeichnen »Geist« und »Materie« je eine andere Art des Seins.

So ist es denn auch vernünftig, das Geistige und das Materielle mit jeweils unterschiedlichen Kategorien zu erforschen, jeweils auf andere Art und mit unterschiedlichen Mitteln zu beschreiben, da sie unterschiedlichen Prinzipien und Gesetzlichkeiten unterliegen. Deshalb kann man Descartes unbedenklich folgen, solange man dessen Dichotomie in »res cogitans« und »res extensa«[297] methodisch-erkenntnistheoretisch begreift. Ob man sie auch ontologisch so fassen kann und muss, ist eine andere Frage. Ob nämlich unsere Welt wirklich und letztlich in zwei unterschiedlichen Seinsweisen besteht, ob sie also tatsächlich bis ins Letzte dualistisch aufgebaut ist oder ob nicht auf irgendeine Weise letztlich doch wieder alles eins ist, also monistisch zu sehen ist, etwa in dem Sinne, dass eine uns unbegreifliche Verbindung zwischen Geist und Materie besteht oder hergestellt wird oder dass „Gott letztlich alles in allem ist"[298], soll an dieser Stelle nicht zum Austrag kommen. Unser Ziel ist bescheidener. Es geht darum, die Eigenständigkeit des Geistes in dieser unserer Welt plausibel zu machen, also zu zeigen, dass er nicht aus der Materie hergeleitet werden kann.

Erkenntnistheoretisch jedenfalls bleibt die Dichotomie: Für den Geist gelten die Erhaltungssätze nicht. Im Geistigen gibt es nicht nur die Schöpfung aus dem Nichts, sondern auch ein spurloses Verlöschen ohne Rückstand in dieser Welt – nämlich

---

[297] Lateinisch »res cogitans«,und »res extensa«, zu deutsch: <denkende Sache> und <ausgedehnte Sache>, Begriffe Descartes aus den »Meditationen über die Grundlagen der Philosophie« <Meditationes de prima philosophia>, 1641, in: »Philosophische Schriften«, Meiner, 1996, II, 5 und VI, 19; »Die Prinzipien der Philosophie«, 1644, <Principia philosophiae> I. Teil, Nr. 63.
[298] Vgl. 1 Kor 15, 28.

durch den Tod etwa, aber auch sonst. Es ist nicht so, dass der Sterbende seine Geisteskraft nach und nach an seine Umgebung abgäbe.

Und schließlich nähern wir uns dem Geist durch »Verstehen«. »Verstehen« ist das Erkennen von Sinnzusammenhängen, also vom Zusammenhang zwischen einem Willen und seiner Äußerung. Das kann bis in die Höhe aufsteigen, wo wir die Welt als Äußerung Gottes zu verstehen suchen. Sinnzusammenhänge müssen in Anlehnung an unsere Innenwelt – an die von uns erlebten Sinnzusammenhänge – erschlossen werden. Anders steht es mit den Phänomenen der Physik; sie sind als Ortsveränderung von Masse und Energie im Zeitenfluss raumzeitlich - in den von uns gesetzten Koordinaten - beschreibbar.

Wir sehen also, dass das Sein im Sinne des eigentlich Gegebenen, des Irreduziblen, sich uns in zwei unterschiedlichen Seinsweisen, nämlich als Immaterielles und als Materielles, in Geist und Materie, präsentiert. Wir schreiben dem Geist - so wie wir ihn selbst in uns erleben und in der Natur wirkend denken - keineswegs wie der Materie in einem geschlossenen System Unwandelbarkeit und Unzerstörbarkeit zu, wohl aber ordnende Kraft. Geist erscheint als Bewusstsein, Denken und Spontaneität, Materie dagegen in Ausdehnung und Trägheit. Das Zusammenspiel von Geist und Materie, von Seele und Leib ist zwar offensichtlich, aber wir können es begrifflich nicht fassen, wir haben nicht einmal eine Theorie davon, auch wenn wir selbst die rätselhafte »Schnittstelle« von beidem sind.

Wenn wir versuchen, mit Hilfe des Geistbegriffs uns die Entstehung des Lebens plausibler zu machen, als es die Physik für sich allein vermag, dann ist zuvörderst der Geistbegriff näher zu bestimmen und sind seine notwendigen Merkmale herauszustellen. Ohne den Bezug zur menschlichen Natur hätten wir keine Vorstellung von dem, was Geist ausmacht, was notwendig zu ihm gehört und was entbehrlich erscheint. Offenbar müssen wir, wenn wir das Entstehen der organischen Natur und das Wirken des Menschen mit einem Begriff, dem Geistbegriff erfassen wollen, veranschlagen, dass Zuschnitt und Kapazität dessen, was wir als wirkenden Geist bezeichnen, höchst unterschiedlich sind. So werden die Menschen durch ihren Leib individualisiert, während es fraglich erscheint, ob auch der in der organischen Natur wirkende Geist individualisiert gedacht werden kann.

c. Die zweckbestimmte Wirksamkeit

Die Vorwegnahme der Zukunft ist ein positives Merkmal des Geistes, sein »differentium specificum«[299] im Hinblick auf das Sein als dem »genus proximum«[300]. Sie ist das Bewusstsein einer Wirklichkeit, die es noch nicht gibt und die gleichwohl in der Gegenwart eine Veränderung in der Verteilung von Masse und Energie in die Wege zu leiten beginnt. Das geht über jede physikalische Erklärung hinaus. Die Physik wird - wenn finales Geschehen in Rede steht - vom Menschen seiner Vorwegnahme der Zukunft entsprechend »manipuliert«, das heißt: nicht außer Kraft gesetzt - was nicht geht - , sondern ausgenützt und abgelenkt, eben gesteuert. Der Ansatz dieser Manipulation ist in seiner Wirkungsweise tief rätselhaft. Es klafft eine riesige physikalische Kausalitätslücke, die durch Finalität - wenn auch nicht in allen Einzelheiten erklärbar - überbrückt wird, zwischen dem Aluminiumerz Bauxit etwa und dem abhebenden Airbus: Das Bauxit gelangt nicht von selbst in die Schmelzöfen, schmilzt sich nicht von selbst - also durch bloßen Kausalablauf - zu verwertbarem Aluminium aus, fügt sich

---

[299] Lateinisch, auf Deutsch: <unterscheidendes Merkmal>, also soviel wie Unterbegriff.
[300] Lateinisch, auf Deutsch:<nächste Gattung> soviel wie Oberbegriff.

nicht von selbst zum Airbus und erhebt sich nicht von selbst mit über 800 Passagieren in die Lüfte. Nicht anders stellt sich die Lage dar, in der - zum ersten Mal - Leben entsteht; nur dürfte dieser Vorgang noch um einiges komplizierter sein.

Auch die Auswahl der Mittel zur Erreichung des Ziels ist ein Vorgang, der nicht mit physikalischen Kategorien beschreibbar ist, da die Mittel an einem Maßstab geprüft werden, der sich noch nicht in materiellen Kategorien - also nicht in raum- und zeitlichen Positionen - manifestiert hat, der also nicht in Art einer Schablone das Eingepasstsein des Prüfstücks bestätigt; vielmehr werden die Mittel mit bloßen Vorstellungen verglichen, die als solche nicht messbar sind. Solange sich alles noch im Stadium des Entwurfs befindet und noch keine Programmierung - also keine Materialisation auch nur des ersten Stadiums des Aufbaus – stattgefunden hat, kann die Prüfung im Hinblick auf den - noch – immateriellen Prüfungsmaßstab kein materieller Vorgang sein. Auch Koordination ist ohne die Berücksichtigung künftiger - im Zeitpunkt der Koordination noch nicht realisierter, lediglich hypothetischer - Zustände nicht möglich. Koordination setzt voraus, dass eine Unmenge von physikalischen Abläufen überblickt, in ihrer Gesetzmäßigkeit erkannt und in ihrem Verlauf vorausgesehen und wirksam gesteuert werden. Für die Entstehung des Lebens sind Fähigkeiten in einem weit über die menschlichen Kenntnisse und Kapazitäten hinausgehenden Maße erforderlich. Denkt man sich den Vorgang der Programmierung durch Schütteln, Würfeln oder sonstiges Probieren ersetzt, bis sich ein »Passendes« - wozu Passendes? - findet, so stehen wir wieder vor der Unwahrscheinlichkeit eines solchen Geschehens. Und schließlich: Stehen die Mittel zur Erreichung des Ziels fest, muss noch das Material herangeschafft werden; auch das ist ein Vorgang, der sich rein kausal nicht erklären lässt, weil er final bestimmt ist.

Überall da, wo wir finale Strukturen sehen, müssen wir mit einem Geist rechnen, da reicht schlichte Physik nicht zu. Wer am Meeresstrand eine Armbanduhr findet, kommt nicht auf den Gedanken, dass sie ein Produkt von »Wind, Sand und Sternen« sei. Während die anorganische Natur in ihrer strengen Kausalbindung dem Zweiten Hauptsatz der Thermodynamik unterliegt und von sich aus zum Ausgleich aller Spannungen, also zu einer unstrukturierten zufälligen Gleichverteilung von Masse und Energie, neigt, gibt es ersichtlich eine Instanz, die fähig ist, aus dem Chaos Ordnung aufzubauen. Als der augenfälligste Unterschied zur schlichten Materie erweist sich der nur dem Geiste mögliche eigene »Griff« in die Zukunft, die Antizipation. Die Zukunft, nicht die Vergangenheit bestimmt die Gegenwart - die sich jenseits der Materie, eben »im Geiste« abspielt.

Für denjenigen, der das Phänomen »Geist« - über seine »Substanz« wird noch zu reden sein - nicht für eine Illusion hält, gab und gibt es drei Arten von Kausalität: zum einen die indeterministische, zum andern die als ihr Grenzfall erscheinende deterministische Kausalität und schließlich die »gelenkte« Kausalität, beruhend auf Finalität. Spätestens seit Menschen auf Erden leben, sind die Vorgänge auf dieser Erde - entgegen der klassischen Physik - nicht mehr lückenlos indeterministisch oder deterministisch kausal bestimmt. Wer dem Gottesgedanken anhängt, sieht dies schon mit der Erschaffung der Welt so, und wer die Biologie ernst nimmt, zumindest seit der Entstehung organischen Lebens auf dieser Erde.

d. Das Phänomen des Bewusstseins

Wir können die Antizipation eines erstrebten Zustands gar nicht anders als einen Bewusstseinsvorgang denken. Die Vorstellung von Ziel und Weg mag triebbedingt, flüchtig oder ungenau sein, wie sie will. Ohne Bewusstsein ist wieder alles Resultat blinder Kausalität ohne jede Steuerung und Koordination, der destruierenden Tendenz des Zweiten Hauptsatzes der Thermodynamik total ausgesetzt. Blind ist die Physik; alles, was darüber hinausgeht, bedarf des - wenn auch möglicherweise nur kurz belichteten und belichtenden - Bewusstseins.

Das Bewusstsein ist einer der Grundbegriffe unserer Weltbeschreibung, der sich nicht definieren, sondern nur durch Begriffe darstellen lässt, die ihrerseits den Begriff des Bewusstseins eigentlich schon in etwa voraussetzen. Das Bewusstsein – so könnte man versuchen, sich seiner Beschreibung zu nähern - ist die Präsenz einer Repräsentation der Außenwelt und Innenwelt, die ausschließlich gegenüber der Innenwelt geschieht; sie ist »Selbstpräsenz« in der »Selbstrepräsentanz«.

Beschreibende Versuche in dieser Richtung werden heute nicht mehr auf den gleichen Widerstand der Analytischen Philosophie stoßen wie zu Zeiten, als Gottlieb Frege eine von allen Unklarheiten bereinigte formale Sprache geradezu für den Sinn des Philosophierens hielt[301]. Heute sucht die Analytische Philosophie in ihrem „linguistic-turn"[302] jede Sprache – auch die natürliche in ihrer Unschärfe und Mehrdeutigkeit – auf den Gebrauch ihrer Wörter hin, auf ihr „Sprachspiel"[303] zu analysieren und zu beschreiben, und da können auch Zirkel und Tautologien die Klärung befördern.

Das konkrete Bewusstsein ist in seiner konkreten Gestalt jeweils nur dem zugänglich, der es hat. In dieser Konkretheit ist

---

[301] »Begriffsschrift, eine der arithmetischen nachgebildete Formelsprache des reinen Denkens«, 1879, Vorwort, S. VI f.
[302] Vgl. den Sammelband, herausgegeben von Rorty, »The Linguistic Turn« 1967.
[303] Wittgenstein, »Philosophische Untersuchungen«, 1952, Teil I, Nr. 7.

es nicht objektivierbar, sondern der Inbegriff der Subjektivität überhaupt. Alle haben nur je ihr eigenes Bewusstsein. Jedes Ding hat seine Grenze, es ist ein Unterschiedenes; ich gehe von einem Ding zum anderen. Nur mein Bewusstsein ist immer dasselbe; ich kann nicht von einem Bewusstsein zum anderen gehen. Das Bewusstsein ist ein reines Binnengeschehen und mein Bewusstsein ausschließlich mein reines Binnengeschehen. Man kann es im Unterschied zu der Verteilung von Masse und Energie schlechterdings nicht messen, weder nach Länge und Gewicht noch nach Feldstärke. Es ist also von abgrundtief anderer Qualität als die Materie und gehört deshalb einer anderen Seinsweise an als der der Materie.

Das Bewusstsein hat keine räumliche Quantität. Es ist nicht »im« Gehirn, so dass man es herausholen oder auch nur isolieren könnte. Vielleicht befindet sich im Gehirn ein »Schalter«, mit dem das Bewusstsein ausgestellt werden kann; aber der ist so wenig das Bewusstsein wie der Lichtschalter das Licht. Im Grunde aber ist das Bewusstsein noch viel mehr vom Gehirn unterschieden als das Licht vom Lichtschalter, denn Licht ist messbar und der Lichtschalter auch, Bewusstsein aber nicht. Wohl aber könnte durchaus der »Bewusstseinsschalter« im Gehirn zu verorten und insoweit zu »messen«, zu »vermessen« sein. Das Bewusstsein ist nicht von gleicher Art und Struktur wie das Licht oder das Gehirn. Messgeräte und bildgebende Verfahren wie Elektroenzephalografie, Magnetenzephalografie und funktionelle Kernspintomografie mögen anzeigen, ob eine Versuchsperson ein Wahrnehmungserlebnis hat[304]; das Bewusstsein in seiner Eigenart lässt sich aber nicht darstellen. Und wenn einst Gedanken »gelesen« werden kön-

---

[304] Gerhard Roth, »Worüber dürfen Hirnforscher reden — und in welcher Weise?« aus: »Deutsche Zeitschrift für Philosophie«, 52. Jg., Heft 2, 2004, in: »Hirnforschung und Willensfreiheit. Zur Deutung der neuesten Experimente«, herausgegeben von Christian Geyer, Suhrkamp, 1. Aufl. 2004, 8. Aufl., 2013, S. 66, 71.

nen, dann wird es nur so sein, dass bestimmte physikalische Veränderungen im Gehirn Schlüsse auf bestimmte Gedanken zulassen. Die Gedanken wären aber auch damit nicht, so wie sie sind, als Gedanken reproduziert. Überhaupt erweisen sich Begriffe, die wir auf physische Phänomene anwenden, auf psychische Erscheinungen angewandt nicht als angemessen. Man denke etwa an den Begriff der Spiegelung. Er gibt den Zustand des Bewusstseins schon deshalb nicht exakt wieder, weil beim Bewusstsein immer ein Auswahlmoment in seiner individuellen Strukturierung - nämlich eine wertende Betonung und Dämpfung der Aufmerksamkeit - hineinspielt, was von dem Wort »Spiegelung« gerade nicht getroffen, ja eigentlich ausgeschlossen wird, denn gespiegelt wird seitenverkehrt »spiegelbildlich identisch«.

Das Bewusstsein ist ein Gesamterlebnis der ganzen Person. Es präsentiert sich als Einheit. Diese Einheit ist eine neue Qualität, die – da nicht materiell –nicht durch eine Summierung von Materieteilchen und Materiekräften in kleinsten Schritten logisch nachvollziehbar wäre. Bewusstsein ist da oder es ist nicht da. Welches Teilchen - oder auch welches »Gefühlchen« - fehlt noch, damit es zu Bewusstsein kommt? Eine unsinnige Frage. Das Bewusstsein als »Gesamtgefühl« ist für sich selbst, was für die bloße Materie zu unterstellen, offensichtlich niemand tut. Das Bewusstsein ist die Basis aller Erlebnisse, sei es des Wissens, sei es der Gefühle oder der Willensakte. Man kann es genauso gut als Medium bezeichnen, in dem alle Erlebnisse stattfinden. Der Stein im Gegensatz dazu setzt sich aus Atomen zusammen, ist also keine Einheit in sich.

Da es die materielle Welt nicht ist, die die Vorwirkung der Zukunft auf die Gegenwart zuwege bringt, kann es sich nur um ein »Immaterielles«, einen »Bewusstseinsakt«, ein »Geistiges« handelt, das dies bewirkt. Wenn Manfred Eigen und Carl Friedrich von Weizsäcker auf die Information verweisen, widerspricht das der hier vertretenen Auffassung in der Sache nicht. Die Information ist gegenüber Materie und Geist nicht selbständig; sie ist die Verbindung von Zeichen und Bedeutung und damit von Materie und Geist; sie hat Anteil an beidem. Es ist aber eindeutig die geistige Komponente der Information, die die Vorwirkung herbeiführt, was Manfred Eigen sich wohl verschleiert. Information muss nicht nur in Zeichen verkörpert, gelesen und verstanden werden – auch das gehört dazu und dazu gehört »Geist« - , sie muss zunächst überhaupt erst einmal geschaffen werden, und sie wird geschaffen zu dem Zweck, einen Inhalt - eine Vorstellung - des eigenen Bewusstseins einem anderen zu vermitteln. Sie ist streng final ausgerichtet. In diesem Geschehen - der Erschaffung der Information - entfaltet sich der Geist, nämlich durch Zuordnen von Bedeutung zu einem Zeichen. Die Zuordnung setzt Sprache im weiteren Sinne voraus, wenn auch nicht unbedingt aus Wörtern, man denke etwa an die »Sprache des Gencodes«; und Sprache ist in ihrem Gehalt, und zwar in ihrem Kern und Wesen, ein Erzeugnis des Geistes. Sie ist die im Ansatz willkürliche – man kann auch sagen: »schöpferische« - Korrelation von Zeichen und Bezeichnetem. »Bedeutung« und »Zuordnung« können gar nicht anders als geistig gedacht werden.

Die Annahme, dass das Bewusstsein ein Merkmal des Geistes ist, macht auch gegenüber den Tieren keine Schwierigkeiten, wenn man den Begriff des Geistes im weiteren Sinne – also nicht etwa ausschließlich als »Vernunftvermögen«[305] - auffasst. Tieren wird man diese Präsenz einer Repräsentation der Innenwelt und damit auch Bewusstsein nicht absprechen können. Sie haben – wie der Mensch auch – eine lebensdienliche Intelligenz[306].

---

[305] Etwa im Sinne Kants, »Kritik der reinen Vernunft«, 1. Auflage S. 337, 2. Auflage S. 395.
[306] Vgl. Max Scheler, »Die Stellung des Menschen im Kosmos«, 7. Aufl.; 1966,

e. Unbewusste Finalität?

Seit Beginn der Neuzeit versucht man, die Lebensvorgänge sozusagen »mechanisch« zu begreifen, wobei man sich heute mitunter exemplarisch der Denkfigur des sogenannten »auslösenden Mechanismus« bedient. Darunter versteht man in der vergleichenden Verhaltensforschung „diejenige funktionelle Einheit innerhalb eines Organismus, welche eine zeitliche Kausalbeziehung zwischen bestimmten Objekten in der Umwelt und bestimmten Verhaltensweisen dieses Organismus herstellt; das heißt: das Vorhandensein eines bestimmten Objektes führt zur Auslösung einer bestimmten Reaktion"[307]. Damit beschränkt man sich bewusst auf die Erforschung von Kausalverhältnissen.

Viele Biologen - wie beispielsweise Jacques Monod[308] und Konrad Lorenz[309] - halten das für unzureichend und meinen, dass zur Erklärung der organischen Natur die Anerkennung von Finalität unverzichtbar sei. Monod will aber gleichwohl nicht von seinem „Postulat der Objektivität der Natur"[310] abrücken, nämlich von der „systematischen Absage an jede Erwägung, es könne zu einer wahren ‚Erkenntnis' führen, wenn man die Erscheinungen durch eine Endursache, d. h. durch ein ‚Projekt' deutet". Nicht anders denkt Lorenz in diesem

---

S. 25.

[307] So Schleidt, Historisches Wörterbuch der Philosophie; herausgegeben von Joachim Ritter und Karlfried Gründer; 1980; Band 5: L–Mn, Artikel: »Mechanismus, auslösender«.

[308] »Zufall und Notwendigkeit - Philosophische Fragen der modernen Biologie«, a. a. O. S. 27.

[309] »Die Vorstellung einer zweckgerichteten Weltordnung«, 1976, in: »Das Wirkungsgefüge der Natur und das Schicksal des Menschen«, herausgegeben von Irenäus Eibl-Eibesfeldt, Serie Piper, Neuausgabe, 1983, S. 1.

[310] Monod, »Zufall und Notwendigkeit«, a. a. O. S. 36.

Punkt[311]. Auch er sieht die organische Natur final geprägt, denkt aber diese »Finalität« als „nicht bewusstseinsbegleitet[312]". Beide Biologen versuchen also, ein Ziel zu denken, das niemand und nichts gesetzt hat und das kein Bewusstsein ansteuert, das aber doch durch unbewusste koordinierte Aktionen erreicht wird. Nannte man die Kunde von den Zwecken »Teleologie«, so nennt man diese »Finalität ohne Bewusstsein« »Teleonomie«[313]. Aber eine »Finalität ohne Bewusstsein« gibt es nicht. Es gibt bei Lebewesen sicher so etwas wie einen »unbewussten Drang«, aber eine »unbewusste Absicht« gibt es nicht. Finalität verlangt Bewusstsein; alles andere ist ein Widerspruch in sich, ein »hölzernes Eisen«[314]. Das hat Nicolai Hartmann - wie gesagt - überzeugend dargelegt. Ihn zitiert und gegen ihn wendet sich denn auch ausdrücklich Konrad Lorenz, freilich vermag er ihn nicht zu widerlegen.

Nicolai Hartmann gibt eine Kategorialanalyse des Finalnexus[315], indem er auf die drei Phasen hinweist, die bei jedem finalen Geschehen auftreten. Sie seien nochmals wiederholt. Zuerst wird der Zweck im Bewusstsein gesetzt, also Künftiges antizipiert, sodann werden im Bewusstsein vom gesetzten Zweck ausgehend rücklaufend auf die Gegenwart die Mittel ausgewählt, die das Ziel erreichen sollen, und schließlich wird außerhalb des Bewusstseins der gesetzte Zweck durch die

---

[311] Siehe etwa Lorenz, »Die Vorstellung einer zweckgerichteten Weltordnung«, a. a. O. S. 26.

[312] A. a. O. S. 25.

[313] Vgl. oben S. 94. Zu dem Begriff: Bernhard Hassenstein, »Biologische Teleonomie«, Sonderdruck aus: »neue hefte für philosophie«. Band 20 (1981): Teleologie. Herausgeber: Rüdiger Bubner, Konrad Cramer, Reiner Wiehl. Vandenhoeck & Ruprecht / Göttingen; er meint, dass die Frage nach der biologischen Bedeutung dabei gleichbedeutend sei mit der teleonomischen Fragestellung. Also nur kein Bekenntnis, wie man sich denn die Entstehung dieser Zweckmäßigkeit zu denken habe!

[314] Siehe oben S. 147.

[315] »Teleologisches Denken«, - 1951- 2. unveränderte Aufl. 1966, S. 68 ff.

ausgewählten Mittel im Zeitenlauf realisiert. Diese letzte Phase ist ein Kausalprozess. In ihm „bewirken" die Mittel der Reihe nach eingesetzt den Zweck. Der große Unterschied von anderweitigen Kausalreihen ist nur der, dass die einzelnen Glieder der Reihe eben daraufhin ausgewählt sind, den gewünschten Effekt kausal hervorzubringen.

Nicolai Hartmann weist darauf hin, dass sich diese Analyse schon bei Aristoteles findet, und hebt hervor, das Unverlierbare an der Aristotelischen Analyse[316] liege darin, dass durch sie klar werde, welche unerlässliche Rolle im Finalnexus das Bewusstsein spiele. Das Finalprinzip lasse sich nicht auf Prozesse ausdehnen, die nicht von einem Bewusstsein geleitet sind. „Ohne rückläufige Auswahl der Mittel für den Zweck keine Finalordnung des Prozesses, und ohne vorgeschaltetes Bewusstsein keine rückläufige Auswahl der Mittel."[317]

Finalität - also das Ansteuern eines Ziels - ohne Bewusstsein gibt es nicht. Hier liegt eine Grenze unserer Begrifflichkeit. Es hilft nichts, in ihr einen Anthropomorphismus zu sehen[318], vorausgesetzt, dass Logik überhaupt ein Anthropomorphismus ist, was man bestreiten kann. Es ist nun mal unser Schicksal, an die Logik und - was unsere Erfahrung betrifft - an die Grenzen möglichen Erlebens - und sei es einer Messung - gebunden zu sein.

An dieser Stelle sei nicht verschwiegen, dass Nicolai Hartmann aus der Prämisse, es gebe keine »Finalität ohne Bewusstsein«, den Schluss zieht, dass damit „die Teleologie aus dem ganzen Reich der Natur verbannt"[319] sei. Dieser Schluss lässt sich meines Erachtens nicht halten; er macht die lebende

---

[316] »Metaphysik«, Buch Z, 7. Kapitel.

[317] »Teleologisches Denken«, a. a. O. S. 67.

[318] Vgl. Nicolai Hartmann, »Ethik«; 3. Aufl., 1949; S. 203.

[319] »Teleologisches Denken«, a. a. O. S. 67.

Natur mit ihren allenthalben in der organischen Welt auftauchenden Finalismen völlig unerklärlich, auch wenn man die in die lebende Natur eingebauten Automatismen einbezieht. Irgendwann einmal mussten auch die Automatismen, Regelkreise und Verschaltungen vorgesehen und eingebaut worden sein. Irgendwann und irgendwo wurde die Komplexität entworfen und ihre Verwirklichung koordiniert in die Wege geleitet. Alles Weitere mag dann mehr oder weniger »automatisch« geschehen.

f. Das Schöpferische des Geistes

In dem Versuch, den Geist als plausible Ursache der finalen Strukturen in der organischen Natur auszumachen, haben wir nicht nur die Unzulänglichkeiten einer ausschließlich physikalischen Welterklärung herausgestellt, sondern es auch unternommen, den Begriff »Geist« in Anlehnung an unsere ureigenen Erfahrungen mit unserer Welt zu konkretisieren. Eine andere Erfahrungsbasis haben wir nicht. Wir erleben uns selbst nicht als bloßes Bewusstsein, wir sprechen uns vielmehr Willen, also eigene Initiative und die Fähigkeit zu seiner Verwirklichung zu. Der Wille zeigt sich im Setzen von Zielen und im Überwinden von Widerständen auf dem Weg zu diesen Zielen[320]. Kant spricht von unserem „Vermögen, einen Zustand von selbst anzufangen"[321], also die nun einmal gegebene Kausalität nicht einfach weiterlaufen zu lassen. Es wird ein neuer Anfang gesetzt, der sich kausal aus dem Bisherigen nicht ergibt; und das ist materiell gesehen eine Schöpfung aus dem Nichts, also eine Schöpfung, die durch Masse und Energie und ihre Verteilung im Raum nicht vorgegeben war und ist. Der natürliche physikalische Ablauf der Dinge wird durch die Ini-

---

[320] Vgl. Waismann, »Wille und Motiv«, 1983, Stuttgart, S.13, zitiert nach Richard Giedrys, in: »Enzyklopädie Philosophie«, herausgegeben von Hans Jörg Sandkühler, Felix Meiner Verlag, 1999; Artikel »Wille«.
[321] »Kritik der reinen Vernunft«, 1. Auflage, S. 533; 2. Auflage; S. 561.

tiative - also durch den Geist - gestört und in eine andere Richtung, als bisher nach dem Stand der Dinge zu erwarten war, gelenkt. Es geschieht und geschah also das, womit vor dem Einsatz des Willens nach physikalischen Gesetzen schlechterdings nicht zu rechnen war, freilich gerade unter Beachtung eben dieser physikalischen Gesetze. Mit dem Willensakt beginnt etwas Neues. Der Wille ist der Antipode der physikalischen Welt. Er biegt den zu erwartenden physikalischen Ablauf der Dinge um und ist damit das Kontrapost zur Physik, keine »Metaphysik«, sondern eine Art »Antiphysik«, eine Gegenwelt und Gegengewalt zur Welt des Materiellen.

Nimmt man diesen Antipoden der Physik ernst, dann ist die Homogenität des zur Zeit herrschenden Weltbildes in Gefahr. Es beruht auf einer naturalistischen Sicht der Dinge, die sich in der Technik bewährt hat. Man spürt festen Boden unter den Füßen, wäre da nicht noch der Mensch selbst mit seinem Freiheitspathos und Verantwortungsgefühl, auf dem sich Wohl und Wehe der Gesellschaft, nämlich ihr »Funktionieren« aufbaut. Freiheitspathos und Verantwortungsgefühl manifestieren sich im Bewusstsein. Meint man - wie etwa Wolf Joachim Singer - die Einheit des Weltbildes dadurch wiederherzustellen, dass man alles menschliche Verhalten auf Hirnfunktionen zurückgeführt und somit den deterministischen Gesetzen physiko-chemischer Prozesse unterworfen sieht[322], dann wird der Bewusstseinsvorgang, in dem Freiheitspathos und Verantwortungsgefühl gegenwärtig sind, zu einem Epiphänomen, also zu einer wirkungslosen Begleiterscheinung des neurologischen - also materiellen - Hirnvorgangs. Die »Musik« spielt dann in Wahrheit ganz woanders, nämlich auf physikochemische Weise in den Nervenzellen des Gehirns und nicht

---

[322] »Verschaltungen legen uns fest: Wir sollten aufhören, von Freiheit zu reden«, in: »Hirnforschung und Willensfreiheit. Zur Deutung der neuesten Experimente«, herausgegeben von Christian Geyer, Suhrkamp, 1. Aufl. 2004, 8. Aufl., 2013, S. 30, 37.

im Bewusstsein, wo man sie zu hören meint. Das widerspricht dem phänomenologischen Blick, der die Sachen zunächst einmal so nimmt, wie sie sich zeigen.

Wie das Vorwegnehmen und das Bewusstsein erfahren wir auch das Schöpferische als Wirkung unseres Willens in uns selbst. Es ist für uns so evident wie Raum und Zeit und bedarf zu seiner Feststellung keiner metaphysischen Konstruktion, genauso wenig wie das »cogito ergo sum«[323], das ja Metaphysik ersparen will, auch wenn der Wille in seiner Wirkungsweise tief rätselhaft bleibt.

---

[323] Siehe oben S. 24.

Grenzen des Wissens

I. Das Bewusstsein vor seiner Enthüllung?

Angesichts des Rätsels, was denn nun der Geist in seiner Existenzweise als Bewusstsein eigentlich sei, titelt Christof Koch verheißungsvoll und kühn: »Die Zukunft der Hirnforschung. Das Bewusstsein steht vor seiner Enthüllung«[324]. Leider versteht er unter „Enthüllung" offenbar etwas anderes als eine nachvollziehbare Erklärung des Phänomens »Bewusstsein« und seiner Entstehung. Das zeigt sein Hinweis auf die Entdeckung der Doppelhelix durch Francis Crick und James Watson, die er dahin feiert, dass damit „das Geheimnis der Vererbung mit einem Schlag enthüllt" sei[325]. Selbstredend war es eine imponierende Leistung, als erkannt wurde, dass der Träger der Erbinformation die Gestalt einer Doppelhelix habe. Aber die eigentlich interessante Frage, wie, warum und wodurch denn die Gene so konstruiert sind, dass sie den Aufbau des Phänotyps bewirken, war damit nicht einmal berührt[326].

Sicher: Man kann feststellen, welche Teile des Gehirns mit der Wahrnehmung, mit dem Erwägungsgeschehen und dem Entscheidungsakt aktiviert werden. Der Sprung aber von der gemessenen Aktivität einer Hirnregion zum Akt des Bewusstseins ist physikalisch - das heißt ausschließlich unter Angabe der sich im Zeitenlauf ändernden Koordinaten von Masse und Energie - nicht nachvollziehbar, ganz zu schweigen von dem Sprung zu der Spontaneität und der Vorwegnahme der Zu-

---

[324] Aus dem Englischen übersetzt von Michael Bischoff, in: »Hirnforschung und Willensfreiheit. Zur Deutung der neuesten Experimente«, herausgegeben von Christian Geyer, Suhrkamp, 1. Aufl. 2004, 8. Aufl., 2013, S. 229.

[325] A. a. O. S. 233. Gewisse Zweifel werden freilich auch bei Koch laut: „Natürlich gibt es keine Garantie dafür, dass die Menschen in der Lage sind, das Wesen des Bewusstseins vollkommen zu verstehen."

[326] Siehe u. a. oben S. 134.

kunft, die sich im Bewusstsein abspielt. Auch bildgebende Verfahren sind mit seelischen Vorgängen nicht identisch; Flecken und Linien sind kein Abbild des Bewusstseins. Das wird von Wolf Singer nicht verkannt, wenn er ausführt: „Natürlich sind diese beobachtbaren kognitiven Leistungen mit den zugrunde liegenden neuronalen Prozessen nicht identisch"[327].

Allerdings ist das nicht allgemeine Ansicht der Hirnforscher. Gerhard Roth beispielsweise meint, dass die geistigen oder kognitiven Zustände „genauso wie elektromagnetische Wellen"[328] physikalische Zustände seien. Anderorts versichert er zwar, kein echter neurobiologischer Reduktionist sein zu wollen, der davon ausgehe, dass psychische Phänomene ihrem Wesen nach nichts anderes seien „als feuernde Nervenzellen"[329]. Und er zeigt auch „die eklatante Schwäche eines solchen Reduktionismus" auf, die darin besteht, dass „an der Aktivität eines einzelnen Neurons oder kleiner Neuronennetzwerke überhaupt nichts Geistiges oder Kognitives zu entdecken" sei[330]. Gilt das - so möchte man hinzusetzen - nicht auch von „elektromagnetischen Wellen"? Im übrigen verschüttet Roth seinen überzeugenden Selbsteinwand wieder, wenn er dann meint, Kognition, Geist und Bewusstsein seien globale Aktivitätszustände (oder Makrozustände) des Gehirns. Zwar seien sie nicht auf die Aktivität von einzelnen Neuronen oder gar Teilen von Neuronen wie Synapsen oder Ionenkanäle reduzierbar, aber es seien sehr ausgedehnte Netzwerke von Millionen, vielleicht sogar Milliarden von Neuronen in vielen Teilen des Gehirns bei kognitiven und geistigen Prozessen aktiv. Zu dieser Auffassung Gerhard

---

[327] Wolf Singer, »Verschaltungen legen uns fest: Wir sollten aufhören, von Freiheit zu reden«, in: »Hirnforschung und Willensfreiheit. Zur Deutung der neuesten Experimente«, a. a. O. S. 35.
[328] »Das Gehirn und seine Wirklichkeit«, Suhrkamp, 1994, 5. Aufl.; 1996, S. 301.
[329] A. a. O. S. 285.
[330] A. a. O. S. 288.

Roths sei die Frage erlaubt: Wo und wie tritt dieser Qualitäts-sprung auf? Wie und warum entsteht auf einmal Bewusstsein, wenn eine gewisse Zahl beteiligter Neuronen überschritten wird?

An dieser Stelle suchen sich Hirnforscher häufig mit dem Be-griff der Emergenz zu behelfen, indem sie sagen, Verhaltens-leistungen seien emergente Eigenschaften neuronaler Vorgän-ge. „Damit soll ausgedrückt werden, dass die kognitiven Funktionen mit den physiko-chemischen Interaktionen in den Nervennetzen nicht gleichzusetzen sind, aber dennoch kausal erklärbar aus diesen hervorgehen"[331]. Unter einer „emergenten Eigenschaft" wird man also eine solche zu ver-stehen haben, die zwar einem System als Ganzem zukommt, nicht aber seinen Bestandteilen. Roth nennt als Beispiel die Harmlosigkeit des Kochsalzes - also des Natriumchlorids - im Gegensatz zur Giftigkeit seiner Komponenten Natrium und Chlor, lehnt aber einen „emergenztheoretischen Materialis-mus" als trivial ab, weil im Grunde alle Eigenschaften emergent seien, und hält ihn zudem für „mystizistisch", weil er den Geist zu etwas rätselhaft Nichtphysikalischem ma-che[332]. In der Tat: »Emergenz« ist ein verschleiernder Begriff, nämlich eine Feststellung, aber keine Erklärung. Er bedeutet, dass Eigenschaften auftreten, die neuartig, unvorhersagbar oder auf die Eigenschaften der einzelnen Bestandteile des in Rede stehenden Aggregats irreduzibel sind[333]. Wo dieser Be-griff gebraucht wird, will man am Kausalschema festhalten, findet aber keine hinreichende Erklärung. Das Gleiche gilt für den Umschlag der Quantität in Qualität.

---

[331] Wolf Singer, a. a. O. S. 36.

[332] Gerhard Roth, »Das Gehirn und seine Wirklichkeit«, Suhrkamp, 1994, 5. Aufl.; 1996, S. 292 f.

[333] Achim Stephan, in: Enzyklopädie Philosophie, herausgegeben von Hans Jörg Sandkühler, Felix Meiner Verlag, 1999, Artikel: »Emergenz«.

Der Begriff »Emergenz« ist nur die Anzeige eines Rätsels, nicht seine Lösung. Wir haben eben keine Vorstellung, wie Gehirn Geist hervorbringen soll. Unterschiedliche Seinsweisen wie »Geist« und »Materie« oder - eine andere Art - wie »Sein« und »Sollen« lassen sich nun einmal nicht plausibel überbrücken. Dagegen erscheint es im Prinzip durchaus möglich zu sein, durch Angabe der raumzeitlichen Verteilung von Masse und Energie und ihrer zu erwartenden Reaktionen - also rein physikalisch - zu erklären, weshalb Natrium und Chlor giftig sind und Kochsalz es grundsätzlich nicht ist.

II. Unerklärliche Wechselwirkung von Geist und Materie

Niemand hat bisher den Übergang vom Reiz in Empfindung und Wahrnehmung wie auch vom Willen in die Handlung zu erklären vermocht. Die Bruch- oder Kontaktstellen von Geist und Materie können mit Koordinaten nicht angegeben werden, und zwar schon deshalb nicht, weil eben die Empfindung ein Erlebnis, ein Gesamterlebnis, ist. Auf der Seite des Materiellen liegt noch ganz die Fortleitung des Reizes im Nervensystem, sie ist ein rein physikalisch—chemischer Vorgang. Auf der Seite des Geistes liegt dann die Empfindung als erste Stufe der seelischen Erscheinungen. Zwischen Reiz und Empfindung liegt ein Abgrund. Obwohl Gerhard Roth die geistigen oder kognitiven Zustände einfach für physikalische Zustände erklärt - „genauso wie elektromagnetische Wellen" - , sieht auch er in dem Übergang von der physikalisch-chemischen Umwelt zu den Wahrnehmungszuständen des Gehirns einen radikalen Bruch[334].

Die somatische Beeinflussung des Geistes durch materielle Einwirkung auf das Gehirn wird nicht geleugnet. Dass grobe Einwirkungen auf das Gehirn grobe Wirkungen haben, ist seit

---

[334] »Das Gehirn und seine Wirklichkeit«, Suhrkamp, 1994, 5. Aufl.; 1996, S. 115.

altersher bekannt und nichts Sensationelles. So weiß jeder, dass eine Kopfverletzung zur Bewusstlosigkeit und Schäden der Intelligenz führen kann. Dass durch einen lokal genau bestimmten Eingriff in das Gewebe des Gehirns eine bestimmte und beabsichtigte Wirkung erzielt werden kann, lässt auf einen Wirkungszusammenhang schließen, der uns in den Einzelheiten freilich verborgen ist. Wir können ihn uns schlechterdings nicht vorstellen. So bleibt etwa die Wahrnehmung der Schwingungen einer Saite als Klang oder die Wahrnehmung elektromagnetischer Wellen mit einer Frequenz von 400 Terahertz als »rot« ein unauflösbares Rätsel.

Wie Geistiges je mit den materiellen Prozessen des Gehirns wechselwirken kann, kann auch Singer[335] nicht plausibel machen. Nach seiner Meinung erfordern Wechselwirkungen des Geistes und des Materiellen den Austausch von Energie. Wenn aber das Immaterielle Energie aufbringen müsse, um neuronale Vorgänge zu beeinflussen, dann müsse es über Energie verfügen. Besäße es aber Energie, dann könne es nicht immateriell sein und müsse den Naturgesetzen unterworfen gedacht werden. Dieses Dilemma sieht Leibniz nicht anders, wenn er in seiner »Theodizee« erklärt: „Abgesehen davon, dass der physische Einfluss dieser beiden Substanzen aufeinander unerklärlich ist, bin ich mir klar geworden, dass ohne eine völlige Aufhebung der Naturgesetze die Seele auf den Körper physisch nicht wirken kann."[336] Nach Singer gebe es drei Möglichkeiten: „Unsere Selbsterfahrung trügt, und wir sind nicht, wie wir uns wähnen, oder unsere naturwissenschaftlichen Weltbeschreibungen sind unvollständig, oder un-

---

[335] »Verschaltungen legen uns fest ... «, a. a. O. S. 30, 38 f, 57.

[336] »Die Theodizee« <»Essais de Théodicée sur la bonté de Dieu, la liberté de l'homme et l'origine du mal> <Versuche in der Theodizee über die Güte Gottes, die Freiheit des Menschen und den Ursprung des Übels>), 1710, I. Teil, § 61, übersetzt von Artur Buchenau, Meiner 1968, 2. Aufl. S. 135.

sere kognitiven Fähigkeiten sind zu begrenzt, um hinter dem scheinbaren Widerspruch das Einende zu erfahren."[337]

Als Ausgangspunkt der ganzen Problematik steht auch bei Singer, dass wir unsere Gedanken und unseren Willen als frei und gegenüber neuronalen Prozessen als vorgängig erfahren, dass wir meinen, wir seien es, die diese neuralen Prozesse kontrollieren. Dies aber sei mit den deterministischen Gesetzen, die in der dinglichen Welt herrschen, nicht kompatibel[338]. Dazu ist zu sagen, dass wir erst dann aus der Physik auf unsere Determiniertheit schließen können, wenn das Bewusstsein nur und ausschließlich physikalischen Gesetzen unterliegt. Kein Zweifel - wie gesagt - besteht, dass das Bewusstsein auch von physikalischen Voraussetzungen abhängig ist.

Dass das Bewusstsein ausschließlich von der Physik - also den neuronalen Prozessen - abhängt, sucht Singer plausibel zu machen, indem er darauf verweist, dass die verschiedenen Bereiche der Großhirnrinde nahezu die gleiche Feinstruktur aufwiesen, dass menschliche und tierische Gehirne sich fast nicht unterschieden - am ehesten und deutlichsten noch in der quantitativen Ausdifferenzierung der Großhirnrinde - und dass ihre Entwicklung, ihr Aufbau und ihre Funktionen den gleichen Prinzipien gehorchten. Da wir, was tierische Gehirne betrifft, keinen Anlass hätten zu bezweifeln, dass alles Verhalten auf Hirnfunktionen beruhe und alles somit den deterministischen Gesetzen physiko-chemischer Prozesse unterworfen sei, müsse die Behauptung der materiellen Bedingtheiten auch auf den Menschen zutreffen[339].

---

337 Singer, a. a. O. S. 39.
338 A. a. O. S. 36.
339 A. a. O. S. 37.

Diese Schlussfolgerung ist alles andere als zwingend. Wenn sich menschliche und tierische Gehirne gleichen, Tier und Mensch sich aber in ihrer Fähigkeit zum Willen und damit in Lebensgefühl und kulturellen Leistungen nicht gleichen, der Mensch also mit seinem Willen seine Vitalinteressen, Triebe und Begehrlichkeiten zurückzustellen vermag, das Tier aber nicht, dann hat eben diese Differenz ihre Ursache nicht in den Gehirnen, denn die sind ja nach Singer - überspitzt gesagt - gleich. Es kann also nur ein Drittes sein, dass die Differenz, nämlich die höheren geistigen Fähigkeiten, bringt und birgt.

Mag auch ein Großteil unserer Verrichtungen - reflexartig - ausschließlich hirngesteuert sein, für manche aber - für die bedeutenderen - Handlungen muss in Betracht gezogen werden, dass das Gehirn mit seinen neuralen Prozessen - vorsichtig gesagt - allein eben nicht ausreicht. Mag dann auch die Grenze zwischen dem Tier und den Formen oder Vorformen des Menschseins schwer zu finden sein - wann nämlich und wo im Lauf der Entwicklung „das Geistige vom Materiellen Besitz ergreift und sich zu erkennen gibt"[340] - , es wäre jedenfalls ein suggestiver Fehlschluss, aus der Schwierigkeit, die Grenze zu finden, zu schließen, dass es keine gebe[341].

Als das spezifisch Geistige im Gegensatz zu allem Physischen erscheint uns die Spontaneität. Von der Einheit unseres Bewusstseins, die wir ständig erleben, legt sich uns nahe, sie, die Spontaneität, einer Art »spiritus rector«[342] - nämlich eben dem Geist - zuzuschreiben. Dass es hier die Physik allein nicht tut, liegt auf der Hand. Auch die Vorgänge, die dann von der Erkenntnis zur Handlung führen, lassen sich nicht mit Begriffen

---

[340] Singer, a. a. O. S. 38.

[341] Vgl. zum »Grenzenlosigkeitsschluss«, wie ihn Carl Schmitt nennt, seinen Aufsatz »Freiheitsrechte und institutionelle Garantien der Reichsverfassung«, 1931, in: »Verfassungsrechtliche Aufsätze«, 2. Aufl., S. 140, 147.

[342] <leitender Geist, geistiger Leiter, geistiger Urheber>.

aus dem materiellen Bereich hinreichend beschreiben und schon gar nicht nur mit ihrer Hilfe erklären.

Dass eine Art »spiritus rector« für die existenziellen Entscheidungen verantwortlich ist, wird von Singer strikt abgelehnt. Unsere Intuition lege uns zwar nahe, dass es irgendwo im Gehirn ein Zentrum geben müsse, in dem alle Verarbeitungsergebnisse zusammenkämen. Aber in diesem Punkt irrten wir uns auf dramatische Weise. Schaltdiagramme der Vernetzung der Hirnrindenareale ließen jeden Hinweis auf ein singuläres Konvergenzzentrum vermissen. Es gebe keine Kommandozentrale, in der entschieden werde, in der sich das »Ich« konstituiere[343]. Diese Begründung klingt nicht unähnlich dem Ausspruch Rudolf Virchows: „Ich habe so viele Leichen seziert und nie eine Seele gefunden"[344]. Wenn es »Geist« - also das Immaterielle - ist, der koordiniert und kommandiert, so ist es nicht verwunderlich, dass man seine »Kommandobrücke« nicht findet.

Im Grunde geht es aber um eine Stufe tiefer, nämlich um das Auftreten von Bewusstsein überhaupt. Mag die Grenzfindung noch so schwierig und unsicher sein, letztlich kann sich auch Singer dieser Frage, wann Bewusstsein auftaucht, nicht mit dem Hinweis auf in allen Lebewesen auftretende neuronale Prozesse entziehen, denn er unterscheidet ja selbst die beobachtbaren kognitiven Leistungen - also auch das Bewusstsein - von diesen Prozessen[345].

Wenig überzeugend bleibt schließlich der Versuch Singers[346], die Entstehung des Bewusstseins „intuitiv" - wie er sagt -

---

[343] A. a. O. S. 43, 57.
[344] Dieser Satz wird allgemein überliefert; einen Fundstellennachweis habe ich nicht gefunden.
[345] Singer, »Verschaltungen legen uns fest ...«, a. a. O. S. 30, 35.
[346] »Verschaltungen legen uns fest ..., a. a. O. S. 30, 42 f.

plausibel zu machen. Bei näherer Betrachtung der Argumentation sieht man, dass die entscheidenden Stufen, die das Phänomen des Bewusstseins erklären sollen, vorausgesetzt und nicht hergeleitet werden. So spricht er vom „Aufbau von Metarepräsentationen innerer Zustände", der durch „wiederholte Anwendung immer gleicher kognitiver Operationen" geschehe. Würden die Ergebnisse primärer kognitiver Prozesse erneut einer Analyse unterzogen, so komme dies der Reflexion eigener Wahrnehmungsprozesse gleich. Sieht man einmal davon ab, dass der von Singer in diesem Zusammenhang gebrauchte Begriff »Wahrnehmung« - und wohl auch der Begriff »kognitiver Prozess« - schon Bewusstsein voraussetzt, so wird vor allem nicht erklärt - und das wäre das eigentlich Interessante - , weshalb die Wiederholung nun auf einmal zur Wahrnehmung - also zu Bewusstsein - führen soll. Nicht anders steht es mit dem Hinweis, dass „die Ergebnisse dieser kognitiven Operationen höherer Ordnung ihrerseits wiederum miteinander verglichen und verrechnet werden und dass die Ergebnisse dieser transmodalen Vergleiche wiederum in neu hinzugekommenen Hirnrindenarealen eine abstrakte Kodierung erfahren können". Auch die Analyse einer Analyse bleibt eine Analyse ebenso wie die analysierte Analyse und erklärt kein Bewusstsein. Alles das, häufige Wiederholung einer bestimmten Art von Verrechnungen und Vergleichen lassen sich im übrigen auch auf einem Rechner bewerkstelligen, ohne dass Bewusstsein oder auch nur bewusstseinsähnliche Zustände in Erscheinung treten, ja auch nur geahnt werden könnten. Viel bringt schließlich auch die weitere Behauptung Singers nicht, dass nämlich Inhalte dann bewusst würden, wenn sie mit selektiver Aufmerksamkeit bedacht werden. Aufmerksamkeit ist bereits Bewusstsein und wird durch seine bloße Behauptung gerade nicht erklärt.

Singer hat die Schwierigkeiten einer Wechselwirkung von Materie und Geist scharf gesehen, ist aber einer rein physikalischen Erklärung mentaler Zustände nicht näher gekommen. Dass es auch ihm nicht gelingt, den Begriff des Bewusstseins aus sich heraus zu entwickeln, überrascht nicht, denn »Bewusstsein« ist nun einmal - wie oben bemerkt[347] - einer der Grundbegriffe unserer Weltbeschreibung, der sich nicht definieren, sondern nur durch Begriffe darstellen lässt, die ihrerseits den Begriff des Bewusstseins im Grunde schon voraussetzen.

Das Problem der Wechselwirkung zwischen Geist und Materie ist dem Dualisten ein Problem dieser beiden Sphären. Der Monist aber - also der Physikalist und Materialist - ist in keiner besseren Lage; denn es wird ihm - wenn er den Einzelheiten nachgeht - zu einem immanenten Problem, nämlich zu dem Problem, wie man sich denn nun - wenn alles Materie ist - die Entstehung des Bewusstseins in der Materie nach physikalischen Gesetzen und Methoden zu denken oder gar vorzustellen habe. Auch ihm stellt sich die Frage, weshalb sich denn nun - wenn man bei einem strengen physikalistischen Verständnis bleiben will - plötzlich ein Neuron im Gehirn des Ludwig van Beethoven beispielsweise aus seiner »Ruhelage« - will sagen: aus seiner bis dahin völlig unauffälligen Lage - »spontan erheben« und mit der Komposition der ersten Sinfonie beginnen soll. Woher bekommen die Neuronen diesen Einfall, diese Idee? Irgendwann muss die Initiative ergriffen werden. Ein Problem der Energie ist es primär nicht; sie braucht nur umgeschichtet zu werden, vielleicht auch nicht einmal das. Zu Recht aber hat schon Friedrich Albert Lange[348] die Konsequenz gezogen: „Wenn auch nur ein einziges Gehirnatom durch die ‚Gedanken' auch nur um den millionsten Teil eines Millimeters aus der Bahn gerückt werden könnte, wel-

---

[347] Siehe oben S. 163.

[348] »Geschichte des Materialismus und Kritik seiner Bedeutung in der Gegenwart«, 2. unveränderte Auflage, herausgegeben und eingeleitet von Alfred Schmidt, Bd. 1 und 2, Suhrkamp, 1974 S. 602.

che es nach den Gesetzen der Mechanik verfolgen muss, so würde die ganze ‚Weltformel'[349] nicht mehr passen und nicht einmal mehr Sinn haben."

In der Wechselwirkung von Materie und Geist, also in der Wechselwirkung von neuronalen Prozessen und mentalen Zuständen, stößt die Wissenschaft, sie mag als Physik, Chemie, Physiologie, Psychologie oder Biologie oder in Vereinigung aller dieser Fakultäten erscheinen, auf eine Aporie, und zwar auf eine unüberwindliche Weg- und Ratlosigkeit. Da wir nicht wissen und nie wissen werden, auf welchen »Knopf« des Körpers der Geist »drückt« und womit er »drückt«, um zu wirken, bricht hier nicht nur jede physikalisch beschreibbare Ursachenkette[350] ab; es gibt für eine Überbrückung und Verbindung von Materie und Geist nicht einmal den Ansatz einer Theorie, der an intersubjektive Gewissheit denken ließe. Warum sollte es nicht auch für uns endliche Wesen Probleme geben, die wir schlechterdings nicht lösen können?

III. „Ignoramus - Ignorabimus"

Das Leib-Seele-Problem für einen »Abgrund« haltend bestätigen wir eine Einschätzung, die schon im 19. Jahrhundert in aller Schärfe ausgesprochen worden ist. Es ist das „Ignoramus -

---

[349] Siehe Lange a. a. O. S. 596, »Weltformel« heißt hier die Erkenntnis der Welt aus der Mechanik der Atome.

[350] Im Ergebnis ebenso: Eccles in: Karl R. Popper / John C. Eccles, »Das Ich und sein Gehirn«, <The Self and Its Brain - An Argument for Interactionism>, 1977, aus dem Englischen von Angela Hartung, deutsche Ausgabe 1982, 12. Taschenbuchauflage 2014, S. 345, 452. Auch sein Vorschlag auf S. 437, sich das Wirken des selbstbewussten Geistes in „Analogie" zu einer „multiplen Abtast- und Sondierungsvorrichtung" vorzustellen, „die aus den ungeheuren und vielfältigen Aktivitätsmustern in der Großhirnrinde herausliest und selektiert und diese selektierten Komponenten integriert", und sie so zu der Einheit bewusster Erfahrung organisiert, liefert - wie bereits mit Bezug auf die Meinung Singers diskutiert - kein physikalisch lückenlos beschreibbares Geschehen.

Ignorabimus"[351], mit dem Emil Du Bois Reymond die Quintessenz aus seinem Vortrag vom 1. August 1872 »Über die Grenze des Naturerkennens« auf der 45. Versammlung Deutscher Naturforscher und Ärzte zu Leipzig gezogen hat. Unbegreiflich sei das Bewusstsein, und zwar nicht allein nach dem gegenwärtigen Stand der Kenntnisse, was wohl jeder zugebe, vielmehr werde das Bewusstsein nie aus seinen materiellen Bedingungen erklärbar sein. „Mit der ersten Regung von Behagen oder Schmerz, die im Beginn des tierischen Lebens auf Erden ein einfachstes Wesen empfand, ist jene unübersteigliche Kluft gesetzt, und die Welt nunmehr doppelt unbegreiflich geworden"[352]. „ ... es wäre natürlich ein hoher Triumph" - so Du Bois Reymond - „wenn wir zu sagen wüssten, dass bei einem bestimmten geistigen Vorgang in bestimmten Ganglienkugeln und Nervenröhren eine bestimmte Bewegung bestimmter Atome stattfinde. Es wäre grenzenlos interessant, wenn wir so mit geistigem Auge in uns hineinblickend die zu einem Rechenexempel gehörige Hirnmechanik sich abspielen sähen wie die Mechanik einer Rechenmaschine .... Was aber die geistigen Vorgänge selber betrifft, so zeigt sich, dass sie bei astronomischer Kenntnis des Seelenorganes uns ganz ebenso unbegreiflich wären, wie jetzt". Genau so weit sind wir heute. Unter „astronomischer Kenntnis" versteht Du Bois Reymond augenscheinlich so etwas wie den »Laplaceschen Dämon«[353]. Du Bois Reymond fährt fort: „Im Besitze dieser Kenntnis ständen wir vor ihnen wie heute als vor einem völlig Unvermittelten. Die astronomische Kenntnis des Gehirnes, die höchste, die wir davon erlangen können, enthüllt uns darin nichts als bewegte Materie. Durch keine zu ersinnende Anordnung oder

---

[351] Aus dem Lateinischen: <Wir wissen nicht - wir werden nicht wissen >

[352] »Über die Grenze des Naturerkennens«, Vortrag auf der 45. Versammlung Deutscher Naturforscher und Ärzte zu Leipzig am 1. August 1872, erschienen 1872, S. 18.

[353] Siehe oben S. 30.

184

Bewegung materieller Teilchen aber lässt sich eine Brücke in's Reich des Bewusstseins schlagen".[354]

Im Grunde geht es um die Frage, wie eine musikalische Komposition entsteht, wenn man sich dieses Bildes einmal bedienen darf. Es geht nicht um den Flügel, auf dem sie gespielt wird. Und um dieses Gleichnis noch zu dehnen: Auf dem Flügel kann unter Umständen auch ein anderer, ein Fremder spielen. Nichtauthentisches Verhalten lässt sich jedenfalls durch physische Einwirkung auf das Gehirn erzielen. Aber das dem Leibe einwohnende Ingenium, der Geist als das Originäre mit seiner Fähigkeit zur »Schöpfung aus dem Nichts«, ist damit nicht verneint. Das Gehirn ist nur das Instrument. Und wenn es zerstört ist, hört das Spiel auf.

---

[354] »Über die Grenze des Naturerkennens«, a. a. O. S. 24 f.

Die Existenz des Geistes

I. Um was geht es?

Diesseits aller Metaphern und Gleichnisse geht es um das, was eigentlich und wirklich ist. So ist - eh wir zu Sinn und Verstand kommen - die Welt des Materiellen. Sie wird heutzutage in ihrer Existenz nicht bestritten. Sie erscheint wandelbar; aber hinter allem Wandel erweist sich etwas als beständig, mögen sich auch die Formen, in denen es erscheint, ändern. Wir nennen das Unwandelbare in der materiellen Welt »Masse« und »Energie« - eingedenk, dass auch sie sich noch nach feststehendem Verhältnis ineinander umwandeln können[355]. Wir gehen davon aus, dass nach den Erhaltungssätzen in einem geschlossenen System die physikalischen Prozesse die Summe der Messgrößen von Masse und Energie unverändert lassen[356].

Wir haben gesehen, dass die Physik allein nicht ausreicht, um die Entstehung des organischen Lebens auf dieser Erde zu erklären. Jetzt geht es darum zu zeigen, dass auch wir selbst und unser Wirken durch Physik und ihre Gesetzmäßigkeit nicht völlig bestimmt sind. Auch in uns wirkt, was wir mit »Geist« bezeichnen. Wir Menschen können uns Ziele setzen und ansteuern. Steuerung wird durch »Masse« und »Energie« allein weder in ihrer Entstehung erklärt noch in ihrer Wirkungsweise erfasst, sie hat ersichtlich Ursachen, die eben nicht physikalisch beschrieben werden können und die zudem ohne Bewusstsein nicht denkbar sind.

---

[355] Albert Einstein, »Ist die Trägheit eines Körpers von seinem Energieinhalt abhängig?«, in: »Annalen der Physik«, 18, 1905, S. 639, 641.
[356] Vgl. Gerthsen / Kneser, »Physik«, 11. Aufl.; 1971, S. 485; Höfling, »Physik«, Bd. II, Teil 1, 10. Aufl.; S. 66.

Diese phänomenologische Sicht der Dinge wird heute oft unter Ideologieverdacht gestellt, und man glaubt, sie als Täuschung zu entlarven, indem man darzulegen sucht, dass sämtliche Phänomene das Ergebnis blinder, ausschließlich physikalisch bestimmter Kausalabläufe ohne jede Zielsetzung sind, insbesondere dass der Mensch in Wirklichkeit nicht frei entscheide, sondern dass das, was er seine Entscheidung nennt, durch physikalische Prozesse im Gehirn determiniert sei. Auch die für geistig gehaltene Tätigkeit sei in Wirklichkeit durch die Materie kausal bestimmt.

Die These von der inneren Unfreiheit des Menschen ist allmählich schon zu einem der latenten Glaubenssätze unserer Zeit geworden, in unterschiedlicher Verallgemeinerung, in unterschiedlicher Radikalität. Man meint, dass der Mensch denken müsse, wie es Klasse und Rasse, wie es die Umstände verlangen. Wäre diese These das letzte Wort, dann müsste die Erkenntnis vom Marionettenhaften der menschlichen Existenz eigentlich das Selbstbewusstsein mindern und die Achtung vor den Mitmenschen ruinieren. Es ist verständlich, dass man diese angebliche Tatsache vor sich selbst in guten Tagen verschleiert, bei seinen Mitmenschen freilich mitunter schon eher vermutet.

Dieser die Menschenwürde zerstörende Glaubenssatz unserer Zeit ist falsch. Es gehört zum Wesen des Menschen, dass er sich im Denken von seinen Trieben und Interessen lösen kann. Das ist der Kern der menschlichen Freiheit. Das Vorurteil von der unablösbaren Trieb- und Interessengebundenheit des Menschen zeigt sich heute besonders auffällig in dem, was man schon »Genderismus« nennen muss. Kein Mann könne sich in eine Frau hineindenken, keine Frau in einen Mann, und dann weitergehend kein Weißer in einen Schwarzen und kein Schwarzer in einen Weißen, kein Armer in einen Reichen und kein Reicher in einen Armen. Damit wird dem Menschen die ihn vor allen Lebewesen auszeichnende Fähigkeit bestritten: die Fähigkeit zu abstrahieren und zu imaginieren. Diese Fähigkeit ist aber die Grundlage der Zivilisation und der Kultur; auf ihr beruht Menschenkenntnis, Humanität und auch die Wissenschaft. Dabei steht nicht das »Einfühlen« im Blick - das kann möglicherweise auch das Tier - , sondern das »Sichhineindenken«.

Es geht um die menschliche Freiheit, um das Bild vom Menschen.

Die Freiheitsfrage ist entschieden, wenn es keinen Geist gibt. Es gälte dann nur die Physik im umfassenden Sinne und ihre Gesetzmäßigkeit. Die Geschehensabläufe der Materie für sich allein genommen sind in ihrem Ablauf determiniert, freilich wegen der Heisenbergschen Unschärferelation - wie oben dargetan[357] - auf mikrophysikalischer Ebene im Einzelfall nicht exakt prognostizierbar. Sie sind mangels Finalität, mangels eines »Blicks« in die Zukunft - in das noch nicht Materialisierte - »blind«, nämlich ein im Hinblick auf ein Ziel nichts als sinnloses »Schütteln, Rütteln und Rühren«. Hält man die mentalen Zustände des Menschen zwar nicht schon selbst für materielle Zustände wie etwa Gerhard Roth[358], sieht man sie aber als von den neurologischen, nämlich den physischen Zuständen des Gehirns voll determiniert an[359], dann ist für Freiheit schlechterdings kein Raum. Wo sollte sie denn herkommen?

---

[357] Siehe oben S. 37.
[358] Siehe oben S. 174.
[359] So Wolf Joachim Singer, »Verschaltungen legen uns fest: Wir sollten aufhören, von Freiheit zu reden«, in: »Hirnforschung und Willensfreiheit. Zur Deutung der neuesten Experimente«, herausgegeben von Christian Geyer, Suhrkamp,1. Aufl. 2004, 8. Aufl., 2013, S. 30, 35.

Dass es aber Geist gibt, haben wir aus dem Entstehen der organischen Natur und auch aus dem Erleben unseres eigenen Wirkens entnommen. Damit geht die Existenz des Geistes ersichtlich über den Menschen hinaus und betrifft auch das, was die »organische Natur« bestimmt und herkömmlich mit dem Gottesbegriff erfasst wird.

Da der Menschengeist Voraussetzung der menschlichen Freiheit ist, verknüpft sich die Gottesfrage auch mit dem Problem der Freiheit des Menschen. Muss die Existenz Gottes und mit ihr ein Wirken des Geistes bei der Entstehung des Lebens auf dieser Erde verneint werden, dann liegt es nahe, auch im Kleinen, in der Menschenwelt, die Existenz des Geistes zu verneinen und alles auf Physik im weitesten Sinne zurückzuführen. Warum sollte denn auch plötzlich im Universum - einzig und allein hier auf unserem winzigen Planeten 13 Milliarden Jahre nach dem Urknall - beim Menschen die Qualität »Geist« auftreten, die es bisher im ganzen Weltall nicht gegeben hätte? Warum auf einmal statt determinierter physikalischer Gesetzmäßigkeit „ein Wehen des Geistes von wannen er will"[360]? Drängt sich aber das Wirken des Geistes - in den Andeutungen, die wir erfassen - auf, sieht sich dann nicht unsere Ahnung bestätigt, dass es etwas gibt, das sich als dem Menschen und seiner Erfindungs- und Gestaltungskraft überlegen, den physikalischen Gesetzmäßigkeiten nicht unterworfen, sondern sie steuernd erweist?

Was dann den Menschengeist betrifft, so ist es zugegebenermaßen keineswegs zwingend, dass er - nimmt man die Existenz Gottes an - frei sein muss. Dafür gibt es schon vor der Hand pathologische und religiöse Gründe. Der Geist kann krank, manipuliert oder teilweise zerstört sein, was jedermann zugestehen wird. Problematischer ist die Überlegung, dass

[360] Joh 3, 8.

menschliche Freiheit mit der Allmacht Gottes für unverträglich gehalten wird, man denke an die Prädestinationslehre der Calvinisten oder an den Kismetglauben der Muslime[361]. Das muss aber nicht so sein; es gibt durchaus einen Gottesbegriff, der mit der menschlichen Freiheit verträglich gedacht werden kann, wenn man nur an das Wort von Sören Kierkegaard denkt: „Das Höchste, das überhaupt für ein Wesen getan werden kann, höher als alles, wozu einer es machen kann, ist: es frei zu machen. Eben dazu gehört Allmacht, um das tun zu können"[362]. In der Gottesfrage geht es also zuerst und zuvörderst um die Existenz von Geist überhaupt. Sie berührt auch die Frage nach dem menschlichen Geist, nach der menschlichen Freiheit. Wie sie sich auswirkt, hängt letztlich vom Gottesbegriff ab, den wir uns - wenn wir uns zur Bejahung der Existenz Gottes veranlasst sehen - allerdings auch nicht nach Belieben, nicht »nach gusto« zurechtmachen können. Wir dürfen auf keinen Fall die Grenzen der Denkbarkeit überschreiten.

Verschwände mit dem Geist die menschliche Freiheit, die selbstredend nie schrankenlos gedacht werden kann, dann würde sich unser Menschenbild in den Grundfesten mit zum Teil weit reichender Konsequenz ändern. So entfällt mit der Freiheit der eigentliche Grund für die Respektierung der Menschenwürde, und zwar mit enormen Folgerungen etwa für das Strafrecht, überhaupt für jeden mitmenschlichen Umgang. Davor scheuen auch kühne Geister ersichtlich zurück. Wenn die Folgen derart grundstürzend sind, also die Menschheit bisher in tiefem Irrtum befangen gewesen sein soll, stimmt dann - so darf man fragen - etwa die Theorie von der Nichtexistenz des Geistes doch nicht? Fällt die Freiheit, dann hat die

---

[361] Vgl. etwa Hans-Joachim Schoeps, »Religionen«, Verlag Bertelsmann, o. J., S. 274.

[362] »Die Tagebücher«, 1834 – 1855, ausgewählt und übertragen von Theodor Haecker, Hegner, 1949, S. 216.

Rede vom »Geist«, vom menschlichen Geist, eigentlich keinen Sinn mehr. Fällt der Geist, kann von Freiheit keine Rede mehr sein.

II. Geist und Freiheit des Menschen

1. Bewusstsein und neuronaler Prozess

a. Experimente zur Willensfreiheit

Hirnforscher formulieren: „Wir sind determiniert"[363] oder „Verschaltungen legen uns fest: wir sollten aufhören, von Freiheit zu reden"[364]. Sie gehen davon aus, dass alles Verhalten durch neuronale Prozesse bestimmt wird, die wie alle Materie vollständig den determinierenden Gesetzen der Physik unterfallen[365] und nicht final gesteuert sind.

Hirnforscher, die diese Auffassung vertreten, stützen sich auf Versuche[366], in denen die neuronalen Prozesse und Bewusstseinszustände der Probanden bei willkürlichen Bewegungen und kognitiven Vorgängen festgestellt und die Zeitpunkte des Bewusstwerdens des Willensentschlusses, des Beginns der Aktivitäten im Gehirn wie auch der ausgelösten Bewegungen beteiligter Muskeln gemessen werden. So haben Kornhuber

---

[363] So der Aufsatztitel von Gerhard Roth in der Frankfurter Allgemeinen Zeitung vom 1. Dezember 2003.

[364] So der Aufsatztitel von Wolf Joachim Singer in der Frankfurter Allgemeinen Zeitung vom 8. Januar 2004 in: »Hirnforschung und Willensfreiheit. Zur Deutung der neuesten Experimente«, herausgegeben von Christian Geyer, Suhrkamp, 1. Aufl. 2004, 8. Aufl., 2013, S. 30 ff.

[365] Vgl. Wolf Joachim Singer, a. a. O. S. 30, 37.

[366] Zu den Versuchen Gerhard Roth, »Das Gehirn und seine Wirklichkeit«,1994, 5. Aufl.; 1996, S. 307; Eccles in: Karl R. Popper / John C. Eccles, »Das Ich und sein Gehirn«, <The Self and Its Brain - An Argument for Interactionism>, 1977, aus dem Englischen von Angela Hartung, 12. deutsche Taschenbuchauflage 2014, S. 345 ff.

und Deecke im Jahre 1964 entdeckt, dass sich im Gehirn bei Willkürbewegungen etwa ½ Sekunde vor der Bewegung eine neuronale Aktivität messen lässt, das sogenannte Bereitschaftspotenzial.

Libet, Haggard und Eimer wie auch Kühn und Brass und andere führten diese Art der Experimente weiter. Libet legte den Probanden auf, innerhalb einer gegebenen Zeit von 1 bis 3 Sekunden spontan den Entschluss zu fassen, einen Finger der rechten Hand zu beugen, und mit Blick auf einen Zeitmesser den Zeitpunkt anzugeben, zu dem sie den Entschluss gefasst hätten. Es zeigte sich, dass der von den Probanden angegebene Zeitpunkt, in dem sie den »Willensentschluss« gefasst zu haben meinten, immer durchschnittlich 200 Millisekunden der tatsächlichen Bewegung vorausging und dass das Bereitschaftspotenzial im Durchschnitt 550-350 Millisekunden vor dem von den Probanden angegebenen Zeitpunkt des »Willensentschlusses« entstand. In keinem Fall war das Bereitschaftspotenzial mit dem »Willensentschluss« zeitlich zusammengefallen oder ihm nachgefolgt[367].

Vorab: Dass bei in Aussicht genommenen Bewegungsabläufen der Willensakt, der die einzelne konkrete Bewegung auslöst, zeitlich sich erst nach dem Entstehen eines Bereitschaftspotenzials ereignet, überrascht nicht. Auch die in die Versuche Libets eingewiesenen Probanden, die in 1 bis 3 Sekunden nach freier Auswahl einen Finger bewegen sollten, saßen ja förmlich »auf dem Schnäpperle«, wie man so sagt. Und nimmt man das Klavierspiel eines Virtuosen in den Blick, so kann man es sich ohne eine Präformation der Läufe in bestimmten neuronalen Prozessen bestimmter Hirnregionen überhaupt nicht

---

367 Gerhard Roth a. a. O. S. 308.

denken[368]. Deswegen üben denn auch die Virtuosen ständig mit großem Fleiß.

Gerhard Roth zieht aus Untersuchungen, wie sie Libet und insbesondere Haggard und Eimer angestellt haben, den Schluss, dass die Aussage „Mein Arm und meine Hand haben nach der Kaffeetasse gegriffen, weil ich dies so gewollt habe!", nicht richtig sei[369]. Die eigentlichen Antriebe für unser Verhalten seien subcorticalen[370] Ursprungs, sie kämen aus dem limbischen[371] Bewertungs- und Gedächtnissystem. Dieses bewerte alles, was das Gehirn tue. Es aktiviere die Basalkerne und das Kleinhirn, die wiederum die corticalen[372] Prozesse in Gang setzten. Dann erst setze das Gefühl ein, etwas zu wollen. Dieses Gefühl sei also nicht die eigentliche Ursache für eine Handlung, sondern eine Begleitempfindung, die auftrete, nachdem subcortical angestoßene corticale Prozesse begonnen hätten[373].

---

[368] Vgl. hierzu auch Gerhard Roth, »Das Gehirn und seine Wirklichkeit«, Suhrkamp, 1994, 5. Aufl.; 1996, S. 209.

[369] Gerhard Roth, »Worüber dürfen Hirnforscher reden – und in welcher Weise?« aus: »Deutsche Zeitschrift für Philosophie«, 52. Jg., Heft 2, Berlin 2004, in: »Hirnforschung und Willensfreiheit. Zur Deutung der neuesten Experimente«, herausgegeben von Christian Geyer, Suhrkamp, 8. Aufl., 2013, S. 66, 73.

[370] »Subcortical« bezeichnet Hirnregionen des Zentralnervensystems unterhalb der Großhirnrinde.

[371] Das limbische System ist kein scharf abgegrenzter körperlicher Teil des Gehirns, sondern eine Einheit von Hirnfunktionen, an denen sehr unterschiedliche Teile des Gehirns beteiligt sind; siehe Gerhard Roth, »Das Gehirn und seine Wirklichkeit«, a. a. O. S. 198 f.

[372] »Cortex« bedeutet hier: »Cortex cerebri«, die Großhirnrinde; sie steht in Zusammenhang mit Bewusstseinsvorgängen (vgl. Gerhard Roth, »Das Gehirn und seine Wirklichkeit«, a. a. O. S. 231).

[373] So Gerhard Roth, »Das Gehirn und seine Wirklichkeit«, a. a. O. S. 308 f.

Weniger Umstände macht in diesem Punkt Wolfgang Prinz[374]. Um festzustellen, dass wir determiniert seien, brauche man die Libet-Experimente nicht. Prinzipiell sei die Idee eines freien menschlichen Willens mit wissenschaftlichen Überlegungen nicht vereinbar. Es sei unverständlich, wie jemand, der empirische Wissenschaft betreibe, glauben könne, dass freies, also nichtdeterminiertes Handeln denkbar sei.

Im Grunde denkt auch Gerhard Roth nicht anders. Er bekennt sich als Physikalist und hält - wie weiter oben schon gesagt - die geistigen oder kognitiven Zustände für physikalische Zustände „genauso wie elektromagnetische Wellen, Mechanik, Wärme, Energie", die „den bekannten Gesetzen der Physik nicht widersprechen" dürfen[375]. In Wahrheit aber gelten für den Geist die Erhaltungssätze der Physik nicht[376], er ist ja auch nicht durch die raumzeitliche Verteilung der Materie, also von Masse und Energie bestimmbar. Es ist sinnlos, die Physik auf ein Gebiet zu erstrecken, das sie mit ihren Maximen und Methoden gar nicht erforschen kann.

Außer der messenden Erkenntnis gibt es eine Fülle weiterer Erkenntnismöglichkeiten unserer Außenwelt, von der psychischen Einfühlung über Strukturvergleiche und Gestaltwahrnehmung bis hin zur Physiognomik und zum breiten Sektor der Sozialwissenschaften. Selbstredend kann man den Gegenstand jeder Erkenntnis der Natur für Physik erklären; nur hätte dann der Begriff »Physik« eigentlich keinen Sinn mehr; er könnte vollständig durch den Begriff der Erkenntnis der Außenwelt ersetzt werden.

---

[374] »Der Mensch ist nicht frei. Ein Gespräch«, in: »Hirnforschung und Willensfreiheit. Zur Deutung der neuesten Experimente«, herausgegeben von Christian Geyer, Suhrkamp, 1. Aufl. 2004, 8. Aufl., 2013, S. 22.

[375] »Das Gehirn und seine Wirklichkeit«, a. a. O. S. 24, 301, 302.

[376] Siehe oben S. 101, 159.

b. Strukturunterschiede menschlicher Handlungen und physikalischer Prozesse

Anknüpfend an das Beispiel Gerhard Roths vom Griff nach
der Kaffeetasse, den er nicht sich selbst oder einem bewussten
Willensakt, sondern seinem Gehirn, genauer: dem limbischen
Bewertungs- und Gedächtnissystem subcorticalen Ursprungs
zuschreibt[377], stellen wir uns frisch gebrühten, köstlich duf-
tenden Kaffee, ein Milchkännchen und eine Zuckerdose mit
Zuckerstückchen vor und dazu noch einen bedruckten Zettel:
„Bedienen Sie sich und denken Sie bitte auch an unsere Mitar-
beiter in der Küche!" Ohne die Anwesenheit eines Menschen
bleibt dieses Stillleben lange erhalten; der Kaffee wird kalt
und - wenn es wirklich lange dauert - verdunstet er und die
Milch verkrustet. Der bedruckte Zettel beeinflusst das Geschehen nicht. Die Verhältnisse sind physikalisch voraussseh-
bar; mit Ausnahmen ist nicht zu rechnen. Man schließt aus
stattgehabter, also bereits eingetretener Verteilung von Masse
und Energie mit Hilfe determinierender physikalischer Gesetze - etwa des Gravitationsgesetzes, der Hauptsätze der Thermodynamik und anderer mehr - auf einen künftigen Zustand,
der kausal herbeigeführt wird. Es ist schlechterdings nicht
damit zu rechnen, dass der Deckel der Zuckerdose angehoben
wird und zwei Stückchen Zucker in die Kaffeetasse geraten.
Das ist in rein physikalischer Hinsicht mit höchster Wahrscheinlichkeit ausgeschlossen. Bei diesem Geschehen gibt es
keine Phase, die nicht durch Veränderung der Verteilung von
Masse und Energie vollständig beschrieben werden könnte. Es
obwaltet keine Finalität.

Setzt sich allerdings ein Mensch an den Kaffeetisch, wäre es
keine Überraschung, wenn Kaffee aus der Kanne und zwei

---

[377] »Worüber dürfen Hirnforscher reden — und in welcher Weise?« in: »Hirnforschung und Willensfreiheit. a. a. O. S. 73; »Das Gehirn und seine Wirklichkeit«, Suhrkamp, 1994, 5. Aufl.; 1996, S. 309.

Stückchen Zucker aus der Zuckerdose in die Kaffeetasse gelangen und diese binnen zehn Minuten leer wäre. Sicher wäre das freilich nicht, denn es gibt Kaffeetrinker und solche, die Kaffee stets, und solche, die ihn mitunter ablehnen. Daher ist es auch nicht völlig ausgeschlossen, dass der Kaffee letztlich doch nicht getrunken und schließlich - kalt geworden - weggekippt wird. Vorhersagen, was geschehen wird, sind durch die Anwesenheit eines Menschen offensichtlich unsicherer geworden. Menschliches Verhalten muss prophezeit werden. Nicht nur Kausalabläufe müssen erkannt werden; auch menschliche Absichten, Neigungen sind ins Kalkül zu ziehen. Damit verlassen wir die Physik mit ihren exakten Prognosen. Das ist schon äußerlich ein feststellbarer Unterschied physikalischer Abläufe und menschlicher Handlungen; die einen lassen sich im Grundsatz berechnen, die anderen werden eher durch Menschenkenntnis gefördert - noch besser durch persönliche Kenntnis des potenziellen Kaffeetrinkers - als durch Messungen.

Dieses menschliche Verhalten, diese »Finalitäten«, sich durch Kaffeetrinken anzuregen oder durch Nichttrinken seine Gesundheit zu fördern - so meinen die Physikalisten - seien freilich doch letztlich physikalisch determiniert; zwar wohl nicht so grob, dass das Kaffeetrinken das Resultat des körperlichen Zustands des Kaffeetrinkers - etwa seiner Zuckerwerte, seines Wasserhaushaltes oder seines Blutdrucks - wäre. So kann etwa der Zuckerkranke sich zwei Stückchen Zucker mit schlechtem Gewissen »genehmigen« oder es auch lassen. Das wird durchaus gesehen. Aber auch diese Entscheidung ist dann nach Meinung der Physikalisten durch neurale Prozesse, die ihrerseits nach zwingenden physikalischen Gesetzen ablaufen, festgelegt, wenn auch zugestanden wird, dass „unser Wissen über die Zusammenhänge von Hirnstrukturen und Verhaltensdispositionen ... noch sehr rudimentär" ist[378].

Aber lassen sich diese Zusammenhänge im Zuge menschlicher Handlungen überhaupt prinzipiell ausschließlich physikalisch - selbstredend einschließlich der Chemie - denken? Was geschieht denn am Kaffeetisch, wenn ein Mensch die Szene betritt? Zunächst einmal wird er die Kaffeekanne, die Zuckerdose und die Kaffeetasse sehen und sie als solche erkennen. Lichtquanten, die von der Kanne ausgehen, treffen sein Auge. Dort erzeugen sie nach den optischen Gesetzen auf der Netzhaut ein umgekehrtes Bild des Objekts. Die Reize, die in den Rezeptoren der Netzhaut, den »Stäbchen« und »Zäpfchen«, wirksam werden, sind chemischer bzw. elektrochemischer Natur. Von den Rezeptoren aus werden sie auf die Nervenbahnen, die Neuronen, übertragen, in denen wieder elektrochemische Vorgänge sie zum Zentralnervensystem leiten - das alles ist schlichte Chemie und Physik. Für die weiteren Schritte wird dann aber eine rein physikalische Beschreibung nicht nur schwierig, sondern unmöglich. Der Reiz - selbst noch verursacht durch eine bestimmte Konstellation von Masse und Energie und auch grundsätzlich so beschreibbar - ruft eine spezifische Empfindung hervor, die der Mensch als simultane Helligkeits- und Farbunterschiede feststellt. Mit ihrer Wahrnehmung geschieht der Sprung von der Quantität des Reizes zur Qualität der Empfindung. Der empfundene Reiz wird in Raum und Zeit nach Qualität und Quantität und in die Kategorien der Kausalität eingeordnet, und es wird auf seine Ursache, den Gegenstand der Wahrnehmung, geschlossen. Das Ganze geschieht mit mehr oder weniger großer Aufmerksamkeit und mehr oder weniger Bewusstsein. Das Bewusstsein der aufgetauchten Empfindung lässt sich aber durch Ortsver-

---

[378] So Wolf Singer in einem Gespräch mit Metzinger, »Ein Frontalangriff auf unser Selbstverständnis und unsere Menschenwürde«, in: Magazin »Gehirn & Geist« 04/2002, S. 32, 35; abgerufen am 7. April 2017.

änderungen prinzipiell - und nicht etwa nur wegen der Unschärferelation oder ähnlicher Schwierigkeiten - nicht beschreiben.

Dass man hier mit Physik nicht weiterkommt, wird unübersehbar, wenn wir die Wirkung des bedruckten Zettels auf das Geschehen ins Auge fassen. Der Mensch wird auch den Zettel sehen und die Verteilung der Druckerschwärze auf dem Papier nicht für irgendeine harmlose Dekoration halten, sondern als Zeichen, nämlich als Buchstaben, erkennen und sie zu »lesen« suchen. Schon das visuelle Erfassen des Textes zeigt die Grenzen der Physik auf. Will man nämlich den Text ins Auge fassen und entziffern, so muss sich die Augenlinse anders formen als sie es tat, um die Kanne und die Tasse in den Blick zu nehmen. Schon diese Adaption der Augenlinse bei verschiedener Größe und verschiedenen Entfernungen der Gegenstände ist physikalisch nicht hinreichend erklärbar, sondern verlangt eine »Ganzheitsbetrachtung«, eine Rückwirkung der Empfindung auf die Wahrnehmung, für die wir in der Gesetzmäßigkeit der materiellen Welt keine Kategorien haben. So reizt der Lichtstrahl die Netzhaut, dieser Reiz wird in den Neuronen fortgeleitet und reizt die Neuronen des primären Sehzentrums im Hinterhaupt; es entsteht z. B. das Signal »hell«, während andere Nervenzellen z. B. das Signal »halbhell« oder »dunkel« usw. erhalten. Die Reaktion, die nun im Sehzentrum stattfindet, ist nicht etwa die, dass sich bei dem Signal »hell« der Ziliarmuskel, der an die Augenlinsen angreift, verändert, sondern er verändert sich erst dann, wenn das vom Gegenstand auf der Netzhaut erzeugte Bild für »unscharf« gehalten wird. Die einzelnen Neuronen »wissen« nichts davon, welche Voraussetzungen gegeben sein müssen, um ein Bild als »scharf« zu klassifizieren, denn auch das unscharfe Bild wird durch den gleichen physikalischen Effekt erzeugt wie das scharfe. Es muss also eine Instanz da sein, die den Schärfegrad des Bildes feststellt, die aber nicht in den Zellen, die den Reiz entgegennehmen, liegen kann, sondern die erst bei einem Überblick über das Ganze wirksam wird. Erst in der Wahrnehmung, bei der das durch Reize gewonnene Bild mit erinnerten Bildern verglichen wird, wird über Schärfe oder Unschärfe des beobachteten Gegenstands entschieden. Je nach dem, worauf sich nun der Blick richtet, ob auf den Zettel oder die Kanne, nämlich auf das Minutiöse der Schrift oder das Gröbere der Kanne, das Nahe oder das Ferne, werden andere erinnerte Bilder zum Vergleich herangezogen, um zu entscheiden, ob die Schärfe hinreicht oder verstärkt werden muss. Diese orientierende Instanz ist psychischer Natur. Die physikalischen Gesetze allein geben keine zureichende Erklärung des Vorgangs in der Welt der Erscheinungen.

c. Sprache und Verstehen

Es bleibt noch die Wirkung zu bedenken, die der Zettel auf das Geschehen hat. Der Verfasser des Textes bedient sich der Sprache, und zwar in ihrer Manifestation als Schrift, um eine von ihm beabsichtigte Wirkung zu erzielen. Die Sprache als zeitliche Reihung von Lauten - eben der gesprochenen Wörter - oder als örtliche Reihung von Schriftzeichen weist immaterielle Strukturen auf und beruht schon in ihrer Entstehung auf nicht ausschließlich physikalisch erklärbaren und beschreibbaren Vorgängen. Man darf - nochmals - Manfred Eigen zitieren: „Die Abfolge dieser Symbole[379] vermag eine Nachricht zu codieren. Dabei entsteht eine völlig neue Qualität, die in der physikalisch-chemischen Begriffswelt, in der von materiellen Wechselwirkungen, von Atomen, Molekülen oder Kristallen, von Energieformen und deren Umwandlungen die Rede ist, nicht vorkommt: Information."

---

[379] Manfred Eigen meint an dieser Stelle - »Perspektiven der Wissenschaft«, 1988, 2. Aufl. 1989 - S. 122 die vier Nucleinsäurebasen Adenin, Thymin, Cytosin und Guanin, die als Symbole in unterschiedlicher Reihenfolge die Erbanlagen bestimmen.

Versteht der Mensch kein Deutsch, wird er wahrscheinlich, vorsichtig und höflich wie er ist, vom Kaffeetrinken Abstand nehmen, denn er will sich keinen scheelen Blicken aussetzen. Das mit dem Kaffeeduft und dem Anblick von Kanne und Tasse entstandene Bereitschaftspotenzial, Kaffee zu trinken, schwindet. Er hat ja erkannt, dass man dem Kaffeetrinker eine Information zukommen lassen will und ein bestimmtes Verhalten wünscht. Er würde - Appetit auf Kaffee verspürend - sich gerne danach richten. Nur welches Verhalten ist gewünscht?

Liest der Mensch die Mitteilung und versteht er sie, so antizipiert er die Zukunft und weiß: Es wird keinen Verdruss geben, wenn er den Kaffee trinken sollte und eine Spende für das Küchenpersonal hinterlässt. Das Lesen selbst erschöpft sich weder in einem Spiegeln noch in einem Kopieren der Information, noch unmittelbar in der Anlage dessen, was dem Gehalt der Information nach geschehen soll. Die Verschiebung von Masseteilchen bei der materiellen Manifestation der Information - also das Schreiben der Buchstaben oder das Sprechen der Wörter - bewegt nicht schon etwa über eine Vielzahl von Zwischengliedern die Masseteilchen, die bewegt werden müssen, damit dem Inhalt der Information entsprochen ist. Die Wirkung des Lesens ist kein Vorgang, der ausschließlich physikalisch beschrieben werden kann. Information soll veranlassen und veranlasst in der Regel auch, eine Neuverteilung von Masse und Energie in die Wege zu leiten, die in der materiellen Manifestation der Information als Text auf dem Blatt Papier oder als Laute in der Luft selbst physikalisch nicht schon enthalten oder auch nur angelegt ist. Die Verteilung von Masse und Energie in Wort und Schrift - nämlich als Laute oder als Druckerschwärze in der Manifestation der Information - bewirkt nicht selbst, nicht »unmittelbar«, die Verteilung von Masse und Energie - also in unserem Beispiel die von Kaf-

fee und Zucker - , die sich durch das Verstehen der Information einstellen soll. Ihre Wirkung ist also nicht lückenlos »durch
Zug und Druck«, nicht durch materielle Wechselwirkungen
von Elementarteilchen, von Energie und deren Umwand-
lung[380] beschreibbar. Vielmehr herrscht Heterogenität in der
Seinsweise der Manifestation der Information einerseits und
dem durch die Information zu bewirkenden Effekt anderer-
seits[381]. Zwischen Information und ihrer Wirkung tritt also ein
Bruch zutage: Wenn die Manifestation der Information durch
Verteilung von Druckerschwärze auf einem Blatt Papier letzt-
lich die Leerung einer Tasse Kaffee bewirkt, so kann diese
Wirkung von der Druckerschwärze bis zum Anheben der Tasse nicht lückenlos physikalisch-kausal beschrieben werden.
Wie kann da auch die Naturgesetzlichkeit die ausschließliche
Ursache sein, wenn die Relation zwischen den künstlichen
Zeichen der Sprache und dem Bezeichnetem von Menschen
willkürlich gesetzt ist? Die Wirkung der Information in ihrer
Finalität auf die Welt der Dinge läuft nur über die Bedeutung,
nämlich die willkürlich entstandene Korrelation von Bezeichnendem und Bezeichnetem. Bedeutung ist ausschließlich ein
geistiges Phänomen.

2. Das Problem der Entscheidung

a. Wer entscheidet nach physikalistischer Meinung?

Nachdem die Zeichen als Buchstaben gedeutet und zu Wörtern kombiniert sind, setzt ein weiterer mentaler Prozess ein.
Der Mensch muss sich unter Auswertung seiner Kenntnisse
und Wertungen zu einer Entscheidung »durchringen«, ob er
nun Kaffee trinken will oder nicht. Ja, er würde nicht ungern
eine Tasse Kaffee zu sich nehmen. Unangenehm ist ihm aller-

---

[380] Vgl. Manfred Eigen »Perspektiven der Wissenschaft«, 1988, 2. Aufl. 1989, S.
122.
[381] Siehe oben S. 149.

dings der Zettel mit der Aufforderung, nämlich dem Erbitten einer Spende; er weiß nicht recht, wieviel er da geben soll. Man könnte an dieser Stelle die ganze Komplexität der Entscheidungsfindung aufzeigen, die hier demonstriert am Fall des Kaffeetrinkens freilich leicht ins Karikaturistische läuft.

Diese Entscheidung, so meint Gerhard Roth, trifft das limbische System des Menschen auf Grund determinierender physikalischer Gesetze[382], und zwar ohne dass es dem Menschen bewusst wird. Die allgemeine Funktion des limbischen Systems bestehe in der Bewertung dessen, was das Gehirn tue. Dies geschehe nach den Grundkriterien »Lust« und »Unlust« und nach davon abgeleiteten Kriterien. Das Resultat dieser Bewertung werde im Gedächtnissystem festgehalten. Bewertungs- und Gedächtnissystem hingen untrennbar zusammen, denn jede Bewertung geschehe aufgrund des Gedächtnisses. Umgekehrt sei Gedächtnis nicht ohne Bewertung möglich, denn das »Abspeichern« von Gedächtnisinhalten geschehe aufgrund früherer Erfahrungen und Bewertungen und des gerade anliegenden emotionalen Zustandes[383]. Auch hier sollte man sich freilich dem Problem des »ersten Schritts«[384] stellen.

Hat das limbische System seine Entscheidung getroffen, lässt es sie - so darf man Gerhard Roth verstehen - durch das Bewusstsein sozusagen nur noch »verkünden« und durch unsere Glieder »vollstrecken«. Nachdem also entschieden worden ist, welcher Betrag gespendet werden soll, kommt dem Menschen zu Bewusstsein, welchen Betrag er tunlichst geben soll, und er legt ihn auf den Teller. Man fragt sich, ob dem Menschen auch

---

[382] Gerhard Roth, »Wir sind determiniert«, in: »Hirnforschung und Willensfreiheit. Zur Deutung der neuesten Experimente«, herausgegeben von Christian Geyer, Suhrkamp, 1. Aufl. 2004, 8. Aufl., 2013, S. 218.
[383] Gerhard Roth, »Das Gehirn und seine Wirklichkeit«, Suhrkamp, 1994, 5. Aufl., 1996, S. 209.
[384] Siehe oben S. 113.

die Urteilsbildung des limbischen Systems zum Bewusstsein kommt. Nehmen wir einmal an, es fände sich im limbischen Bewertungs- und Gedächtnissystem keine passende Wertung; was dann? Dann ist der Mensch unschlüssig. Diese Unschlüssigkeit kann sich dergestalt äußern, dass das limbische System vorschnell Entscheidungen dem Bewusstsein mitteilt, die es alsbald korrigiert. Kommt dem Bewusstsein die Unschlüssigkeit des limbischen Bewertungs- und Gedächtnissystems zum Bewusstsein, dann kann es eigentlich nur als eigenes Schwanken bewusst werden, denn ein anderes Bewusstsein als das eigene hat man ja nicht. Der Mensch wird dann die Unschlüssigkeit zu beheben suchen. Kann es sein, dass dem Bewusstsein womöglich die Begründung, die das limbische System gibt, mangelhaft erscheint und es deshalb anregt, nach weiteren Erkenntnisquellen Ausschau zu halten, die einen befriedigenderen Aufschluss gewähren, dass es also doch auf den Prozess der Wertung und Entscheidungsfindung Einfluss nimmt?

Man mag die Rollen auf das limbische System und das Bewusstsein verteilen, wie man will, letztlich ist für das Verständnis des Geistes entscheidend, dass die Entscheidung nach Meinung der Physikalisten - wie Gerhard Roth - auf Grund determinierender physikalischer Gegebenheiten fällt, also nicht frei ist. Da das Ganze nach physikalischen Gesetzen abläuft - hat man sich dann das Schwanken bei der Entscheidungsfindung eher so vorzustellen wie etwa das Pendeln einer offenen Tür bei wechselndem Luftzug, bis sie ins Schloss fällt?

b. Der Geist - nur ein Epiphänomen neurologischer Prozesse?

Der Irrtum des Menschen liegt also nach Roth gerade darin, nicht zu merken, dass sich der entscheidende Wertungsvorgang als physikalischer Prozess im limbischen System schon abspielt hat. „Nicht mein bewusster Willensakt, sondern mein Gehirn hat entschieden!" [385] Wie kommt eigentlich das Gehirn - diese Ansammlung von Masse und Energie - dazu, zu entscheiden? Nimmt man das wörtlich, dann käme der Mensch und die Menschenwelt letztlich auch ohne Bewusstsein aus[386]. Augenscheinlich werden nach Roth die Welt und ihre Veränderungen vom limbischen System des Menschen über die Sinne aufgenommen und von ihm mit einer Entscheidung, etwa eine entsprechende Handlung auszuführen, beantwortet. Das ist alles. Was sich dann noch im Bewusstsein abspielt, hat nur noch deklaratorischen Charakter und ist entgegen unserem Eindruck - wörtlich genommen - nicht mehr »entscheidend«.

Der Bewusstseinsvorgang, der die Entscheidung zu fällen meint, wird zum Epiphänomen, zur wirkungslosen Begleiterscheinung. Das überzeugt allerdings nicht, und man könnte von einem „Skandal der Philosophie und allgemeinen Menschenvernunft" sprechen, - Worte, die Kant[387] damals auf den Idealismus bezug, weil dieser „das Dasein der Dinge außer uns, von denen wir doch den ganzen Stoff zu Erkenntnissen selbst für unseren inneren Sinn her haben, bloß auf Glauben annehmen" wolle „und, wenn es jemand einfalle, das zu bezweifeln, ihm keinen genugtuenden Beweis entgegenstellen" könne. Hier wird - umgekehrt - die Realität und Relevanz der von uns mitunter geradezu schmerzhaft empfundenen und praktizierten Freiheit in ihrer Fähigkeit, die von uns gewollten Veränderungen in unserer Umwelt gegen äußere Wi-

---

[385] Gerhard Roth, »Worüber dürfen Hirnforscher reden — und in welcher Weise?«, in: »Hirnforschung und Willensfreiheit. Zur Deutung der neuesten Experimente« a. a. O. S. 66, 73:

[386] So mit Recht schon Friedrich Albert Lange, »Geschichte des Materialismus und Kritik seiner Bedeutung in der Gegenwart«, 2. Auflage, 1873 / 1875, Wohlfeile Ausgabe, besorgt von Hermann Cohen, 1881, S. 486.

[387] »Kritik der reinen Vernunft«, Vorrede zur 2. Auflage S. XXXIX.

derstände durchzusetzen, geleugnet. Und mit den „genugtuenden Beweisen" steht es auch nicht besser!

An diesem Ärgernis, den Bewusstseinsvorgang der Entscheidung als Epiphänomen zu erklären, nehmen auch repräsentative Philosophen und Hirnforscher, wie Habermas und Singer, die sich dem »Naturalismus« zurechnen, Anstoß. Beide überwinden den „Skandal" mit ihrem Vertrauen auf eine Weltvernunft, die Habermas und Singer nicht als Geist „ontologisiert"[388] wissen wollen. Habermas möchte „der intuitiv unbestreitbaren Evidenz eines in allen unseren Handlungen performativ mitlaufenden Freiheitsbewusstseins gerecht" werden, auch wenn „im Hinblick auf die vermeintliche Interaktion zwischen Geist und Gehirn Forschungsansätze, die allein den harten Kausalerklärungen vertrauen und die weichen rationalen Erklärungen in eine illusionäre Alltagspsychologie verweisen, die richtige Antwort" sein könnten[389]. „Hart" nennt er in diesem Zusammenhang das naturwissenschaftliche Tatsachenwissen und „weich" das Verständnis symbolisch konstruierter Sinnzusammenhänge und Praktiken, die sich auf die Auslegung oder Explikation von Bedeutungen und Bewandtnissen berufen[390]. Dass wir aus neurologischen Ursachen handeln und dass Gründe sowie ihre logische Verarbeitung in Wahrheit keine Rolle spielten, also schlichte Epiphänomene seien, weil sie „keine beobachtbaren physischen Zustände" sind, widerspricht nach Auffassung von Habermas der „evolutionären Erkenntnistheorie", also dem, „was uns

---

[388] »Freiheit und Determinismus«, in: »Zwischen Naturalismus und Religion«, Philosophische Aufsätze, Suhrkamp, 1. Auflage 2005, S. 155, 166.

[389] A. a. O. S. 156 und 167. Habermas behilft sich mit einem „Perspektivendualismus" (S. 157, 170), der das Sachproblem nicht löst und hier nicht zu diskutieren ist. Am Ende leuchtet bei ihm so etwas wie »doppelte Wahrheit« auf.

[390] »‚Ich selber bin ja ein Stück Natur' — Adorno über die Naturverflochtenheit der Vernunft«, in: »Zwischen Naturalismus und Religion« a. a. O. S. 213.

Darwin über die natürliche Evolution gelehrt hat" [391]. Zustimmend zitiert er John Searle: „Die Prozesse der bewussten Rationalität sind ein so wichtiger Teil unseres Lebens, und vor allem ein biologisch so kostspieliger Teil unseres Lebens, dass es sich damit so anders verhielte als alles, was wir von der Evolution wissen, wenn ein Phänotyp dieser Größenordnung überhaupt keine funktionale Rolle im Leben und für das Überleben des Organismus spielen würde"[392].

Auch Singer - wie Habermas - im festen Vertrauen, dass die Evolution nichts Überflüssiges entwickele, fragt nach der Ursache, warum sie überhaupt Gehirne herausgebildet habe[393], die über zwei Entscheidungsebenen - die bewusste und die unbewusste - verfügten, weshalb also bestimmte Entscheidungsprozesse bewusst werden, andere nicht. Eine naheliegende Vermutung sei, „dass bewusstes Verhandeln von Variablen Vorteile gegenüber den unbewussten Entscheidungsprozessen" biete. Ein offensichtlicher Gewinn könne die Mitteilbarkeit der Gründe sein. Auch wenn die benennbaren Motive nur Fragmente darstellen, erlaube ihre Kommunizierbarkeit eine wesentlich differenziertere Bewertung von Verhaltensdispositionen, als dies durch die Beobachtung von Verhalten allein möglich wäre. Diese Mitteilbarkeit habe ver-

---

[391] »Freiheit und Determinismus«, a. a. O. S. 157. Die »evolutionäre Erkenntnistheorie« (siehe zum Begriff: a. a. O. S. 167) wurde von Konrad Lorenz entwickelt, siehe beispielhaft seinen Aufsatz »Gestaltwahrnehmung als Quelle wissenschaftlicher Erkenntnis«, 1959, in: Konrad Lorenz, »Vom Weltbild des Verhaltensforschers«, dtv, 1. Auflage 1968, 3. Auflage 1970, S. 97 bis 147, insbesondere S. 100 ff. Vgl. zum Begriff dieser Theorie: Carl Friedrich Gethmann, »Enzyklopädie Philosophie und Wissenschaftstheorie«, herausgegeben von Jürgen Mittelstraß, 1980, Sonderausgabe 2004, Artikel: »Erkenntnistheorie, evolutionäre«.

[392] A. a. O. S. 169.

[393] »Verschaltungen legen uns fest: Wir sollten aufhören, von Freiheit zu reden«, in: »Hirnforschung und Willensfreiheit. Zur Deutung der neuesten Experimente«, herausgegeben von Christian Geyer, Suhrkamp, 1. Aufl. 2004, 8. Aufl., 2013, S. 30, 61.

mutlich entscheidend zur Entwicklung und Stabilisierung sozialer Systeme beigetragen, weil sie die Option eröffne, die Äußerungen über getroffene Entscheidungen zu bewerten, Entscheidungen als intentionalen Akt zu interpretieren, Verantwortung für Entscheidungen zuzuschreiben und Sanktionen für unerwünschte Entscheidungen vorzusehen. Ein weiterer Vorteil bewussten Entscheidens sei, dass die Variablen nach rationalen Diskursregeln verhandelt werden könnten. Hier freilich muss man fragen: Läuft dann nicht der Entscheidungsprozess doch über das Bewusstsein? Und ist er nicht damit doch vom Geist getragen?

Das Vertrauen von Singer und Habermas in die Vernunft ist nicht unähnlich dem Glauben der Aufklärung an die - noch Gott genannte - Weltvernunft. So fragte vor drei Jahrhunderten Christian Wolff, weshalb Gott einzig und allein dem Saturn einen Ring gegeben habe, den anderen Himmelskörpern aber nicht. Auch da war mit Blick auf Zweckmäßigkeit die Antwort eine Vermutung, dass nämlich Gott damit zeigen will, dass nicht alles um der Menschen willen, die auf dem Erdboden wohnen, gemacht worden sei[394].

Wo stellt sich denn überhaupt das Problem des Zweckmäßigen, des Nutzlosen, des Überflüssigen und Katastrophalen? Im Weltall ist es sinnlos, nach Überflüssigem und Katastrophen zu suchen. Ist der Andromedanebel überflüssig? Könnte man des Deneb, dieses Blauen Riesen im Sternbild des Schwan, entbehren? Ist die Hintergrundstrahlung nutzlos? Ist die Kollision zweier Sterne oder Sternhaufen eine Katastrophe? Nutzloses und Überflüssiges gibt es nur, wo Sinn und Zweckmäßigkeit obwalten. Was man von Gott glaubte, dass er nämlich eine zweckmäßige Welt schaffe, wird heute und hier auf Erden der Evolution zugetraut. Bedarf die »Evolution« da-

---

[394] »Vernünfftige Gedancken von den Absichten der natürlichen Dinge«, 1723, 2. Auflage 1726, §§ 8, 9 und 91, S. 6f, und S. 252.

zu keinerlei Voraussicht, die man Gott aus Gründen der Logik zugesprochen hat? Und wenn sie ihrer nicht bedarf, weshalb?

Im Grunde läuft jeder Physikalismus für sich genommen bezüglich geistiger Vorgänge auf einen Epiphänomenalismus hinaus[395], denn er macht sich anheischig, alles durch bloße Veränderungen in der Verteilung von Masse und Energie auf der Grundlage physikalischer Gesetzmäßigkeit unter Ausschluss aller Zwecksetzungen - also Finalitäten - zu erklären. Er kann damit dem Geistigen, also dem Bewusstsein keinen Einfluss auf die Materie einräumen.

Roth hat zwar dargetan, dass das Bewusstsein keineswegs auf neuronale Prozesse reduziert werden könne[396], nimmt aber gleichwohl an, dass es sich um einen physikalischen Zustand handelt - „genauso wie elektromagnetische Wellen"[397] - und bezeichnet seine Einstellung in diesem Punkte als „nicht-reduktionistischen Physikalismus"[398]. Er versteht unter „nicht-reduktionistisch", dass auch in der Physik keineswegs alles aus einer einzigen fundamentalen Theorie abgeleitet werden müsse. Vielmehr sei davon auszugehen, dass das vorhandene Theoriegebäude der Physik aus „Bereichstheorien" bestehe[399]. Es tut dem Physikalismus in der Tat keinen Abbruch, wenn das Bewusstsein und seine Erscheinungen nicht auf die Gesetze der Mechanik zurückgeführt werden können. Es versucht ja - von der Suche nach der Weltformel abgesehen - auch niemand, beispielsweise die physikalischen Gesetze der Optik mit den Gesetzen der Mechanik in einer Theorie zu vereinen. Allerdings - und daran muss mit Nachdruck festgehalten werden - müssen das Bewusstsein und seine Phänomene

---

[395] Vgl. auch Habermas »Freiheit und Determinismus« a. a. O. S. 155, 168.
[396] »Das Gehirn und seine Wirklichkeit«, a. a. O. S. 247.
[397] A. a. O. S. 301.
[398] A. a. O. S. 23.
[399] A. a. O. S. 300.

überhaupt den Gesetzen der raumzeitlichen Verteilung der Materie unterliegen und von ihnen bestimmt werden, wenn man sie als „physikalische Zustände" bezeichnen will. Ansonsten hätten wir es eben in Wahrheit nicht mehr mit Physik zu tun, und der grenzenlos gewordene Begriff »Physik« würde eine Strukturähnlichkeit des Bewusstseins und der neurologischen Prozesse nur vortäuschen.

c. Die finale Struktur jeder Entscheidung

Geist und Materie sind unterschiedlich strukturiert, sie können nicht durch die gleichen Kategorien erfasst werden. So gibt es in allem, was der Physik unterfällt, keine Wertung[400]. Erscheinungen der organischen Natur aber machen mitunter den Eindruck, dass sie auf Wertungen beruhen, die sich nicht durch »Physik«, sondern nur als ein Tun des Geistes verstehen lassen. Werten ist Werterkenntnis, häufig ein Schritt zur Vorbereitung des Wählens und Wollens. Unter dem Begriff »Wert« ist das zu verstehen, was bewirkt, dass etwas seinem Nichtsein vorgezogen wird[401]. Wird sein Nichtsein vorgezogen, so sprechen wir von einem Unwert. Derartiges geschieht in der Physik schlechterdings nicht. Werten verlangt eine Sinnrelation, ein Vorziehen oder Hintansetzen um eines Zwecks - und sei es um der Schönheit - willen. Auch hier ist unverkennbar, dass das Werten ein finales Moment aufweist. Das »Matterhorn« ist nicht das Ergebnis einer Wertung, es hat keinen »Sinn«. Es ist nicht als Kletterpyramide zur Ankurbelung des Fremdenverkehrs entstanden, sondern durch erdgeschichtliche Vorgänge. Wind und Regen, die einen Berg abtragen, »gutes« und »schlechtes« Wetter, die kausal wirken, sind für sich genommen weder wertvoll noch unwertig, sie werden

---

[400] Siehe oben S. 136.

[401] Zum Merkmal des Vorziehens vgl. Max Scheler, Der Formalismus in der Ethik und die materiale Wertethik, 6. Aufl., 1980; S. 47, 265 f; Nicolai Hartmann, Ethik, - 1. Aufl. 1925 - ; 3. Aufl., 1949; S. 118.

es nur durch das Interesse vor allem des Menschen. Löst sich ein Ziegel vom Dach und fällt in die Tiefe, dann ist dem keine Wertung vorausgegangen und es ist auch keine Entscheidung gefallen. Nicht einmal den Selbsterhaltungstrieb kennt die Physik, sondern nur das Trägheitsmoment. Schon der Selbsterhaltungstrieb ist Ansatz eines rudimentären Geistes und jenseits der Physik. Er beruht auf Finalität, nämlich auf einer Wertung zwischen Sein und Nichtsein; der Trägheitssatz dagegen beruht auf Kausalität.

Das Entscheiden ist ein intendiert zweckmäßiges Handeln, also ein Geschehen mit finalem Ausblick. Wo dieser finale Aspekt fehlt, liegt keine Entscheidung vor, sondern ein Mechanismus. Es wäre ein Widerspruch in sich selbst, die Lösung eines »Ziel«-Konflikts physikalisieren zu wollen. So vollzieht ein automatisches Getriebe keinerlei Wertung, bei bestimmter Drehzahl in einen anderen Gang zu schalten.

Man kann das Werten auch nicht durch einen Rückgriff auf im Gedächtnis abgelegte Handlungsschemata erklären oder ersetzen. Abgesehen davon, dass auch hier wieder gilt, den ersten Schritt - also die erste aller Bewertungen - zu erklären, also den Schritt, der zum ersten „abgelegten Handlungsschema" führt. Jede Entscheidung hat - auch wenn sie notwendig an Vorgegebenes anknüpft - immer etwas von einer »Schöpfung aus dem Nichts«, ein Moment, das sich aus der Vergangenheit nicht restlos ableiten lässt. Selbst wenn sich der Entscheider an eine ähnliche Situation erinnert, völlig identisch mit der jetzigen ist sie schon logisch wegen des Fortgangs der Zeit nie. Oder anders gesagt: Irgendwann und irgendwo muss angefangen werden mit der Werterkenntnis. Und das ist eben ein Bewusstseinsvorgang, der final geprägt ist. Eine »Schöpfung aus dem Nichts«, die jeder wirklichen Entscheidung beizumessen ist, kann es in der Physik nicht geben, und zwar eben schon wegen der im weitesten Sinne zu denkenden Anknüpfung an die vorgängige Verteilung von Masse und Energie. Eine »Schöpfung aus dem Nichts« kommt nur vom und durch den Geist und aus dem Geist.

Auch Singer[402] sucht vergeblich den Vorgang der Wertung zu »mechanisieren«. Er meint, dass aufgrund evolutionärer Anpassung Gehirne daraufhin ausgelegt seien, „fortwährend nach den je optimalen Verhaltensoptionen zu suchen". Um zu entscheiden - so fährt Singer fort - stützten sie sich auf eine ungemein große Zahl von Variablen, nämlich „auf die aktuell verfügbaren Signale aus der Umwelt und dem Körper sowie auf das gesamte gespeicherte Wissen, zu dem auch emotionale und motivationale Bewertungen zählen". In eng miteinander vernetzten Hirnrealen würden dann „Erregungsmuster miteinander verglichen, auf Kompatibilität geprüft und, falls sie sich widersprechen, einem kompetitiven Prozeß ausgesetzt, in dem es schließlich einen Sieger geben wird".

Wie kommen die Gehirne - physikalisch gesehen - eigentlich dazu, das Optimale zu suchen, und was heißt denn da das »Optimale«? Wie und nach welchen Grundsätzen wird der Wettbewerb - falls sich die „Erregungsmuster" widersprechen - entschieden? Schon der Selbsterhaltungstrieb ist - wie gesagt - final und findet sich in der Physik nicht, ganz zu schweigen von einem Optimierungstrieb. Mit dem Begriff der »Optimierung« haben wir den Bereich der Physik endgültig verlassen und sind in das Reich des Geistes übergewechselt. Er setzt eine Antizipation der Zukunft voraus, um herauszubekommen, was denn nun optimal sein wird. Zielkonflikte müssen unter Abwägung von Unsicherheiten entschieden werden; das tut sich nicht von selbst. Die Materie ist Grundlage für vieles, aber

---

[402] »Verschaltungen legen uns fest: Wir sollten aufhören, von Freiheit zu reden«, in: »Hirnforschung und Willensfreiheit. Zur Deutung der neuesten Experimente«, herausgegeben von Christian Geyer, Suhrkamp, 1. Aufl. 2004, 8. Aufl., 2013, S. 56.

sie kann - wie gesagt - nicht werten. Selbst das »Prinzip der kleinsten Aktion«, das besagt, dass die Natur für alle Veränderungen den jeweils kleinsten Aufwand beziehungsweise die kleinste Wirkung wählt, um das Ziel der Veränderung zu erreichen, ist ein Prinzip der mathematischen Physik[403] und keine Wertung.

Die geistige Vorwegnahme der Zukunft im Rahmen der Entscheidungsfindung wird zur Ursache des Geschehens. Die Finalität des Geschehens kann nicht weggedacht werden, ohne dass der Erfolg entfiele. Das ist der markante Unterschied zwischen einem Vulkanausbruch, der auf Physik und nur auf Physik beruht, und dem oben genannten Beispiel des Kaffeetrinkens, also dem Armaufheben zum Kaffeetrinken. Ohne diese Absicht hätte sich der Arm des Kaffeetrinkers nicht bewegt, jedenfalls nicht in diese Richtung! Die Physik zwingt ihn nicht dazu. Die Finalität, die im Entschluss zum Kaffeetrinken liegt, hat in der Physik nach dem ureigenen Selbstverständnis der Physiker nichts zu suchen. Es ist eine Vorgang im Bewusstsein, ein Wirken der antizipierten Zukunft auf die Gegenwart, die das Kaffeetrinken bewirkt.

Aber auch wenn man die menschliche Handlung durch das limbische System und nicht durch einen bewussten Willensakt bestimmt sieht, ermöglicht das letztlich keine lückenlose physikalische Beschreibung der Vorgänge. Es ist zwar physikalisch denkbar, wenn sich die Handlung ausschließlich nach den Kriterien gegenwärtiger »Lust« und »Unlust« und davon abgeleiteten Kriterien richten würde, dergestalt etwa, dass, wenn Lust mit der Handlung verbunden ist, sie in die Wege

---

[403] Siehe Max Planck, »Das Prinzip der kleinsten Wirkung«, 1915, in: »Vorträge und Erinnerungen«; WBG 1965, S. 95 ff; siehe auch: Thiele, in: »Historisches Wörterbuch der Philosophie«, Band 12 – 2004 - herausgegeben von Joachim Ritter, Karlfried Gründer und Gottfried Gabriel, Artikel »Wirkungsprinzip; Prinzip der kleinsten Aktion«.

geleitet wird, wenn nicht, dann nicht. Aber schon eine Prognose, ob bei einer bestimmten Handlungsweise Lust zu erwarten ist, womöglich »nachhaltig« zu erwarten ist und mit welchen Folgen, geht über die Physik hinaus.

Es wird nicht bestritten, dass unser alltägliches Agieren häufig keiner Entscheidung im eigentlichen Sinne bedarf, sondern dass vieles mehr oder weniger automatisch abläuft, begleitet von einer meist nur flüchtigen Aufmerksamkeit. Diese automatischen Reaktionen kann man in der Tat getrost dem limbischen System überlassen sehen; Roth hält diese Fähigkeiten vom prozeduralen Gedächtnis umfasst[404].

d. Der Tod des Sokrates und unsere Hirnforscher

Wie gesagt: Im Grunde können Prozesse, die nur nach physikalischen Gesetzen ablaufen, die Welt des Menschen nicht hinreichend erklären, und zwar weder die Gedankenwelt, die auf der Entstehung und Vermittlung von Bedeutungen beruht, noch seine Umwelt, die in ihrer konkreten Gestalt immer mehr auf die Verwirklichung menschlicher Willensentschlüsse zurückzuführen ist. Man mag bedingte und unbedingte Pawlowsche Reflexe, Bereitschaftspotenziale, das limbische Bewertungs- und Gedächtnissystem, Lust-Unlust-Mechanismen, Verschaltungen, Vergleiche und Auswahl von Erregungsmustern in einem kompetitiven Prozess oder sonstige automatische Reaktionen je für sich oder alle zusammen nehmen, sie erklären eine Menge des alltäglichen Verhaltens; aber eine existenzielle Entscheidung, die sich gegen die eigenen Vitalinteressen stellt, erklären sie nicht.

---

[404] »Das Gehirn und seine Wirklichkeit«, a. a. O. S. 210.

Augenscheinlich sah das Platon auch schon so. In seinem »Phaidon«[405] erwähnt er eine Schrift des Anaxagoras, die uns nicht erhalten ist und in der dieser programmatisch behauptet habe, dass die Vernunft alles anordne und alles bewirke. In Wirklichkeit aber hatte Anaxagoras unter »Vernunft« - zur Enttäuschung Platons - nur die bloße Naturgesetzlichkeit[406], also nach unserem Verständnis die bloße Gesetzmäßigkeit der »Physik«, verstanden, aber nicht die wertende Vernunft. Platon ließ daher Sokrates vor dessen Hinrichtung in etwa so sprechen: „Welche Enttäuschung also, als ich bei fortschreitendem Lesen sehe, dass Anaxagoras von der Vernunft gar keinen Gebrauch macht und ihr nicht die geringste Ursächlichkeit für die Anordnung der Dinge zuschreibt, sondern Luft und Äther und Wasser als Ursachen anführt und noch vieles andere. Sein Verfahren schien mir ganz so, wie wenn jemand erst sage, ‚Sokrates tut alles, was er tut, mit Vernunft‘ — dann aber, wenn er sich anschickte, die Gründe für alles, was ich tue, anzuführen, als erstes sagt, ich säße hier, weil mein Leib aus Knochen und Sehnen bestehe   die Sehnen aber .... so eingerichtet seien, dass sie angespannt und nachgelassen werden könnten. .... Aus diesem Grunde säße ich jetzt mit gebogenen Knien hier. Die wahre Ursache aber hat er nicht genannt: dass nämlich die Athener es für richtiger hielten, mich zu verurteilen, und es deshalb auch mir richtiger erscheint, hier sitzenzubleiben, und die Strafe, die sie verhängt haben, standhaft auf mich zu nehmen. Denn beim Hund! Ich glaube, wenn ich es nicht für gerechter .... gehalten hätte, die Strafe ....

---

[405] 97b bis 99b; siehe die Übersetzung von Romano Guardini, »Der Tod des Sokrates«, rowohlts deutsche enzyklopädie, 1964, S.153 und auch die Übersetzung von Otto Apelt, Meiner, 1923, S. 98 f.

[406] Zu diesem Verständnis des »Nous« bei Anaxagoras als mechanische Naturgesetzlichkeit mit teleologischem Einschlag vgl. Zeller, »Die Philosophie der Griechen in ihrer geschichtlichen Entwicklung«, drei Teile in je zwei Bänden, erster Teil, zweite Abteilung, Bd. 2, S. 1233 und vor allem auch Egon Friedell, »Kulturgeschichte Griechenlands«, - vollendet 1938 - Verlag C.H. Beck, 1966, S. 261.

auf mich zu nehmen, statt zu fliehen und davonzulaufen, dann wären diese Sehnen und Knochen schon längst .... in Megara oder in Böotien!"[407] Unseren Hirnforschern im übrigen entgegenkommend und das Somatische nicht außer Acht lassend lässt Platon den Sokrates dann noch hinzusetzen: „Falls freilich einer sagen würde, ohne solche Dinge, wie Knochen und Sehnen und was ich sonst noch habe, würde ich außerstande sein, zu tun, was mir beliebt, dann hätte er recht - dass ich aber das, was ich tue, deshalb tue und es mit Vernunft tue, weil ich Glieder und Organe habe, und nicht vielmehr, weil ich in freier Wahl des Richtigen handle, ist doch im höchsten Grade verfehlt."

In der Tat: die Entscheidung des Sokrates auf Leben und Tod wird man aus seiner Physis nicht ableiten können. Da ist jeder Automatismus weg und das Drama des Menschseins beginnt. Es liegt zutage, dass es der Blick auf den Sinn seines Lebens war, der seine Entscheidung getragen, seinem Bleiben im Gefängnis also Finalität gegeben hat. Menschen können sich gegen ihre Vitalinteressen entscheiden. Das geht dann von Sokrates über Jesus von Nazareth bis hin zu den Widerstandskämpfern des 20. Juli, eingebettet in den Strom aller derer, die sich selbstlos um der Welt willen, wie sie nach ihres Herzens Meinung sein soll, aufgeopfert haben. Der darwinistische Kampf ums Dasein, um Lebenserhalt und Vermehrung, wird hier nicht gekämpft.

Mag es auch auf weiten Strecken gelingen, mit Hilfe der Psychologie - auch der Psychoanalyse - , der Massenpsychologie und der Soziologie das Verhalten des Menschen und der Menschen zu diagnostizieren und zu prognostizieren, immer wie-

---

[407] Das Todesurteil über Sokrates war von Anfang an umstritten, so dass man annehmen darf, dass selbst einem Großteil der Befürworter des Urteils eine Flucht des Sokrates aus dem Gefängnis nicht unwillkommen gewesen wäre, zumal er damit seine Reputation zerstört hätte!

der zeigen Menschen eine Haltung, die sich gegen das Erwartete, gegen den Strom der Zeit stellt. Der Mensch ist das Wesen, das »Nein« sagen[408] und sich gegen den Lauf der Dinge stellen kann, allen Mechanismen zum Trotz. Weder die Theorie vom Lustprinzip noch die vom Todestrieb[409] lassen uns zu einer Durchsichtigkeit menschlichen Handelns, menschlicher Geschichte und menschlicher Evolution gelangen. Der Mensch hat die Fähigkeit zur Freiheit.

3. Die Freiheit und ihre Gefährdung

a. Freiheit ist: nach Überzeugung handeln

Freiheit ist Unabhängigkeit, Selbstbestimmung. Sie entfaltet sich als politische Freiheit, als persönliche - äußere - Handlungsfreiheit und als - innere - Gedankenfreiheit. In jedem dieser Felder bin ich frei, wenn ich nicht von Fremdem abhängig bin, sondern von mir und selbst über mich bestimme. Diese Felder der Freiheit sind nicht identisch, aber auch nicht ohne Zusammenhang. In einem totalitären Regime ist für politische Freiheit schlechterdings kein Platz, die Handlungsfreiheit äußerst beschränkt, Gedankenfreiheit aber möglich, wenn auch - wie immer auf dieser Erde - von innen heraus gefährdet. Alle Freiheit ist verloren, wenn die Gedankenfreiheit erloschen ist. Auch unter tyrannischem System kann es sein, dass ein Mensch innerlich, in seiner Gesinnung, in seinem Geiste frei bleibt, wenn und soweit er nach eigener Überzeugung handelt. Diese seine Freiheit hält Sokrates vor dem Areopag seinen Richtern entgegen, wenn er ihnen sagt: „Ihr seid mir lieb und wert, Männer von Athen, aber dem Gott werde ich mehr

---

[408] Max Scheler, »Die Stellung des Menschen im Kosmos«, 7. Aufl.; 1966, S. 55.
[409] Siehe den ersten Satz der Abhandlung Sigmund Freuds »Jenseits des Lustprinzips«, 1920, in: Gesammelte Werke, herausgegeben von Anna Freud, 5. Auflage, 1967, Bd. 13 S. 3 und S. 57 wie auch Gerhard Roth, »Das Gehirn und seine Wirklichkeit«, Suhrkamp, 1994, 5. Aufl.; 1996, S. 209.

gehorchen als euch!"[410] Der ihm zuteilgewordenen Weisung des delphischen Apoll, die Athener zum Nachdenken zu bringen, will er aus freiem Entschluss mehr gehorchen als seinen Richtern, als den Athenern. Er sieht sich nicht gezwungen, sich dem Apoll zu unterwerfen, er leidet auch keine Gewissensqual und macht keinen Gewissenskonflikt geltend. Es ist seine souveräne und gelassene Selbstbestimmung, er folgt seiner Überzeugung und stellt sie nicht zurück, um sein Leben zu erhalten.

Allerdings befindet sich der Mensch in einer Welt, die zunächst einmal fremdbestimmt ist. Aber er kann versuchen, seine Sphäre auszudehnen und sich das Fremde anzuverwandeln. Der Gedanke, der von außen an mich herantritt und den ich wirklich für wahr halte, ist mir dann auch nicht mehr fremd; er wird zu meinem Gedanken in dem Augenblick, in dem er mir in seiner Begründung so durchsichtig und folgerichtig erscheint, dass ich seiner Geltung, seiner Richtigkeit oder seiner Wahrheit gewiss bin. Eine zunächst noch fremde Meinung wird zu meiner Überzeugung.

Der Ankergrund der Überzeugung ist die Gewissheit. Das Gewissheitserlebnis liegt in dem Fürwahrhalten des Erfassten und in dem unumstößlichen Bewusstsein, dass man es selbst ist, der das Erfasste für wahr hält. Allein in der Überzeugung, ihr zu folgen, erlebt der Mensch Freiheit.

Der eigenen Überzeugung nicht zu folgen, unterwirft uns notwendig einem Etwas, das wir nicht selbst sind. Geschieht das Handeln einfach leichthin in »freier Willkür«, dann ist es der Zufall, dem ich mich unterwerfe und den ich in seiner Zufälligkeit nicht »bestimmt« habe. Wollen ohne Überzeugung ist nun einmal Willkür, man kann das eine geradeso gut wäh-

[410] Platon, »Apologie« 29d in der Übertragung von Mathias Wieman.

len wie das andere. Der Sinn der Freiheit liegt nicht im unendlichen Offenhalten aller Möglichkeiten, sondern im Erkennen und Tun der Wahrheit. Ohne Wahrheit ist Freiheit sinnlos. Die Freiheit ist uns der Wahrheit wegen gegeben; die Wahrheit ist der Sinn der Freiheit. Niemand kann mir seine Überzeugung als die meine aufzwingen, solange ich sie nicht »teile« und nicht »habe«. Ich muss ihr zustimmen, sie bestätigen, was freilich leider auch manipulierend von außen und fremdbestimmt durch »Gehirnwäsche« bewirkt werden kann.

Die Überzeugung ist der Angelpunkt der Selbstbestimmung, die ihrerseits die Verwirklichung der Freiheit ist. Mit der Überzeugung stehe ich in der Präsenz meines Ich. Alles andere kann fremd, entfremdet oder verfremdet sein: Das Denken - das »cogitare« - , genommen in seiner Wirklichkeit, seiner Aktualität, ist mein gewisser Anteil am Sein - am »esse« - , so dass für mich gilt: »Ich denke, also bin ich« - »cogito ergo sum«[411], es mag Substanz haben oder flüchtig und ephemer sein. Bei allem Unterworfensein unter die Bedingungen dieser Welt wird in dem Faktum der Überzeugung die eigene Person, die sich in ihr selbst bestimmt, existent. Schwindet das »cogito«, schwindet das Ich; das ist die Tragödie der Demenz.

Mit dem Verlust der Freiheit geht auch der Sinn der eigenen Existenz verloren. Sich darüber Gedanken zu machen, muss eigentlich einem überzeugten Materialisten überflüssig erscheinen; es herrscht die Gesetzmäßigkeit der Physik, ein freier Wille ist nach seiner Meinung sowieso Illusion; wo soll da der Sinn herkommen? Alles, was der Wille zu wollen wähnt, ist nichts anderes als das Resultat der im Einwirkungsbereich positionierten Masse und Energie. Wäre dem so, sollte also die Freiheit Schimäre und die Determination reale Totalität sein, dann wäre das menschliche Dasein eine absolute Selbsttäu-

---

[411] Siehe oben S. 24.

schung, ein Marionettenspiel. Ohne Freiheit in manipulierter Existenz - dazu braucht man mich nicht, dazu brauche ich mich nicht. Weshalb sollte ich dann dieses abgekartete Spiel mitspielen? Wozu das ganze Affentheater, dessen Kosten ich mit Schmerz und Leid und am Ende noch mit dem beängstigenden und mehr oder weniger schmerzhaften Tod zu bezahlen hätte? Wozu sich dann mit der Entscheidungsfindung abquälen, wenn sowieso alles determiniert ist? Das bloße Bewusstsein eines Willens allein rettet die Komödie nicht.

Trotzdem will der Mensch leben: Augenscheinlich sind Vitalkräfte am Werk, die die Sinnlosigkeit überspielen und den Menschen mit Schimären und Illusionen am Leben halten trotz aller - angeblich - wissenschaftlichen Einsicht.

b. Montage und Demontage des Menschen

Mögen auch Freiheit und Wahrheit die Sinnkategorien unseres Daseins sein: Der Mensch versucht zunächst, sich zu behaupten und seine Leiden zu lindern. Das hat er mit allen Lebewesen dieser Erde gemein. Dass er zudem durch Technik seine Fähigkeiten zu stärken, seinen Lebensgenuss zu steigern und überhaupt seine Lage insgesamt zu verbessern weiß, zeichnet ihn vor den Tieren aus. So findet er schon frühzeitig heraus, sich selbst durch den Konsum pflanzlicher Stoffe und daraus gewonnener – zum Teil alkoholischer - Getränke aufzuhelfen, seine Stimmung zu heben und seine Schmerzen zu lindern. Seit 5000 v. Chr. gibt es in China bierähnliche Getränke und seit derselben Zeit Weinbau in Georgien und dem südlichen Irak[412]; seit 3000 v. Chr. kauen die Indianer Südamerikas die Blätter des Cocastrauchs[413], um Hunger, Müdigkeit

---

[412] Siehe hierzu: Wikipedia Artikel »Bier«, letzte Bearbeitung der hier benutzten Fassung vom 5. Juli 2018 und Wikipedia Artikel »Weinbau« vom 10. Juni 2018

[413] Siehe hierzu www thema-drogen.net, abgerufen am 11. Juli 2018.

und Kälte zu verdrängen. Aber nachhaltig und »flächende-ckend« sind die Erfolge bisher nicht gewesen, so dass nach wie vor Bedarf genug an einer Verbesserung des Menschen und seiner Lage besteht.

Wenn letztlich alles nur blind ablaufende physikalische Prozesse wären, ließe sich dann nicht auch die Gesellschaft verbessern? Es ist doch selbstverständlich, dass ein gesundes und leistungsfähiges Volk, getragen von einer einheitlichen Gesinnung ohne großen Aufwand der allgemeinen Zufriedenheit zusteuernd, besser ist, als was die Gegenwart tatsächlich bietet. Werden solche Visionen laut, fragt sich der eine oder andere allerdings, wie es denn um unsere Freiheit bestellt sein wird, wenn man es unternimmt, durch technische Mittel das Volk in seiner Gesinnung zu verbessern. Foucault hat nicht Unrecht, wenn er die Technokraten kritisch in den Blick nimmt. Sie „glauben ja in einem gewissen Sinn die einzigen zu sein, die das ‚Glück der Menschen' definieren und herbeifüh-ren können,"[414] meint er.

Dinge, die früher utopisch schienen und nur in Zukunftsromanen auftauchten, beginnen in Reichweite zu geraten und möglich zu werden. Die wissenschaftlich-technische Entwicklung ist tatsächlich im Begriff, zu neuen Ufern aufzubrechen und als Nanowissenschaft und Nanotechnologie[415] in die feinsten Strukturen der belebten Materie vorzudringen. Die Instrumente, die molekularen »Maschinen«, die in der Nano-größenordnung am Menschen zum Einsatz kommen[416], wer-

---

[414] Paolo Caruso - Conversazione con Michel Foucault, 1969; in: Von der Subversion des Wissens, 1974, hrsg. von Walter Seitter, S. 24.

[415] Griechisch »nannos«, zu deutsch: <Zwerg, kleines Kind>. Nanowissenschaft und Nanotechnologie befasst sich mit Materialien im Nanomaßstab; ein Nanometer ist ein Milliardstel Meter. Das ist dann schon die Größenordnung von Atomen und Molekülen.

[416] »Nanoboter«, »Nanobots«, »Nanoroboter« oder auch »Naniten« genannt,

den Wirklichkeit. Ihre Wirkungen werden immer zielgenauer. Es soll hier nicht das breite Spektrum technischen Fortschritts ausgebreitet werden; nur wenige Perspektiven sind aufzuzeigen, die ein Licht auf das werfen können, was uns möglicherweise ins Haus steht.

So ist es wohl schon gelungen, eine Handprothese mit dem Nervensystem des Menschen so zu verbinden, dass, wenn der Armamputierte daran denkt, seinen künstlichen Unterarm zu drehen, er sich dreht, und wenn er die Hand öffnen will, sie sich auch öffnet[417]. Nach den Berichten werden die vom Gehirn ausgehenden Motoneuronsignale auf den Brustmuskeln umgeleitet und dort mit Hilfe von Elektroden die jeweiligen Entladungsmuster und -zeiten dieser Signale bei imaginären Armbewegungen ermittelt. Dabei gelang es den Forschern, sowohl Signale für die Art als auch die Intensität einer Bewegung abzuleiten. Auf dieser Grundlage ließen sich Arm- und Handbewegungen weitgehend rekonstruieren und Algorithmen für den entsprechenden Antrieb der Prothese programmieren. Die Experimente hätten jedenfalls gezeigt, dass die Ableitung und Dekodierung motorischer Signale gut funktioniere. Ohne die enorme Rechenleistung der Computer und die Speicherung einer ungeheuren Menge an Daten ist das nicht möglich. Man kann sich vorstellen, wenn die Neurosignale vom Computer präzise decodiert und exakt in die vom Patienten beabsichtigte Bewegung der Prothese umgesetzt werden, dass dann - wenn dieser Ablauf sozusagen in »Fleisch und

---

siehe Wikipedia 2018, Artikel »Nanobot«, letzte Bearbeitung der hier benutzten Fassung vom 2. April 2018.

[417] Farina und seinen Mitarbeitern vom Imperial College in London und der Universität Göttingen ist dies nach einem Bericht von Thomas Müller in der »Ärzte Zeitung online« vom 17. Februar 2017 gelungen; siehe auch die Berichte über Querschnittsgelähmte, denen teilweise die Kontrolle über ihre Arm und ihre Hand dadurch wiedergegeben werden konnte, dass das Gehirn über andere Wege mit den Muskeln verknüpft wurde (Bericht in: »Süddeutsche Zeitung Magazin« vom 29. März 2017).

Blut« übergegangen ist - die Prothese wie ein Körperteil angenommen wird. An Stelle einer Prothese kann man sich auch ein allein mit Gedankenkraft gesteuertes technisches Aggregat - ein Auto oder ein Flugzeug - denken, auf das sich dann die körperliche Selbstwahrnehmung ausdehnen wird. Man fühlt sich an einen alten Reklamespruch eines Karussellbesitzers auf dem Jahrmarkt erinnert: „Wie ein Pfeil fliegt man daher, als ob man selber einer wär".

Man ist auch drauf und dran, Menschen nicht nur zu heilen, sondern zu »verbessern«. So erklärt Ray Kurzweil[418]: „Wenn Nanoboter zum Beispiel neben ausgewählten Nervenfasern Position beziehen, können sie eine Virtual Reality[419] von innen heraus erzeugen, indem sie die Signale ersetzen, auf die das Gehirn reagiert. Signale, die anscheinend von unseren Augen ausgehen, sendet in Wahrheit der Computer. .... Nanoboter können die Sinne stimulieren und unsere Empfindungen intensivieren, wenn nicht gar modifizieren. Nanoboter können unser Hirn verbessern. Wir haben nun hundert Trillionen Verbindungen, in Zukunft werden wir eine Million oder Trillion Mal so viel unser Eigen nennen. Dadurch können wir unser Gedächtnis und unsere Denkleistung vergrößern. Menschliche Intelligenz wird steigen".

Nimmt man hinzu, dass mit dem zentralen Nervensystem des Menschen verbundene Computer auf digital gespeicherte Daten externer Speichermedien zugreifen und diese Daten dann enorm schnell verarbeiten und auch an andere externe Com-

---

[418] Jordan Mejias, »Die Maschinen werden uns davon überzeugen, dass sie Menschen sind«, ein Gespräch mit Ray Kurzweil in der Frankfurter Allgemeinen Zeitung vom Montag dem 5. Juni 2000,.

[419] Als »virtual reality« <virtuelle Realität> wird die Darstellung und gleichzeitige Wahrnehmung der Wirklichkeit und ihrer physikalischen Eigenschaften in einer in Echtzeit computergenerierten interaktiven virtuellen Umgebung bezeichnet (so Wikipedia, Artikel: »Virtuelle Realität«, letzte Bearbeitung der hier benutzten Fassung vom 9. November 2018).

puter zur weiteren Verarbeitung weitergeben können[420], dann kann man sich denken, dass es nicht der Sankt-Nimmerleins-Tag ist, an dem die in unserem Gehirn biologisch gespeicherten Daten auf eine »Festplatte« heruntergeladen und auf einen anderen Träger - vielleicht einen anderen Menschen - übertragen werden. Dieser andere würde dann unsere Gedanken lesen und über unser Gedächtnis verfügen. „Es ist der Tag, an dem der neuronale Code geknackt ist, an dem zum ersten Mal das menschliche Gehirn sich selbst und sein eigenes Wirken vollständig versteht. Die wichtigste Grundannahme der Neurobiologie besteht darin, dass es für alle subjektiven Erlebnisse — für das Bewusstsein, das Ich, die sogenannte Seele, das Fühlen, das Erinnern — eine Entsprechung auf der Ebene der Moleküle und der Neuronenblitze gibt."[421]

Gleichwohl: Eine „Brücke in's Reich des Bewusstseins" ist damit nicht geschlagen[422]! und »verstanden« im eigentlichen Sinne haben wir es auch nicht, denn die Entstehung des Bewusstseins und der Gedanken ist damit nicht enthüllt. Eine Belastung freilich bleibt diese Perspektive, denn schon wenn man glaubt, man könne Gedanken lesen, wird sich der Druck ins Unerträgliche steigern. Verbote werden wenig ausrichten, dem Missbrauch wird man kaum steuern können; man denke an die Praxis unseres Datenschutzes. Man wird uns dann zwar - gestützt durch unsere Grundrechte - Schutz versprechen, den man aber technisch nicht gewährleisten kann. Aus Gründen des Allgemeinwohls wird man sich zudem vorbehalten, diesen Schutz zu durchbrechen.

---

[420] Siehe Gassen, »Das Gehirn«; 2008; S. 152.
[421] Christian Schwägerl, »Neuromania«, in der Frankfurter Allgemeinen Zeitung Nr. 147, von Freitag, dem 28. Juni 2002, S. 54.
[422] Siehe oben S. 185; Emil Du Bois Reymond, »Über die Grenze des Naturerkennens«, a. a. O. S. 24 f.

c. Von der Schmerzvermeidung zur Bildschirmexistenz

Aber nicht nur von außen ist Freiheit bedroht und der Geist in Gefahr manipuliert zu werden. Es ist die Woge der Schmerzvermeidung, die die Schutzdämme der Freiheit unterspült. Selbstredend geht es dem Menschen, auch wenn er außerhalb der Heilkunde seinen Leib verbessern will, um eine Verringerung seiner Lebensproblematik. Das ist absolut legitim; alles andere – etwa „mit dem Unglück zu kokettieren"[423] – wäre Frevel.

Es ist aber nicht zu verkennen, dass vieles, was uns Einblick in das menschliche Leben verschafft, sich dem Leiden verdankt. Das ist die andere Seite unseres Daseins und dem Menschen seit eh und je bewusst: „Durch Leiden lernen", sagt uns schon Aischylos im »Agamemnon«[424] seiner »Orestie«, und Marcel Proust gedenkt nicht zu Unrecht „... eines Baudelaire oder besser noch eines Dostojewski, die in dreißig Jahren, zwischen epileptischen und sonstigen Anfällen, alles das schaffen, wovon eine ganze Phalanx bei bester Gesundheit befindlicher Künstler nicht einmal einen Absatz zustande gebracht haben würde ..."[425].

Ist man nämlich erst einmal auf der Zielgeraden des sich immer mehr beschleunigenden Wettlaufs nach dem Wohlleben, nach Wohlfühlen, nach »Wellness«, dann wird man dankbar die von Forschern der Universität Basel entwickelte Pille

---

[423] Eine so formulierte Warnung von Dietrich Bonhoeffer, zitiert nach »Gewissen steht auf«, Lebensbilder aus dem deutschen Widerstand 1933-1945, gesammelt von Annedore Leber, herausgegeben in Zusammenarbeit mit Willy Brandt und Karl Dietrich Bracher, 1956, 6. Auflage, S. 192.

[424] Vers 174 und die Verse 248 und 249 in der Übersetzung von Dietrich Ebener.

[425] Zitiert nach Claude Mauriac, »Marcel Proust« in Selbstzeugnissen und Bilddokumenten, Rowohlts Monographien, 1958; S. 96.

schlucken, die genügt, um schlimme Erinnerungen aus dem Gedächtnis zu löschen[426]. Hätten Baudelaire und Dostojewski diese Pille genommen, dann hätte sich vielleicht noch etwas Humoristisches von ihnen erhalten, aber mehr nicht. Deshalb zur Feder zu greifen? Es geht hier nicht darum, diese Möglichkeiten ethisch zu diskutieren und die Voraussetzungen zu umschreiben, in denen die Einnahme vertretbar sein könnte, sondern nur darum aufzuzeigen, welche Möglichkeiten sich dem Menschen eröffnen und verschließen.

Neben der Schmerzvermeidung wird das Inaussichtstellen irgendwelcher Vorteile eine Einflugschneise der Unfreiheit sein. An der Endstation »Wellness« ist man angelangt, wenn die Widerständigkeit der Welt aufhört. Die Widerständigkeit ist ein Merkmal der Wirklichkeit[427]. Wem diese Welt zu widerständig ist, kann in die Welt des Spiels, des Computerspiels entweichen. Bemerkenswert in unserem Zusammenhang sind die Lebensspiele, etwa das Spiel mit dem »Tamagotchi« oder den »Sims«. Man kann sich hier zweidimensional eine Welt aufbauen, die nicht die Widerborstigkeit unserer Realität aufweist, in der begangene Fehler durch einen einfachen Druck auf den Reset-Knopf folgenlos beseitigt und die Welt – herrlich wie am ersten Tag - wiederhergestellt werden kann. Man kann Leben imitieren, ohne an der Härte der Einmaligkeit, der Unwiederbringlichkeit und der Schuld tragen zu müssen. Man treibt auf einer Flut angenehmer Gefühle und freut sich seiner scheinbar unerschöpflichen schöpferischen Kraft in einer virtuellen Welt.

Gewiss: Eine Welt ohne Widerständigkeit ist unwirklich. Aber wenn nun einmal die Realität so sein sollte? Hat sich dann

---

[426] »Wirkstoff löscht negative Erinnerungen«, Neue Zürcher Zeitung, NZZ Digital vom 29. Oktober 2013 (http: //mobile.nzz.ch/wissenschaft/uebersicht/wirkstoff-loescht-negative-erinnerungen-1.18175687).
[427] Siehe oben S. 22.

nicht der Mensch selbst abgeschafft? Das ist dann „der letzte Mensch", wie Nietzsche ihn nennt [428] ‚Wir haben das Glück erfunden' - sagen die letzten Menschen und blinzeln". Zieht man die Linien des digitalen Fortschritts weiter aus, so gelangt man zu entkernten Bildschirmexistenzen in einer fiktiven – virtuellen – Wirklichkeit. Für Bildschirmexistenzen gibt es keine Wahrheit mehr, weil es keine widerständige Wirklichkeit mehr gibt. Eine Wirklichkeit, die ihre Widerständigkeit verloren hat, wird sinnlos. Die Freiheit wird zur bloßen Beliebigkeit, die - da alles sein kein, aber nichts wirklich ist - nichts mehr bedeutet. Am Ende könnte sich der Mensch durch Selbstmanipulation und Spiele nach und nach um ein eigenes Schicksal - anders gesagt: um seine »Seele« - bringen. Das Drama »Mensch« wäre dann zu Ende und nur noch die Versorgung geblieben, die durch Technik sichergestellt werden wird.

III. Die Existenz Gottes

1. Die Alternative »Gott« oder »Selbstorganisation der Materie«

Das Freiheitserlebnis steht bei denen, die dem Physikalismus zuneigen, im Verdacht, ein reines Binnengeschehen menschlicher Fantasie zu sein. Diesen Verdacht auszuräumen, wird die bloße Berufung auf unser Freiheitserlebnis allein nicht genügen.

Aber wir haben ja nicht nur unser Freiheitserlebnis. Wir können auf Strukturen in der organischen Welt verweisen, die durch bloße Physik zustande gekommen äußerst unwahrscheinlich wären, die aber sehr wohl erklärt werden können, wenn wir das Wirken einer koordinierenden Instanz anneh-

---

[428] »Also sprach Zarathustra«, Zarathustras Vorrede, Nr. 5, Schlechta Ausgabe, Bd. 2, S. 284 f

226

men, die mit dem Wirken unseres Geistes eine gewisse Ähnlichkeit aufweist. Ist dem so, dann stellt sich die Frage nach dem Zuschnitt und der Struktur dieses Urhebers oder dieser Ursache der Koordination. Tauchen Finalitäten auf, werden also ersichtlich Ziele gesetzt und erreicht, dann kann weiter gefragt werden, weshalb diese Ziele gesetzt worden sind, denn wer Ziele setzt, denkt und denkt sich wohl etwas dabei. Das ist kein bloßer Anthropomorphismus, sondern ergibt sich aus dem Begriff der Finalität.

Wir stehen in der gegenwärtigen Diskussion vor der Alternative: Ist das Universum eine Schöpfung Gottes oder ist es das Ergebnis einer Selbstorganisation der Materie[429]? Veranlassung, dem Gottesgedanken näherzutreten, ist die Lückenhaftigkeit einer ausschließlich physikalischen Erklärung der Welt. Mit Hilfe des Gottesbegriffs wird das finale Moment in der Natur verständlich.

Dass die Selbstorganisation der Materie der Gegenbegriff zum Begriff der Schöpfung ist, wird freilich nicht immer erkannt. Küng, der sich für einen Katholiken hält, meint zum Beispiel verkünden zu können, dass der Übergang zum Leben auf einer „Selbstorganisation der Materie, der Moleküle" beruhe[430], und setzt - etwas unterschwellig an das Lebensgefühl der Zeitgenossen appellierend - noch hinzu: „Aufgrund des Übergangs von der unbelebten Welt zur Biosphäre ... die Existenz Gottes zu postulieren," ergäbe nur den „unseligen Lückenbüßergott"[431].

---

[429] Wikipedia, Artikel »Selbstorganisation«, letzte Bearbeitung der hier benutzten Fassung vom 6. Mai 2018.
[430] »Credo« Das Apostolische Glaubensbekenntnis - Zeitgenossen erklärt, 1992; Neuausgabe 1995, S. 37.
[431] A. a. O. S. 40. »Lückenbüßer« leitet sich her von <büßen> im Sinne von <flicken>, so »Deutsches Wörterbuch von Jacob und Wilhelm Grimm, elektronische Ausgabe der Erstbearbeitung, 2004, Artikel »büszen«. Augenschein-

Das Gegenteil ist richtig: Nur wenn sich die Existenz Gottes als notwendig erweist, um Lücken einer ansonsten vernünftigen Welterklärung zu schließen, haben wir eine rationale Basis, seine Existenz zu folgern. Wer sich da freilich wie der Dominikanerpater Paulus Engelhardt[432] zu der Aussage versteht: „So wenig der Gott des christlichen Glaubens der Weltenlenker über der Natur ist, so wenig ist er der überzeitliche Steuermann der Geschichte ....", der verehrt einen Gott, der begrifflich kein Gott ist und der den Kult nicht wert ist, mit dem man ihn feiert. Wie soll ein Gott, der nicht der Urheber des Lebens ist, vom Tode erlösen - so wie es der christliche Glaube verheißt?

Eine andere Frage ist es, ob und wieweit Gott als „Weltenlenker" und „Steuermann der Geschichte" den Menschen Freiheit zu gewähren vermag und auch wirklich gewährt. Es geht hier freilich nicht um den christlichen Gottesbegriff und schon gar nicht um die Plausibilität der christlichen Botschaft überhaupt, sondern nur darum, die Voraussetzungen zu erörtern, die die Überzeugung von der Existenz Gottes als dem Urheber der Welt vernünftig oder unvernünftig erscheinen lassen.

Der Begriff »Gott« soll da greifen, wo es für die Entstehung bestimmter Phänomene aus vorgängiger Dinglichkeit keine hinreichende Erklärung gibt. Das ist zum Ersten so beim schlichten Wunder; hier versagen definitionsgemäß die Naturgesetze als Erklärung. Die Wunder waren in der christlichen Apologetik bis in die Neuzeit die wichtigsten Beweise für die Existenz Gottes[433] und die Wahrheit des Glaubens[434]. Ob

lich will Küng auf die konventionelle Peinlichkeit, ein Lückenbüßer zu sein, anspielen.

[432] In: »Neues Glaubensbuch«, 1973, 11. Auflage, herausgegeben von Johanns Feiner und Lukas Vischer, S. 26.

[433] Vgl. etwa Blaise Pascal, »Über die Religion und über einige andere Gegen-

Wunder in diesem Sinne überhaupt mit unseren Kategorien erkennbar und darstellbar sind, mag hier dahinstehen. Ihre derzeitige mangelnde Anerkennung macht sie für einen Gottesbeweis in unseren Tagen ungeeignet. Die Folge ist, dass uns »Wunder« im tradierten Sinne eher zur Last geworden sind, als dass sie noch „des Glaubens liebstes Kind"[435] wären. Die theologischen - möglicherweise sogar die religiösen - Konsequenzen sind hier nicht zu erörtern.

Anders steht es mit der zweiten Gruppe. Hierunter fallen Phänomene, deren Entstehung allein auf Grund von physikalischen Wirkungen wegen ihrer Komplexität und subtilen Abstimmung mit anderen Phänomenen höchst unwahrscheinlich ist und als deren Urheber auch der Mensch nicht in Frage kommt, die aber zweifelsfrei ein Faktum sind: Es ist dies das organische Leben hier auf Erden. Durch »sinnloses Schütteln und Rühren« entsteht letztlich aufs Ganze gesehen Chaos und keine Ordnung und nicht einmal eine »Taschenuhr«, geschweige denn eine Amöbe. Insoweit ist die These von der Existenz eines Immateriellen, das organisches Leben gezielt ins Werk gesetzt hat, nicht ohne Plausibilität.

2. Die Gottesfrage - auch eine Tatfrage

Die Darlegung der Existenz Gottes ist eine Frage der Begrifflichkeit und eine Tatfrage zugleich, nämlich ob es »Gott« – gedacht in einem sinnvollen Begriff - »tatsächlich gibt«. Die Tatsachengrundlage für die Überzeugung von der Existenz des

---

 stände« - »Pensées«, hrsg. von Wasmuth, 6. Auflage, 1963, Fragment 806, 808, 811 und anderen Stellen.

[434] Freilich findet sich schon im Neuen Testament eine gewisse Relativierung der Bedeutung von Wundern, wenn etwa darauf verwiesen wird, dass auch falsche Propheten Wunder wirken werden (Mt 9, 24; 2. Thess. 2, 9, 10) und dass der Wunderglaube nicht das Entscheidende sein sollte (Joh 4, 48; 1. Kor. 1, 22).

[435] Goethe, »Faust«, I. Teil, Nacht.

die Natur gestaltenden Geistes - also von der Existenz Gottes - ist schmal, aber in ihrem Kern durchschlagend. Sie liegt im oben ausführlich dargelegten Scheitern einer ausschließlich physikalischen Erklärung der Entstehung des Lebens auf dieser Erde. Entstehung, Erhalt und Weitergabe des Lebens verlangen eine äußerst vielfältige und subtile, häufig synchrone Abstimmung unterschiedlichster Vorgänge und Substanzen. Wie ebenfalls oben dargestellt: Nur finale - also gesteuerte - Vorgänge sind geeignet, das zu leisten. Finalität ist ihrem Wesen nach nur durch den Geist als Urheber zu erklären. Diese Sätze halten wissenschaftlicher Prüfung stand. Dass sich diese notwendigen Abstimmungen auf Grund von »sinnlosem Rütteln, Schütteln und Rühren« einstellen, ist äußerst unwahrscheinlich[436].

Weiter noch reicht das Faktum der Weitergabe des Lebens über den Gencode. Hier bewirkt nach allgemeiner Meinung »Information« die mit der Weitergabe notwendig verbundene Neuverteilung von Masse und Energie, nämlich die der Aminosäuren beim Aufbau des Organismus. Ist es Information, die die Neuverteilung bewirkt, so heißt das, dass ihre materielle Manifestation den zu bewirkenden Aufbau des Organismus weder proportional noch strukturell - etwa in Art einer Blaupause - vorzeichnet. Die Verkörperung der Information im Informationsträger und der Inhalt der Information sind völlig heterogen; ihr Verhältnis ist willkürlich durch Zuordnung festgesetzt[437].

Ist Information für die Existenz des Lebens auf dieser Erde und seine Weitergabe unabdingbar, dann ist auch die Existenz des Geistes als ihr Urheber erwiesen, weil Information gar nicht anders als auf geistige Weise entstehen kann. Das wird allerdings bestritten, indem man die Information und den

---

[436] Siehe oben S. 105.
[437] Siehe oben S. 149f.

Geist zu einem Derivat der Materie erklärt und damit meint, wieder glücklich im ausschließlichen Physikalismus gelandet zu sein. Manfred Eigen steuert in diese Richtung, wenn er meint: „Der Übergang von Nichtinformation in Information wäre eine Art Phasenumwandlung, ähnlich wie die Kondensation von fein verteiltem Dampf zu einem (im Raum lokalisierten) Tröpfchen". Dieser Vergleich ist verfehlt: Wasser und Wasserdampf sind stofflich dasselbe, die Verbindung von Wasserstoff und Sauerstoff läuft nach physikalischen Gesetzen ab. Die Nichtinformation hat von sich aus keine mentale Komponente, wohl aber die Information: Sie ist ohne sie nicht denkbar. Soll aus Nichtinformation Information werden, dann ist für diesen Entstehungsvorgang Geist erforderlich, sonst bleibt es bei Nichtinformation. Eine Kiste Äpfel ist offensichtlich etwas anderes als die Information über eine solche, die Geist verlangt. Die Information setzt etwas voraus, was ohne Geist gar nicht denkbar ist: Sprache, wenn auch im weitesten Sinne. Anders als die materielle Manifestation des Zeichens, sind sowohl das Zuordnen von Zeichen und Bezeichnetem wie auch die Bedeutung der Zeichen geistiger Natur. Ebenso sind das Bestimmen, Artikulieren sowie das Lesen und Verstehen der Information geistige Vorgänge. Lediglich die Übermittlung der Information ist ein Vorgang, der in seinem Ablauf physikalisch beschrieben werden kann, nämlich als ein Transportvorgang.

Das Entstehen der Sprache also ist der Vergleichspunkt, und das Entstehen der Sprache des Gencodes ist das Rätsel, das bisher trotz seiner Entzifferung ungelöst bleibt, denn es geht hier nicht um die Frage, was bestimmte Nucleobasen auf einem Gen bedeuten – das mag man dechiffrieren -, sondern weshalb sie das und nichts anderes bedeuten! Warum »Regulation des Zuckerhaushalts« und nicht des »Eisenhaushalts«? Darauf gibt es keine physikalische Antwort, keine Erklärung, die sich aus der Verteilung von Energie und Masse und ihren

Veränderungen herleiten oder auch nur hinreichend beschreiben ließe.[438]

Die Tatsachen, die auf das geistige Moment in der Weitergabe des Lebens schließen lassen, werden allenthalben gesehen, nur wird der Schluss nicht gezogen. Monod weist - wie bereits erwähnt - ausdrücklich darauf hin, dass zwischen dem codierenden Triplett und der codierten Aminosäure keine unmittelbare sterische Beziehung bestehe und dass „die Informationsübertragung ebenso gut nach einer anderen Übereinkunft stattfinden könnte"[439]. Thomas Junker konstatiert denn auch: „Das vielleicht überraschendste Ergebnis war, dass das genetische Material (die DNA) selbst nicht am Bau des Organismus beteiligt ist, sondern als Informationsprogramm dient (genetisches Programm)."[440] Die Information mit ihrem geistigen Gehalt ist also aus dem organischen Naturgeschehen auf dieser Erde nicht wegzudenken.

Dass überhaupt entgegen der Tendenz des Zweiten Hauptsatzes der Wärmelehre im großen Stil Ordnung statt Chaos entstanden ist und entsteht, kann nur darauf zurückgeführt werden, dass in die Geschlossenheit des Systems Materie von außen eingegriffen worden ist, und zwar nicht so sehr mittels Energie, sondern durch strukturierenden Geist. Mehr Energie allein bringt von sich aus nämlich - wie bereits gesagt[441] - keineswegs auch eine komplexere Ordnung

---

[438] Siehe oben S. 131 f.

[439] Monod, »Zufall und Notwendigkeit - Philosophische Fragen der modernen Biologie« <Le hazard et la nécessité>, 1970, aus dem Französischen übersetzt von Friedrich Griese, dtv 1975, S. 103.

[440] Thomas Junker, in: »Historisches Wörterbuch der Philosophie«, hrsg. von Joachim Ritter, Karlfried Gründer und Gottfried Gabriel, 2001, Band 11: U-V, Artikel:»Vererbung«.

[441] Siehe oben S. 102.

3. Der Analogieschluss vom Geist des Menschen auf den Urheber des Lebens

Das in der Natur augenscheinlich durch Steuerung Wirkende denken wir uns als ein Geistiges. Wir vergleichen es mit dem, was wir in uns am Werke fühlen, wenn wir Vorgänge zu steuern beginnen. Der Weg vom Geist, wie wir ihn in uns und mit unseren Mitmenschen erleben, zum Geist als Urheber der Welt lebender Organismen wird also mittels eines Analogieschlusses zurückgelegt. Raffiniertes Menschenwerk und organisches Naturgeschehen bedürfen beide subtiler Abstimmung; jedenfalls ist die Komplexität der Organismen keine geringere als die unserer Apparaturen. Das bloße Weiterlaufenlassen der Physik in einer bisher anorganischen Welt bringt die organischen Gebilde der Natur nach schlichten Wahrscheinlichkeitsüberlegungen nicht zustande[442]. Wir haben zwar für die gegenwärtigen Erscheinungen der organischen Welt durchaus Präformationen - darauf baut die Evolutionstheorie auf -, aber für ihre Erstentstehung - sozusagen ihre »Erfindung« - bedarf es weitreichender Koordination, weit mehr als für unser Menschenwerk.

Bei den Werken der Menschenwelt wird diese Koordination zunächst im Bewusstsein imaginiert. Dieser Vorgang im Bewusstsein ist das Erste, er geht aller materiellen Manifestation voraus, er ist ein mentales Geschehen. Das geistige Wirken - zunächst eben nur die Vorstellung dessen, was erzielt werden soll - ist unsere unmittelbare Erfahrung. Auch vom organischen Leben wird in der anorganischen Welt nichts vorgefunden. Nichts spricht dagegen, dass auch die organische Welt ebenfalls durch das bewirkt ist, was wir in unserer menschlichen Welt mit »Geist« bezeichnen. Das ist der Kern des Analogieschlusses.

---

[442] Siehe oben S. 106 ff.

Es ist nicht zu verkennen, dass die Neuzeit dem analogischen Denken skeptisch gegenübersteht. Descartes verurteilt es mit den Worten: „Es ist eine menschliche Angewohnheit, so oft man zwischen zwei Dingen irgendeine Ähnlichkeit bemerkt, über jedes von beiden auszusagen, was man nur für eines von ihnen wahr gefunden hat, selbst da, wo beide verschieden sind."[443] Analogie ist für uns heute nicht mehr - wie das ganze Mittelalter hindurch - der Ansatz des Wissens, sondern - wie Foucault vielleicht etwas überspitzt sagt - „eher die Gelegenheit des Irrtums, die Gefahr, der man sich aussetzt, wenn man den schlecht beleuchteten Ort der Konfusionen nicht prüft"[444]. In den exakten Naturwissenschaften erscheint der Rückgriff auf Analogien tatsächlich nicht unbedenklich, aber auch nicht nötig. Im übrigen war auch die mittelalterliche Kirche in ihrer eigenen Wissenschaft der Theologie nicht ohne Misstrauen gegen die Analogien, wenn sie auf dem 4. Konzil im Lateran von 1215 dekretierte, dass von Schöpfer und Geschöpf keine Ähnlichkeit ausgesagt werden könne, ohne dass sie eine größere Unähnlichkeit zwischen beiden einschlösse[445]. In jedem Falle freilich taugt die Analogie aber als »inventio«, als Motor der Erfindung und Anregung, wie man Probleme lösen könnte. So ließ sich der französische Physiker de Broglie durch die Erkenntnis, dass sich das Licht wie eine Welle verhalte, aber auch als Teilchen erscheinen konne, zu dem Gedanken inspi-

---

[443] »Regeln zur Ausrichtung der Erkenntniskraft«, <Regulae ad directionem ingenii> 1701 erschienen, zur Regel 1, in: »René Descartes, Philosophische Schriften in einem Band«, Felix Meiner, 1996, S. 5.

[444] »Die Ordnung der Dinge. Eine Archäologie der Humanwissenschaften«, <Les mots et les choses. Une archéologie des sciences humaines>, 1966, aus dem Französischen von Ulrich Köppen, 1974, Suhrkamp, S. 83.

[445] Denzinger, »Enchiridion symbolorum definitionum et declarartionum de rebus fidei et morum«, »Kompendium der Glaubensbekenntnisse und kirchlichen Lehrentscheidungen«, hrsg. von Peter Hünermann, CD-ROM-Ausgabe, basierend auf dem Text der 42. Auflage, 2009; Nr. 806.

rieren, dass umgekehrt ein Elektron, das ein Elementarteilchen ist, sich auch wie eine Welle verhalten könne.

Im vorliegenden Fall freilich ging dem Analogieschluss die rationale Abwehr eines Irrtums voraus, nämlich die Entstehung des Lebens rein physikalisch erklären zu können. Dieser Irrtum ist nachweisbar, und zwar auch dann, wenn dem Verständnis der Einwirkung des Willens auf die Materie prinzipielle Grenzen gezogen sind. Im übrigen: Was soll man machen, wenn andere Erklärungen nicht zur Verfügung stehen? Die Physik lässt es ja gerade an Plausibilität fehlen. Dann bleibt nichts anderes übrig, als sich mit Vorsicht unter anderem des Mittels der Analogie zu bedienen und zudem - wo es nur geht - Logik und Beobachtung zu Hilfe zu nehmen, denn besser als nichts ist es, sich die wahrscheinlichste Lösung zu eigen zu machen.

4. Entstehung des Geistes in der Zeit?

Das Phänomen des geplanten - also im Bewusstsein des Handelnden vorweggenommenen und damit finalen - Geschehens tritt in den Handlungen der Menschen zutage, und zwar - wie wir gesehen haben[446] - in einer Weise, die im Kern durch eine ausschließlich physikalische Beschreibung nicht mehr erreicht wird.

Gäbe es keinen Gott, dann wäre der Mensch, so weit wir sehen, das Höchste im Kosmos. Zwar haben wir nicht die Fähigkeit, unsere Wohnstatt, die Erde, auch nur zu erhalten, geschweige denn zu schaffen; gleichwohl hätten wir nach unseren bisherigen Feststellungen im Weltall allein Bewusstsein und stünden schon dadurch höher als alles andere, was wir kennen; »höher«, weil wir nicht nur Seiendes sind, sondern

---

[446] Siehe oben S. 78

auch wissen, dass und - wenn auch nur beschränkt - wie wir sind. Das kann man anderem uns bekannten Seiendem - seien es Sterne, seien es Steine - nicht zuschreiben. Selbstbewusstsein hat auch ein Tier nicht.

Das Setzen physikalisch unableitbarer, aus dem Willen geborener Kausalketten - wie es im menschlichen Handeln in Erscheinung tritt - wird im Weltall, so weit wir sehen, nicht beobachtet; wir können es freilich auch nicht ausschließen. Geht man davon aus, dass es das nur auf unserer Erde gibt, dann wäre dies eine Singularität im Weltall, ja, man müsste dem Auftreten des Menschen - wenn auch nicht kosmische Wirkung - so doch kosmische Bedeutung beilegen. Mit ihm hätte sich die Struktur möglichen Geschehens im Weltall gewandelt; ein absolutes Novum wäre aufgetreten: Die Geschehensabläufe, die bis dahin samt und sonders mit Hilfe makro- oder mikrophysikalischer Gesetzmäßigkeiten theoretisch erklärbar waren, sind es von nun an nicht mehr. Was über Milliarden Jahre so ohne Einschränkung lief, hätte sich dann vor etwa zwei Millionen Jahren - also vor viel weniger als einem Tausendstel der nach dem Urknall verflossenen Zeit - grundsätzlich geändert. Hält man auch tierisches Verhalten unter bestimmten Umständen für spontaneitätsbestimmt, dann muss man wohl bis zu dem Zeitpunkt zurück, wo das zum ersten Mal auf dieser Erde aufgetreten ist. Jedenfalls liegt dieser Zeitpunkt sehr viel später als der Urknall.

Wie dem auch sei: Der Mensch taucht auf und wirft die Prognostizierbarkeit der physikalischen Geschehensabläufe über den Haufen. Bisher trat ausschließlich der von der Physik erfasste Wirkungszusammenhang, nämlich die Kausalität im weitesten Sinne in Erscheinung, sei es als deterministische, sei es als indeterministische, jedenfalls aber nicht »Finalität«. Spätestens mit dem Erscheinen des Menschen werden Kausalketten gesetzt, die auf Grund physikalischer Gesetze nicht mehr voraussehbar sind, und zwar schon im Groben nicht. Wir müssten daraus schließen, dass sich im Laufe der Zeit die Gesetzlichkeit der Geschehensabläufe ändert, ja eigentlich noch mehr, dass mit dem Urheber der Finalität eine völlig neue Seinsart - eben der Geist - aufgetreten ist, die bisher nie dagewesene Phänomene zeitigt und anderen Gesetzmäßigkeiten unterliegt, die also als Geist zum Beispiel den Erhaltungssätzen nicht unterworfen ist. Zwischen »Geist« einerseits und »Materie« andererseits klafft eine abgrundtiefe Kategoriendivergenz.

Es erscheint sehr unwahrscheinlich, dass sich der Kosmos nach Milliarden Jahren – nachdem es immer schon die Materie gab - eine neue Seinsart erfände. Masse und Energie, Anziehung und Strahlung gibt es seit dem Urknall, und die völlig andere Art von Sein, nämlich die des Geistes, sollte erst im Laufe der Zeit auftreten, ohne dass sie sich auch nur ansatzweise aus der Materie herleiten lässt? Ist es plausibel, dass sich dieses im Weltall singuläre Ereignis - das Entstehen des Geistes - einzig und allein auf unserem klitzekleinen Planeten zugetragen haben soll, ein Ereignis, das zudem auf den Kosmos insgesamt überhaupt keine Auswirkung hat, weil es durch die Dimensionen der Weite des Weltalls völlig isoliert und auf das Sonnensystem beschränkt ist?

Im Hinblick auf die Kontinuität der Welt seit dem Urknall ist es naheliegender, anzunehmen, dass nicht erst mit dem Erscheinen des Menschengeistes final strukturierte Geschehensabläufe auftreten, sondern dass Geist schon am Anfang war und dass er sich im Lauf der Kosmosgeschichte immer und irgendwo und irgendwie mit seinem Wirken manifestiert hat, so, wie sich auch die Materie im Laufe der Kosmosgeschichte in unterschiedlicher Verteilung zeigt.

5. Zuschnitt des göttlichen Geistes

Dieser wohl uranfängliche, jedenfalls aber auf dieser Erde Leben schaffende Geist ist näher zu bestimmen. Die Fragen nach der Art seines Wirkens sind zunächst phänomenologisch an Hand der Erscheinungen zu beantworten, so wie sie in der lebenden Natur zutage treten. Sieht man die uns vor Augen stehenden Organismen als ein Ziel, das sich der lebenschaffende Urheber gesetzt hat, sei es als Endziel, sei es als Zwischenziel, dann lässt sich nicht verkennen, dass Planung und Ausführung nicht in jeder Hinsicht vollkommen erscheinen. Es gibt nicht nur ausgesprochene Fehlbildungen, Dysfunktionen im Reiche des Lebendigen, sondern im Hinblick auf Menschen, Tiere und Pflanzen in der Entwicklung auch ein ersichtlich versuchendes und verfehltes Vorwärtsschreiten. Anders ist da die Lage in der Welt des Anorganischen, wie sie das Weltall prägt. Ist ein verlandender See eine Fehlbildung? Sind zusammenstoßende Himmelskörper ein Unfall? Keineswegs. Im organischen Bereich erscheint uns das anders. So zeigt sich etwa in der Entwicklung des »homo sapiens«, dass der Entwicklungszweig des Neandertalers nicht weiter verfolgt wurde und der Neandertaler ausstarb; er ist mutmaßlich nicht zum Ahnherrn des heutigen Menschen geworden[447].Man denke etwa auch an die bizarren Formen eines »Säbelzahntigers«, eines Riesenhirsches oder eines Mammuts, dessen zu Stoßzähnen umgewandelte Schneidezähne sich so extrem vergrößern, dass sie sich einbiegen, einrollen und mit der Spitze gegen den Kopf zeigen. Hier scheinen Entwicklungen in die Irre zu gehen. Aber auch der Darwinismus dürfte mit solchen Fehlentwicklungen seine Schwierigkeiten haben; wie vertragen sie sich mit einer Auslese, die die am besten Angepassten überleben lässt? Im Ergebnis hat zwar die Auslese funktioniert. Wie hat es aber überhaupt so weit kommen können?

---

[447] Gerhard Heberer, »Die Herkunft der Menschheit«, in: »Propyläen Weltgeschichte«, Erster Band, Erster Halbband, Ullstein, 1961, 1976; S. 133 f, 340.

„Der probierende Fortgang der Entwicklung, der sich gelegentlich in Sackgassen verliert, die aufgegeben werden, deutet nicht auf eine unmittelbar unendliche und allwissende Intelligenz"[448]. Dieses Faktum, das ein katholischer Theologe und Biologe feststellt, lässt uns zunächst einmal zögern, die Werke der Natur ohne weiteres dem unmittelbaren Walten eines allmächtigen, allwissenden und allweisen Gottes zuzuschreiben - allerdings gemessen mit menschlicher Elle! Sollte nicht der Neandertaler auch und gerade für sich genommen durchaus seinen Sinn haben? Es ist auch nicht ausgeschlossen, dass »hinter« diesem uns mitunter unvollkommen erscheinenden Wirken der universale Gott steht, den wir in seinen Absichten nur nicht erkennen, der seiner Schöpfung einen Sinn beimisst, der keineswegs auf uns abzielt. Die Größe des Weltalls spricht da eine deutliche Sprache. Und wer will leugnen, dass Krankheiten und Missbildungen auch ihren Sinn haben können, der uns verborgen ist?

Wie dem auch sei - unübersehbar ist eine »Vorsehung« in wörtlicher Bedeutung am Werke, also eine Intelligenz, die Ziele vorwegnimmt und ansteuert, gleichgültig, ob in unseren Augen Irrwege eingeschlagen und Fehlentwicklungen eingeleitet werden. Unabdingbar ist der Geist mit seinem finalen Moment am Anfang, er gibt die »Initialzündung«, dann mag es über weite Strecken schlicht kausal weiterlaufen bis vielleicht eine neue - physikalisch nicht voraussehbare - Entwicklung eingeleitet wird, die durchaus auch einmal nach unseren Maßstäben in einer Sackgasse endet.

Wo will man diesen Geist, der sich im Lebendigen äußert, in unserer Welt festmachen? Die Spanne reicht vom Atom über die einzelnen Zellen, die Organismen, über Kollektive - wie

---

[448] Siegmund, »Naturordnung als Quelle der Gotteserkenntnis«, 3. Aufl., 1965 S. 367.

Ameisen- und Bienenvölker - womöglich sogar Arten und Gattungen - , über die der Beseelung, vielleicht eine Allbeseelung der Natur überhaupt bis hin zur Natur als Gott und schließlich bis zu Gott ohne jede Verortung. Von uns selbst ausgehend können wir uns zwar nur einen individuellen, leibgebundenen Geist vorstellen, »denken« können wir aber auch einen körperlosen Geist[449]. Die Behauptung Nicolai Hartmanns, dass wir nur einen „aufruhenden Geist"[450] kennen, aufruhend auf der Materie, ist richtig, aber - verallgemeinert als Allbehauptung und bezogen auf alles Geistige - ist es wohl ein Anthropomorphismus. Wenn wir es unternehmen, Gott zu denken, dann liegt es wohl am nächsten, ihn als raum- und zeitlos - sozusagen über id jenseits von allem - zu denken.

Die Anhänger einer Selbstorganisation der Materie müssen sich freilich auch fragen, wo denn nun die Initiative sitzt, die zur Selbstorganisation des Organismus führt. Sie gehen ja davon aus, dass „diejenigen Systeme selbstorganisierend <sind>, deren Struktur nicht auf äußere Ursachen zurückzuführen ist, sondern auf das dynamische Zusammenwirken der Elemente des Systems selbst"[451]. Also: Welche Elemente des Systems zeigen Initiative, Regenerations- und Regulationsprozesse und bauen den Organismus auf? Die Frage ist eine wissenschaftliche. Vitalisten - zu denen ich mich nicht zähle - haben sie gestellt; man denke an Hans Driesch und seine Seeigelversuche. Materialisten wie Kutschera[452] blocken Antworten, die auf

---

[449] Über die Schwierigkeiten einen individualisierten körperlosen Geist zu denken vgl. Thomas von Aquino, »Sermo seu tractatus de ente et essentia« <Über das Wesen und das Sein>, 2. Kapitel und 6. Kapitel, übersetzt und erläutert von Rudolf Allers, Fischer Bücherei, S. 21 und 53 f.

[450] »Das Problem des geistigen Seins«, 1. Aufl. 1932, 2. Aufl. 1949, S. 17f, 60 ff.

[451] »Wörterbuch der philosophischen Begriffe« begründet von Kirchner und Michaelis, fortgesetzt von Hoffmeister, neu herausgegeben von Regenbogen und Meyer, WBG, 1998, Artikel: »Selbstorganisation«.

[452] »Evolutionsbiologie«, Ursprung und Stammesentwicklung der Organismen, 2006, 4. Auflage, 2015, S. 12 f.

Geistiges verweisen, aus dogmatischen Gründen von vornherein als unwissenschaftlich ab. Was dann noch von den Argumenten der Materialisten übrig bleibt, beantwortet freilich die Frage nicht. Irgendwo aber muss doch die Spontaneität herkommen!

Eine eigentümliche Verortung des antizipierenden Geistes, der in der Natur waltet, findet sich bei Stegmüller. Er berichtet von einer Vorrichtung bei der Weitergabe des genetischen Materials, die meistens verhindere, dass sich ein mutiertes Gen auf die Lebensfähigkeit des Gesamtorganismus nachteilig auswirke. Das mutierte Gen werde im »rezessiven Genpool« gespeichert, wo Mechanismen tätig würden, die „eine Vorauswahl nach Zweckmäßigkeit" vornähmen. Dies geschehe durch die im Zellkern sitzenden »Regulatorgene«, die z. B. Mutationen rückgängig machten oder die in einem Chromosomensatz zusammentreffenden Mutationen daraufhin überprüften, ob sie sich ineinanderfügen. Was hier vorliege, sei in einem buchstäblichen Sinn – so Stegmüller – „eine Imitation der Fähigkeit menschlicher Phantasie, noch nicht verwirklichte Reaktionen gedanklich vorwegzunehmen und sie auf ihre Konsequenzen zu überprüfen" und nur dasjenige zu realisieren, was diese Kontrolle erfolgreich bestanden habe[453]. Stegmüller spricht von Makromolekülen und ihrer „Selbstorganisation"[454] und weist in Anlehnung an Manfred Eigen den Einwand der „Vitalisten" zurück, dass dieses biologische Geschehen physikalisch unmöglich oder zumindest physikalisch unverständlich sei. Es zeige sich vielmehr, „dass die Herausbildung von immer leistungsfähigeren Mutanten bei gegebenen Voraussetzungen durch thermodynamische Gesetze geradezu erzwungen" werde. Das Geschehen sei „ein bloßes Spiegelbild thermodynamischer Gesetzmäßigkeiten" und

---

[453] »Hauptströmungen der Gegenwartsphilosophie«, Bd. 2, 1979, S. 692.
[454] A. a. O. S. 713.

könne aus diesem Grund sogar „als physikalisch notwendig bezeichnet werden"[455].

Die Vorstellung Stegmüllers, dass im Zellkern als einem „internen Modell der Außenwelt" ausprobiert werde, was sich dann im Phänotyp bewähren soll, deutet auf einen Vorgang hin, den man sich nicht anders vorstellen kann, als dass er - bei allen Mechanismen und Automatismen, die er aufweisen mag - bewusst gesteuert wird. In den Genen wird danach also - wenn man den Gedanken Stegmüllers konkretisiert - konstatiert, ob beispielsweise die für den Überlebenskampf nützliche Mimikry »sitzt«. Nimmt man das, so wie es bei Stegmüller steht, einfach so hin, dann läuft das auf eine Art »Materiebewusstsein« hinaus, eine doch nur besondere Spielart von Vitalismus, den er im übrigen mit Hohn überhäuft.

Soll eine „Vorauswahl nach Zweckmäßigkeit" stattfinden, die ein Durchprobieren aller möglichen Farb- und Gestaltvarianten erspart, dann ist ein vorausschauender Geist unabdingbar, sonst kann auch von keiner „Vorauswahl nach Zweckmäßigkeit" die Rede sein. Die Regulatorgene hätten dann die Funktion von Rechnern. Ihr Erfolg hängt vom Programmierer und seinem Programm ab, nämlich von dem, was er ansteuert, so dass die Frage bleibt: Wer oder was ist das »Programmierende«?

6. Der philosophische Gottesbegriff

a. Logik und Faktum des »Anfangs«

Wurde zu Beginn unserer Ausführungen der Versuch unternommen, bis zur Urfrage vorzustoßen, so geht es jetzt darum, in dem mit der Urfrage umrissenen Horizont Urheber oder

---

[455] A. a. O. S. 683.

Ursache unserer Welt in der uns am plausibelsten erscheinenden Weise zu denken. Es befriedigt nicht, den Gegensatz von Geist und Materie im Ursprung zu belassen. Man landet dann in einem »Dualismus«, der uns - man möchte sagen: aus Gründen der Logik - veranlasst, weiter zu fragen, ob es nicht doch einen gemeinsamen Ursprung oder Urgrund dessen gibt, was sich in die Seinsarten Geist und Materie entfaltet. Kurzschlüssig geantwortet, ist es eben das »Sein«, dessen totale Bestimmungslosigkeit, die auch dem Nichts eignet, uns freilich - zunächst - ins Leere greifen lässt. Um weiterzukommen, sind Fragen zu stellen, die auf das »Absolute« - auf das von allen Bedingungen Losgelöste und Unabhängige - zielen. Herkömmlich ist das die Gottesfrage.

Im Anfang kommt - wie gesagt - der Unterschied in den Blick, der sich nicht schärfen lässt: der Unterschied von Sein und Nichts. Trotz der Gleichheitszeichen, die Hegel zwischen Sein und Nichts wegen beider Bestimmungslosigkeit setzt[456], wird eine Asymmetrie zwischen »Sein« und »Nichts« sichtbar, die das Sein »ermöglicht«. Das »Sein« ist »in sich« und darin »mehr« als das Nichts. Dieser Unterschied zum Nichts kann nur der Unterschied »im« Sein selbst sein. Da, wo kein Unterschied ist, ist nichts. Sobald etwas - was und wie auch immer - »ist«, ist keine absolute Homogenität, da ist Unterschied. Der Ursprung ist also immer ein Unterschied. Mit irgendeinem oder irgendetwas beginnt der Unterschied. »Ein Etwas« ist nur ein »Etwas« gegen das »Nicht-Etwas«, sonst ist auch kein »Etwas«. Also steht am Anfang das »Zwei«, die Urdifferenzierung; sie ist als erste Differenz der Urunterschied, wie immer er stattfindet, als Masse in Masse, als Energie in Energie, als Geist in Geist oder sonst wie, wovon wir uns nichts träumen lassen. Dafür, dass der Urunterschied sich als Geist im Geist setzt, haben wir in unserem Selbstbewusstsein sogar ein Mo-

---

[456] »Wissenschaft der Logik«, 1816, Suhrkamp, Theorie Werkausgabe, 1972, Bd 5, I S. 83.

dell im Miniaturmaßstab: Es ist das Bewusstsein, das sich selbst als Bewusstsein zum Bewusstsein kommt, das Selbstbewusstsein. Erhöht ins Uranfängliche bedeutet es die Unterscheidung von sich selbst. Sie setzt logisch keine Materie im Sinne von Masse und Energie voraus, freilich aber einen »Gegenstand« in des Wortes wörtlichster Bedeutung als das Gegenstehende. Als ein sich Gegenständiges braucht es nur es selbst zu sein, was von uns freilich nur im Hinblick auf den Geist gedacht werden kann. Der Unterschied, der hier im Hinblick auf das Sein gedacht werden muss, ist der Unterschied im Sein vor allem Seienden. Das Nichts kann dieses Unterschiedene nicht sein, sonst wäre es etwas, nämlich Gegenpol. In Anlehnung an die »ontologische Differenz« Heideggers[457] zwischen Sein und Seiendem, ohne die das Sein nach Heidegger nicht angemessen bedacht wird, könnte man die bestimmungslose Urdifferenz im Sein zu sich selbst und zum Nichts als »ontische Differenz« bezeichnen. Die ontische Differenz ist die Differenz im Sein zum Nichts.

Nur wenn die Welt kontinuierlich ewig ist, verschwindet die Frage nach der Urdifferenz. Die Fakten, so wie sie in den Naturwissenschaften erhoben worden sind, sprechen dafür, dass die Welt einen Anfang hat. Sie ist ersichtlich einem absolut diskontinuierlichen Vorgang entsprungen, den man »Urknall« nennt und als »Anfangssingularität«[458] versteht, nämlich als den Beginn des Universums mit gemeinsamer Entstehung von Materie, Raum und Zeit. Dieser Vorgang ist aus vorgängigen Zuständen nach physikalischen Gesetzen weder herzuleiten noch mit ihrer Hilfe zu definieren oder auch nur zu beschrei-

---

[457] Siehe oben S. 6.

[458] Vgl. hierzu und zu den folgenden Fakten und Gesetzmäßigkeiten Klaus Mainzer, in: Historisches Wörterbuch der Philosophie; hrsg. von Joachim Ritter und Karlfried Gründer; 1995; Band 9: Se-Sp, Artikel: »Singulär; Singularität«; Wikipedia, Artikel »Urknall«, letzte Bearbeitung der hier benutzten Fassung vom 3. Juli 2016.

ben. Man kommt mit Tatsachenfeststellungen an den Urknall nicht beliebig nahe heran. Für die Anwendbarkeit physikalischer Gesetze überhaupt gibt es nämlich Mindestgrößen, die man »Planck-Skala« nennt. So können Distanzen, die kleiner sind als die Planck-Länge (ca. 10^{-35} m), wegen der Unschärferelation und der Quantenfluktuationen nicht sinnvoll beschrieben werden[459]. Das gleiche gilt für Zeit, die kürzer ist als 10^{-43}s, das ist die Zeit, die das Licht braucht, um die Planck-Länge zurückzulegen. Man schließt, dass zu Beginn die Dichte etwa 10^{94} g/cm^3 und die Temperatur etwa 10^{32} K betragen habe. Astronomische Beobachtungen ergeben ein Alter des Universums von schätzungsweise 13,7 ± 0,2 Milliarden Jahren, entsprechend ist der Zeitpunkt des Urknalls datiert. Die Beobachtungen, mit denen die Fakten erhoben worden sind, beziehen sich auf die Rotverschiebung der Galaxien und die daraus erschlossene »derzeitige« Expansion des Universums, auf das Spektrum der Hintergrundstrahlung des Universums und die Häufigkeitsverteilung der Elemente im Weltraum, insbesondere des Wasserstoffs und des Heliums und ihrer Isotope. Bis dahin erstreckt sich die Wissenschaft: endliches Wissen von endlichen Dingen.

Mit der Urdifferenz haben wir den Ansatz des Seins im Anfang logisch bestimmt. Im Tatsächlichen sehen wir uns vor einer unübersteigbaren Grenze. Den Urknall können wir uns nicht näher ausmalen. Woher stammt etwa die Dichte 10^{94} g/cm^3 und woher die Temperatur von etwa 10^{32} K im Urknall? Dem Prinzip des zureichenden Grundes[460] bis an die Grenze des Denkbaren Rechnung tragend, bietet es sich an, die Urdifferenz von ihrem Urheber zu unterscheiden und sie

---

[459] Siehe Brian Greene, »Aus dem Stoff, aus dem der Kosmos ist« <The Fabric of the Cosmos> Englische Ausgabe 2004; deutsche Ausgabe 2004; 3. Aufl. 2007; S. 375 ff, 550.

[460] Siehe zum »Prinzip des zureichenden Grundes« oben S. 4 sowie Leibniz, »Monadologie«, 1714, <La Monadologie>, Nr. 32.

als Schöpfung, als absolute Novität in Diskontinuität zu allem Vorgängigen aufzufassen. Dieser Grenze kann nur der Gottesgedanke einen sinnvollen Rahmen geben; Gott hier vor allem als der dem entstehenden Universum gegenüber völlig Andere gedacht.

Als Zwischenergebnis ist festzuhalten: Für einen »Urknall« im genannten Sinne haben wir naturwissenschaftliche Anhaltspunkte; für die Ewigkeit der Materie nicht. Das ist auch der Grund, weshalb der Gottesbegriff im Wege der Analogie nur von der einen Seinsart, nämlich der des Geistes, her erschlossen wird und nicht auch von der Seinsart der Materie her. Die Welt als materielles Universum ist endlich, nämlich zeit- und raumbeschränkt, soweit eben die Welt als materielles Phänomen reicht. Anders als beschränkt kann Materie nicht gedacht werden. Sie ist nun einmal durch Verteilung von Energie und Masse gekennzeichnet, ja letztlich »definiert«. Energie und Masse nehmen einen bestimmten Raum ein; sie sind da oder dort, in der Zeit veränderlich und nicht allenthalben in ihrer Verteilung identisch.

b. Die Geistbedingtheit der Materie

Traut man der Selbstorganisation der Materie diese Welt nicht zu, dann sieht man sich auf einen Urheber als Schöpfer verwiesen. Die Frage ist nun, ob wir Gründe dafür haben, ihn als Geist oder geistähnlich zu denken. Ob es Geist oder Geistähnliches schon am Anfang und vor dem Auftreten von Leben auf dieser Erde gegeben hat, dafür kann es keinen Erfahrungsbeweis geben. Hier beginnen die Überlegungen, die nicht willkürlich sein sollen, sondern sich sozusagen an der Natur der Sache zu orientieren haben, freilich auch Sinnargumente nicht verschmähen.

Auch wenn man es weit von sich weist, dass nur Wahrnehmbares »ist«, so darf doch gefragt werden, was denn »ist«, wenn keine Wahrnehmung oder – radikaler – wenn schlechterdings keine Erkenntnis ist. Die Verteilung von Energie und Masse scheint zu bleiben, gleichgültig, ob und wie sie wahrgenommen wird. Indes ist auch das nicht ganz unproblematisch. Schon Farbe und Wärme bedürfen als Sinnesqualitäten der Sinnesorgane, um als Farbe und als Wärme in Erscheinung zu treten; sie sind also kein »Letztes« und ohne unsere geistgesteuerten Sinnesorgane als solche nicht vorhanden. Folgt man Heisenberg, dann ist auch die Geometrie der Elementarteilchen - wie schon gesagt[461] - kein Letztes: „Das Atom der modernen Physik kann zunächst nur symbolisiert werden durch eine partielle Differentialgleichung in einem abstrakten vieldimensionalen Raum; erst das Experiment, das der Beobachter an ihm vornnimmt, erzwingt von dem Atom die Angabe eines Ortes, einer Farbe, einer Wärmemenge"[462]. Erst der Geist - der Beobachter - lässt die Materie »erscheinen«. Es soll nicht geleugnet werden, dass da etwas ist, das sich so manifestiert, dass es in Formeln gefasst werden kann. Letztlich aber »erscheint« die Materie dann doch nicht mehr, sondern wird in Formeln errechnet. Das Formelhafte ist sprachlicher Natur und lässt sich nicht ohne Geist denken.

Was soll denn nun eigentlich »sein«, wenn kein Geist der Materie begegnet? Das Sein erweckt den Eindruck, dass es eher auf einen Geist an- und ausgelegt ist als auf das Handgreifliche, den Tastsinn und seine Geometrie. Den Gedanken weiterspinnend: Was soll schließlich ein »klitzekleiner Stern« im fernsten Spiralnebel, den nie ein Mensch ins Teleskop bekommt, den nie ein Geist erkennt? Er ruht in sich? ohne Außenbeziehung, ohne Innenbeziehung? Hier dürfen wir nicht in

---

[461] Siehe oben S. 41 ff.
[462] »Zur Geschichte der physikalischen Naturerklärung«, in: »Wandlungen in den Grundlagen der Naturwissenschaft«, 1945, S. 24, 36.

einen Anthropomorphismus verfallen, der den Stein Stein sein lässt, auch wenn wir unseren Blick ihm nicht zuwenden können. An dieser Stelle zeigt sich unabweislich, dass nur der Geist als Bezug der Materie das gesamte Universum in Relation setzt; ohne Relation keine Materie, die verteilte Masse und Energie ist; Relation aber - wenn Materie nicht mehr »erscheint« - wird gedacht.

„Was soll schließlich ein »klitzekleiner Stern« im fernsten Spiralnebel ...?" In dem »soll« der Frage klingt vernehmbar die Sinnfrage an, die durch die Existenz des Geistes beantwortet wäre, der diesen »klitzekleinen Stern« erkennt. „Die Intelligenz, als solche, sieht sich selbst", schreibt Johann Gottlieb Fichte, „und dieses sich selbst Sehen, geht unmittelbar auf alles, was sie ist, und in dieser unmittelbaren Vereinigung des Seins und des Sehens, besteht die Natur der Intelligenz. Was in ihr ist, und was sie überhaupt ist, ist sie für sich selbst; und nur inwiefern sie es für sich selbst ist, ist sie es, als Intelligenz. ... Ein Ding dagegen, soll gar mancherlei sein: aber sobald die Frage entsteht: für Wen ist es denn das? wird niemand, der das Wort versteht, antworten: für sich selbst; sondern es muss noch eine Intelligenz hinzugedacht werden, für welche es sei: da hingegen die Intelligenz notwendig für sich selbst ist, was sie ist, und nichts zu ihr hinzugedacht zu werden braucht. Durch ihr Gesetztsein, als Intelligenz, ist das, für welches sie sei, schon mitgesetzt"[463]. Das heißt: Die Dingwelt ist nur, sofern sie für einen Geist ist.

Man kann mit Fichte diesen Gedanken auch noch dahin formulieren, dass das Dasein des Seins das Bewusstsein ist[464]

---

[463] »Erste Einleitung in die Wissenschaftslehre«, 1797, in: »Erste und zweite Einleitung in die Wissenschaftslehre und Versuch einer neuen Darstellung der Wissenschaftslehre«, Meiner, 2. Aufl., 1920, hrsg. von Fritz Medicus, 1961 Abschnitt 6, S. 22 f.

[464] »Die Anweisung zum seligen Leben«, Dritte Vorlesung, 1806, in: »Johann

und nicht etwa nur das Dasein des Geistes. Das soll sagen, dass »Identität« hier nicht als Identifizierung gedacht wird, sondern als Einheit, nämlich: eines nicht ohne das andere. „Was ist das Sein, das nichts von sich weiß und von niemandem gewusst werden könnte? Es ist, als ob es nicht wäre", sagt Karl Jaspers[465]. Muss man nicht weiter gehen und an die Stelle des vorsichtigen »Als-ob« ein »Es-ist-nicht« setzen?

Mit dieser Schlussfolgerung geraten wir nicht in den oben von Kant apostrophierten Skandal[466] der Philosophie und allgemeinen Menschenvernunft, „das Dasein der Dinge außer uns, bloß auf Glauben annehmen" zu wollen. Wir zweifeln ja nicht an der Existenz der Dinge außer uns; wir meinen nur, dass sie geistbedingt, nämlich gottbedingt, seien. Die Materie, so wie sie erscheint, macht nicht den Eindruck, als ob sie ewig und ursprünglich wäre. Sie lässt das Nichts durchscheinen: die unendlich leeren Räume auch und gerade im mikrophysikalischen Bereich. Und nimmt man noch den Gedanken vom Urknall, der Antimaterie, der totalen Nullinterferenz und Paarvernichtung hinzu, dann ist ihre Entstehung durch Differenz und ihr Verschwinden durch Ausgleich ein Faktum. Nimmt man die Differenzierung als Ursprung – und wie soll man sich den Ursprung denn anders denken? – , dann leuchtet das »Von-Selbst« des Geistes mehr ein als das »Von-Selbst« der Materie.

Hält man den Gedanken vom Angewiesensein der Dingwelt auf den Geist für plausibel, dann ist es absurd anzunehmen, dass der erst nach Milliarden Jahren in einem winzigen Fleckchen des Weltalls auftauchende Menschengeist mit seiner Erkenntnis und einem ganz verschwindend kleinen Radius mög-

---

Gottlieb Fichtes sämmtliche Werke«, herausgegeben von I. H. Fichte, Band 1-8, 1845/1846, Bd. 5, S. 440.
[465] »Der philosophische Glaube angesichts der Offenbarung«, 1962, S. 31.
[466] Siehe oben S. 204.

licher Wirksamkeit das Sein hält und dem Weltall seinen Sinn geben könnte. Wird das ganze Weltall seit Milliarden Jahren »vorgehalten«, damit wir es erkennen? Ausgeschlossen. Die Verwiesenheit allen Seins auf den Geist ist unaufschiebbar, unabdingbar und unauflöslich; sie gilt - wenn sie gilt - von allem Anfang an; ganz abgesehen davon, dass selbstredend ein »Vorhalten« geradezu ein Exzess an Finalität wäre!

Bezeichnet man den Geist, der die Urdifferenzierung bringt und damit zum notwendigen Bezug jeder Materie wird, als Gott, so ist es folgerichtig, entgegen Spinozas Formel »deus sive natura«[467] die Schöpfung von Gott zu unterscheiden. Gott bringt im Akt der Differenzierung - dem Schöpfungsakt - die Materie in ihr Sein und auch in ihre Gesetzmäßigkeit. Die Undenkbarkeit der Materie ohne Gesetz deutet auf den Geist als Ursprung des Gesetzes, denn das Gesetz ist nicht Materie, sondern etwas Geistiges, es hat Geltung. Geist ist freilich noch mehr als Gesetzmäßigkeit: Er hat Spontaneität.

c. Wille und Kosmos

Die materielle Welt zeigt eine Gesetzmäßigkeit, die weder notwendig noch zufällig erscheint. Sie ist nicht zufällig, denn die variationsreiche Welt »funktioniert« und ist in sich konsistent. Das Zustandekommen einer solchen Ordnung kann man sich nicht durch »Würfeln« denken. Völlig notwendig ist die Welt in ihrer Erscheinung aber auch nicht, denn sie könnte auch anders sein, ohne dass logische Widersprüche aufträten. Die Überführung des Möglichen in die Wirklichkeit zeigt ein Moment, das sich nicht vollständig herleiten lässt, weil es nicht logischer Natur ist. Sein Vorhandensein wie auch sein Fehlen bringen beziehungsweise beseitigen keinen Widerspruch, so dass es die Modalität des Möglichen nicht berührt.

---

[467] <Gott beziehungsweise Natur>, »Die Ethik«, IV. Teil, Vorwort.

Das Moment ist ein »factum brutum«, das jeder Wirklichkeit zugrunde liegt. Es ist in seiner reinen Tatsächlichkeit nicht ableitbar und damit auch nicht erkennbar. Diese Unableitbarkeit der Wirklichkeit stellt uns vor die eingangs gestellte Urfrage: „Warum ist überhaupt Seiendes und nicht vielmehr Nichts?" Dieses »Warum« findet keine zureichende, verstehbare Antwort.

Die mangelnde Herleitbarkeit der Realität tritt vor allem im molekularen Bereich zutage. Dort herrscht ein prinzipieller Indeterminismus, der in Gesetzen statistischen Charakters gefasst wird.[468] Selbst wenn es eines Tages – wie Carl Friedrich von Weizsäcker[469] hoffte - gelänge, den Aufbau der ganzen Physik aus einem einzigen Prinzip herzuleiten, so dass „jede Linie des Eisenspektrums" daraus folgt, so würde doch nach wie vor das „Kontingente" unableitbar bleiben, nämlich, „ob es in der uns zugänglichen Erfahrung gerade atomares Eisen gibt". Jedenfalls ist das unsere Perspektive auf die physikalische Gesetzlichkeit; vielleicht würden wir - wenn unser Verstand und unsere Vernunft grenzenlos wären - erkennen, dass es in Raum und Zeit doch nur eine - eben nur unsere - Welt geben kann; die Hoffnung auf die noch nicht gefundene Weltformel suggeriert das, garantiert es aber nicht.

Für die Erschaffung einer Welt und selbst speziell des organischen Lebens und seine Ausstattung stehen also theoretisch verschiedene Möglichkeiten zur Verfügung, aus denen eine gewählt worden ist. So wäre es beispielsweise - um etwas Unproblematisches zu sagen - denk- und vorstellbar, dass wir mehr als nur eine Oktave des etwa 80 Oktaven umfassenden elektromagnetischen Spektrums visuell wahrnehmen. Wie

---

[468] Vgl. Heisenberg, »Prinzipielle Fragen der modernen Physik«, in: »Wandlungen in den Grundlagen der Naturwissenschaft«, 1945, S. 48.
[469] »Kants Theorie der Naturwissenschaft nach P. Plaass«, 1965, in: »Die Einheit der Natur«, 1974; S. 405, 425 f.

dann freilich die zusätzlich uns zur Empfindung kommenden Farben aussähen, haben wir schlechterdings keine »Ahnung«.

Werden für einen Kosmos beispielsweise die Dimensionen »Raum« und »Zeit« gewählt - wir kennen keine andere Welt - , so ergeben sich aus dieser Wahl unumstößliche Rahmenbedingungen. Wenn »Raum«, dann ist keine Sache ubiquitär, und wenn »Zeit«, dann ist alles Vergangene irreversibel, unwiederbringlich, sonst würden die Begriffe »Raum« und »Zeit« in sich widersprüchlich. Schüfe Gott eine Welt jenseits von Zeit und Raum, also in einer völlig anderen Dimension, gälten diese Zwänge aus Zeit und Raum selbstredend nicht.

Es ist ein Akt der Entscheidung, welche der widerspruchsfreien Welten realisiert wird. Wäre das Universum Menschenwerk, so würden wir die Entscheidung seiner Realisierung einer Willensentscheidung zuschreiben. Wir schließen auf einen Willen, wenn sich ein Ereignis aus der physikalischen Gesetzmäßigkeit allein nicht erklären lässt. Das ist der Fall, wenn - um das Werk zu schaffen - neue Kausalketten angefangen und gesetzt werden müssen, die sich aus dem bisherigen physikalischen Zustand an Ort und Stelle nicht ergeben, die im bisherigen physikalischen Zustand nicht ihre Ursache haben. Geschieht das, werden wir mit Neuem konfrontiert, also mit einer »creatio ex nihilo«, einer Schöpfung aus dem Nichts.

Im Umgang mit Menschen werden wir vor allem dann von einer Willensentscheidung sprechen, wenn wir Handlungsalternativen feststellen und wir uns das »Drama« der Willensbildung im Widerstreit der Ungewissheiten und Zielkonflikte, in Zustimmung und Ablehnung zukünftiger Situationen vorstellen. Dieses »Drama« ist uns aus eigener Erfahrung wohlbekannt. Es hinterlässt den Eindruck, dass bei allen Voraussetzungen, Vorentscheidungen, Gegebenheiten und Randbedingungen, die wir konstatieren, unsere Entscheidung nicht vollständig aus der Vergangenheit herleitbar ist. Dieses Moment der Schöpfung aus dem Nichts tritt umso stärker hervor, je weniger Einfluss wir den Voraussetzungen, Vorentscheidungen, Gegebenheiten und Randbedingungen auf unser Tun einräumen. Je mehr man sich einem Anfang nähert und die Vor- und Randbedingungen schwinden, umso stärker tritt das Willensmoment hervor. Richten wir unseren Blick auf die Schöpfung, dann wird vor allem Anfang in Art einer Grenzbetrachtung das Willensmoment des Schöpfers unendlich groß.

Dieser Weg - ausgehend von unserem Willenserlebnis - hin zu einem Willen Gottes ist freilich nur ein Analogieschluss. Er lässt sich mit unserer These vom Urknall untermauern, indem wir uns einem im weltlichen Sinne voraussetzungslosen Anfang nähern, der physikalisch als Anfangssingularität gedacht wird. Denken wir die Schöpfung der Welt als einen Willensakt, dann ist es konsequent, den Willen als »Ursein« anzusprechen[470].

d. Der Gottesbegriff als Grenzbegriff - die Omnipräsenz Gottes

Wenn wir im Wege der Analogie von Gott als Geist sprechen, dann übertragen wir das, was wir als wesentlich für den Begriff des Menschengeistes erkennen, nämlich Bewusstsein und insbesondere Willen, auf den Geist Gottes. Es liegt auf der Hand, dass wir, wenn wir in Gott den Urheber der Schöpfung sehen, ihn nur mit einem Grenzbegriff zu denken vermögen, nämlich an und jenseits der Grenze von Raum und Zeit. Steht die Schöpfung, in der wir leben, an der Grenze und in ihrer Verursachung jenseits von Raum und Zeit, dann heißt das, alle

---

[470] Siehe Schelling in »Philosophische Untersuchungen über das Wesen der menschlichen Freiheit und die damit zusammenhängenden Gegenstände«, 1809, in: »Sämtlichen Werken«, herausgegeben von K. F. A. Schelling, (Cotta) 1856-1861 Bd. 7 S. 350;.

räumlichen und zeitlichen Beschränkungen in Abzug zu bringen und den Urheber ubiquitär und ewig, also in Omnipräsenz zu denken. Das ist freilich nicht mehr vorstellbar, da unsere Vorstellungen raumzeitlich geprägt sind, wohl aber mittels der »Subtraktionsmethode« denkbar, indem man Raum und Zeit »abzieht« und nach dem schaut, was dann übrig bleibt. Diese Überlegungen sind logisch, aber in ihrem Resultat nicht konkret, denn sie führen in eine Sphäre, die uns raumgebundenen und zeitunterworfenen Wesen hier auf Erden nicht zugänglich ist. In seiner Omnipräsenz gedacht, sind Gott alle Zeiten gegenwärtig und alle Orte anwesend. Bei ihm gibt es keinen Unterschied von Nähe und Ferne, von Vergangenheit, Gegenwart und Zukunft; alles ist Ewigkeit, Ubiquität, eben Omnipräsenz. Die Frage nach der Verortung Gottes hat ihre Antwort bekommen; sie ist nicht vorstellbar.

Ein Hinweis darauf, wie Gott in seiner Omnipräsenz zu denken ist, ist die prinzipiell eingeschränkte Anschaulichkeit unserer raumzeitlichen Welt. So wie sie uns erscheint, ist sie nicht, im Prinzip nicht. Wir denken an die durch physikalische Experimente erwiesene Verschränkung[471] von Elementarteilchen. Es gibt ersichtlich Phänomene, die dem Menschen - aus welcher Perspektive auch immer - weit auseinanderliegend, also räumlich getrennt, erscheinen, die aber so miteinander »verschränkt« sind, dass sie aufeinander wirken können, ohne dass der von uns wahrgenommene Raum zwischen ihnen materiell – nämlich durch Masse oder Energie – unter Inanspruchnahme von Zeit überwunden werden müsste, die sich also so verhalten, als seien sie nur ein einziges Ding. Die Widersprüchlichkeit dieses Phänomens zu unserer Anschauung löst sich auf, wenn man von der Omnipräsenz in Gott ausgeht.

---

[471] Siehe oben S. 63 f.

Der Gedanke der Omnipräsenz gibt vor allem auch einen Ansatz, Koordination und Abstimmung zu denken, die erforderlich sind, um organisches Leben ins Werk zu setzen und zu erhalten. Die notwendigen Koordinationen setzen ihrerseits - wie schon erwähnt[472] - voraus, dass eine Unmenge von physikalischen Abläufen überblickt, in ihrer Gesetzmäßigkeit erkannt, in ihrem Verlauf vorausgesehen und wirksam gesteuert werden. Überblick und Koordination, die von Anfang an vorhanden sein müssen, bedürfen also wegen der Omnipräsenz in Gott weder einer Entwicklung noch irgendwelcher Erfahrung; sie sind ja »zeitlos«.

Mit dem Begriff der Omnipräsenz werden Zeit und Raum in absolute Präsenz überführt. Bewusstsein zeigt sich jedenfalls als Präsenz; aber die Präsenz der Omnipräsenz ist nicht mehr eingezwängt zwischen Vergangenheit und Zukunft, also nicht mehr absolut »flüchtig«, sondern »stehend« - »nunc stans«[473]. Das zeitliche – verfliegende - Element ist weg. Meister Eckart erläutert dies dahin: „Wer die Kunst und die Macht hätte, dass er die Zeit und alles, was in sechstausend Jahren[474] je geschah oder noch geschehen wird bis an das Ende der Welt: wenn einer das heranziehen könnte in ein gegenwärtiges Nu, das wäre Vollendung der Zeit. Das ist das Nu der Ewigkeit, wo die Seele alle Dinge in Gott erkennt, so neu und so frisch und in derselben Lust, wie ich sie jetzt gegenwärtig habe."[475] Und an anderer Stelle sagt er: „Nehme ich aber ein Nu, das begreift alle Zeit in sich. Das Nu, worin Gott die Welt machte, ist dieser

---

[472] Siehe oben S. 103 ff.

[473] Lateinisch <stehendes Jetzt> siehe etwa Thomas von Aquino, Summa theoligica, I. Teil, Frage 10, Artikel 2; Meister Eckehart, »Deutsche Predigten und Traktate«; hrsg. von Josef Quint, 1979, Predigt 2, S. 162.

[474] Dieser Zeitraum ist nach mittelalterlicher Auffassung das Alter der Welt.

[475] »Predigten, Traktate, Sprüche«; 8. Predigt: »Von der Vollendung der Zeit« in: »Meister Eckharts mystische Schriften«, übertragen von Gustav Landauer, 1903, S. 66 f.

Zeit ebenso nahe, wie das Nu, worin ich eben spreche, und der jüngste Tag ist diesem Nu so nahe wie der Tag gestern war"[476]. Derselbe Gedanke erscheint auch in einem Wort von Angelus Silesius[477]:

> Die Rose, welche hier dein äußres Auge sieht,
> Die hat von Ewigkeit in Gott also geblüht.

Ist Gott alles präsent, dann erfassen ihn keine Bewusstseinsgrenzen, freilich nicht in dem Sinne, dass wir es auf einmal mit einer Steuerung ohne Bewusstsein zu tun hätten, sondern in dem Sinne, dass vieles, was unserem Bewusstsein wegen der Zeitsukzession Schwierigkeiten macht, in Gottes Omnipräsenz widerspruchsfrei aufgehoben ist. Es wäre nicht logisch, für ein unendliches Mehr an Koordination und Abstimmung ein unendliches Weniger an Bewusstsein zu erwarten. Der Begriff der Omnipräsenz ist allerdings ein Überstieg in eine uns verschlossene Sphäre. Die für den Begriff des Geistes für unabdingbar gehaltene Präsenz des Bewusstseins wird in die Omnipräsenz »aufgehoben« und hört damit in ihrer Beschränktheit auf[478]. Hier eröffnet sich meines Erachtens auch die Möglichkeit, »Unsterblichkeit« des Menschen vernünftig zu denken. Ohne die Omnipräsenz fehlt der Gottheit das Göttliche.

e. Der Gottesbegriff und das Bezugssystem

Die Frage, ob es Gott »gibt«, ob Gott »ist«, wird also von uns bejahend beantwortet. Nur, was heißt: Gott »ist«? Behauptun-

---

[476] 22. Predigt »Was ist Gott?«, a. a. O. S. 140.

[477] »Cherubinischer Wandersmann«, 1657, 1. Buch, Nr.108

[478] Vgl. zum Begriff des Aufhebens Hegel, »Wissenschaft der Logik«, 1832, Suhrkamp , 1972, Bd. 5, S. 113 und Hans Friedrich Fulda, »Historisches Wörterbuch der Philosophie«, hrsg. von Joachim Ritter, 1971; Band 1: A-C, Artikel: »Aufheben«.

gen des Alltags werden mit Hilfe des Ist-Begriffs formuliert - etwas »ist« Tatsache, Gedanke, Gesetz - , ohne dass der »Ist-Begriff« insoweit sonderliche Verständnisschwierigkeiten bereitet.

Jede »Ist-Behauptung« setzt ein Bezugssystem voraus, das näher bestimmt, was die Kopula »Ist« in diesem Zusammenhang vermittelt. Unter »Bezugssystem« wird hier die Zuordnung von Tatsachen materieller und immaterieller Art, von Erkenntnissen, Wertungen, Geltungen oder überhaupt der Gehalt von Aussagen verstanden, die sich auf ein durch gemeinsame Prinzipien näher bestimmtes Gebiet wie etwa die »Mechanik«, die »Rechtsordnung«, die »Grammatik«, die »Poesie«, die »Psyche« beziehen. Die Sätze »Gott ist Geist« und »Gott ist ein Wort aus dem germanischen Sprachkreis« lassen unterschiedliche Bezugssysteme erkennen, die durch das Wort »ist« und seine Ableitungen vermittelt werden. Die Schwierigkeiten von »Ist-Feststellungen« im Hinblick auf »Gott« liegen vorab darin, dass das Bezugssystem, auf das sich die »Ist-Feststellungen« beziehen, in seiner Bestimmung problematisch wird.

Das Wort »ist« wird je nach dem Bezugssystem, in dem es verwandt wird, zu einer Abbreviatur eben dieses Systems. In dem Satz »Gott ist« wäre das Wort »ist« zunächst für unser Denken und Sprechen vergleichsweise unproblematisch, wenn Gott als ein Ding oder als ein psychisches Phänomen ausgesagt werden sollte oder auch als ein Geltendes im System etwa von Kultvorschriften. Welches »System der Vorhandenheit« ist gemeint, wenn von der Existenz Gottes schlechthin die Rede ist?

Die Vielgestaltigkeit und Vieldeutigkeit der Welt erschwert es schon für unsere alltäglichen Bedürfnisse sehr, ein einziges umfassendes System der Realität zu entwickeln. Man denke nur an die Frage nach dem Verständnis des Rechtsbegriffs im Zusammenhang von Gewalt, Gehorsam, Sanktion, Sollen und Pflicht. Ob ein einziges umfassendes System ohne Friktionen und Verbiegungen der Realität überhaupt möglich ist, erscheint fraglich. Der praktische Ausweg ist eine Mehrzahl von nicht völlig kompatiblen Systemen. Das gilt auch für den Wissenschaftsbetrieb; auch hier etablieren sich - nur - Teilsysteme und nicht vollständig definierte Systeme. Diese Teilsysteme sind nicht völlig kompatibel, wenn man beispielsweise daran denkt, dass sich das Rechtsleben auch soziologisch beschreiben lässt, wobei das Normative zwar nicht geleugnet wird, aber nicht vollständig in soziologische Kategorien transponierbar ist. Praktisch bewegen wir uns immer in verschiedenen Systemen zur Erfassung der »Realität«, etwa einem System der Sinneswahrnehmungen, einem System der psychischen Phänomene oder des Normativen oder auch in einem System des Ästhetischen.

Welches System wäre dem Gottesbegriff angemessen? Ein »System der Tatsachen«, das wir räumlich-zeitlich definieren, ist offensichtlich zu eng. Das bedeutet aber nicht - und das ist ein wichtiger Punkt - , dass es nicht denkbar wäre, Gott auch in einem »System der Tatsachen« als Wirklichkeit zu konstatieren, nämlich als mögliche Ursache von raumzeitlich feststellbaren Wirkungen, wie etwa als der Urheber der Heilung einer Krankheit auf Grund eines Bittgebets - das mag unseren Zeitgenossen dubios erscheinen - oder aber auch ganz fundamental als Schöpfer der raumzeitlichen Welt und des Lebens. Eine partielle Tauglichkeit kann also dem »System der Tatsachen« für die Konkretisierung des Gottesbegriffs nicht abgesprochen werden.

Offensichtlich kann Gott durch Aussagen - bezogen auf irgendein von uns handhabbares System - nicht zureichend und schon gar nicht in seinem Wesen erfasst werden. Wird das nicht hinreichend bedacht, erweist sich der »Ist-Begriff« im Rahmen der Gotteserkenntnis als bloße Kopula unserer Aussagen als irreführend, weil dadurch für Gott eine Systemimmanenz vorgetäuscht wird, die bei Lichte gesehen nicht vorliegt. Im Rahmen der Gotteserkenntnis verliert der »Ist«-Begriff also endgültig seine Selbstverständlichkeit. Die Unzulänglichkeit der Systeme zur Bestimmung dessen, was den Gottesbegriff erfassen soll, wird zum Katalysator des Gottesgedankens. Da man sich bewusst werden sollte, unter welchen - logischen - Bedingungen eine Erkenntnis von »Gott« steht, rührt die Gottesfrage notwendigerweise an die Grundlage unserer Philosophie, ihrer Logik und Methode.

7. Theologische Ergänzung des philosophischen Gottesbegriffs - die Lehre von der göttlichen Trinität

Die Grundfrage ist immer die nach dem, was ist, was »eigentlich« ist. Das gilt auch für die Theologie, die dadurch in ihrem ersten Teil zur Onto-Theologie wird.

Es ist das große Verdienst christlicher Theologie, Gott als Grundlage und Urheber dieser Welt in sich strukturiert zu denken und nicht als einen bloßen Bezugspunkt der Schöpfung, der notwendig verschwindet, wenn keine Schöpfung ist, dessen Existenz also logisch von der Schöpfung abhängt. Es ist letztlich die Lehre von der Trinität, die diese Vertiefung bringt. Sie bereitet unseren Zeitgenossen große Schwierigkeiten, weil sie sich als Offenbarung gibt und dem heute herrschenden Dogma von der absoluten Unerkennbarkeit Gottes widerspricht. Wieweit der Weg des Nachdenkens mit der Offenbarung übereinstimmt, stellt sich heraus, wenn die Vernunft ihren Weg gegangen ist.

Dass Gott in sich selbst »sein« muss und nicht nur im Verhältnis zu anderem, das lässt sich philosophisch erschließen, weil man ihn sonst nicht als Urheber der Welt denken kann. Nur wie ist er dann zu denken? Wegen der finalen Strukturen in der lebenden Natur muss er als antizipierender Geist und damit als Geist in der Existenzweise des Bewusstseins gedacht werden; denn die Antizipation finaler Strukturen der Natur ist nicht anders als ein Vorgang in einem Bewusstsein zu fassen, sonst lässt sich der gesteuerte Einsatz der Mittel zur Erreichung des Ziels nicht begreifen und auch nicht von schlicht physikalischen Vorgängen unterscheiden, die - wie nachgewiesen - zur Erklärung der lebenden Natur nicht ausreichen.

Als Geist - jedenfalls als geistähnliche Substanz - müssen wir ihn als in sich reflektierend denken, sonst ist Geist nicht. Aus der Struktur unseres Geistes schließen wir analog auf die Struktur dessen, was wir als Urheber der Welt denken. Allerdings müssen wir diese von uns in unserer raumzeitlichen Welt als Vorgang des Bewusstseins vorgestellten Antizipationen in die uns unvorstellbare Omnipräsenz als aufgehoben transponieren. Schon das allein lasst das göttliche Bewusstsein im Vergleich zu unserem Bewusstsein notwendig als ein Bewusstsein in für uns unausdenkbarer Potenzierung, nämlich als – nach unseren Begriffen - entgrenztes Selbstbewusstsein, erscheinen. Selbst diese Analogie gibt wohl nur ein schwaches Bild, und zwar vor allem deshalb, weil der Seinsaspekt in Gott unendlich viel stärker ins Gewicht fällt als beim menschlichen Bewusstsein: Gott verliert sich mutmaßlich nicht in bloßen Erwägungen oder gar Schimären, jedenfalls haben wir keinen Anhaltspunkt für eine solche Seins- und Machtlosigkeit. In dieser Annahme sehen wir uns bestärkt durch die unerbittliche Geltung der Naturgesetze. Was materiell »ist«, »ist« und sogleich unausweichlich den Naturgesetzen unterworfen, sei es auch noch so flüchtig wie manche Elementarteilchen. Die oben angesprochenen, uns mitunter »tastend« erscheinenden Versuche der Evolution machen da keine Ausnahme.

Ist Gott Geist - und etwas anderes können wir uns nicht denken, ohne dass wir jeden Ansatz für ein Verständnis des Gottesbegriffes verlieren - , dann ist Geist dies: sich zu manifestieren, für den Geist zu sein, „und zwar nicht nur auf äußerliche zufällige Weise, sondern er ist nur insofern Geist als er für den Geist ist; dies macht den Begriff des Geistes aus" [479].

Während wir Gott als den Kosmos steuernd erkennen können, bleibt der Begriff der Struktur Gottes immer noch leer, wenn nicht konkrete Beziehungen sozusagen innerhalb der Gottheit aufgezeigt werden. Hier setzt nun die christliche Offenbarung ein und gibt Namen und Bilder und lässt eine Struktur Gottes erkennen, die, in sich logisch kohärent, einen von seiner Schöpfung unabhängigen, lebendigen Gott aussagt. Anders gewendet: Der Trinitätsbegriff versucht zu sagen, dass Gott sich in sich selbst manifestiert, dass Gott »Leben« in sich und für sich ist und dass Gott nicht auf die Schöpfung angewiesen ist, denn die drei göttlichen Personen »sind« und sind sich selbst genug. Der trinitarische Gottesbegriff ist sozusagen in sich »abgesättigt«. Gott erkennt - vor aller Schöpfung - als Geist ausschließlich sich selbst; ein über ihn hinausgehendes Sachbewusstsein ist - vor aller Schöpfung - ein leerer Begriff. Das ist zunächst einmal der philosophische Kern des Trinitätsgedankens.

Gott als Geist: Dem Geist ist das Erkennen wesentlich; ohne Erkenntnis ist Geist nicht vorhanden, genauso wenig wie Materie ohne Ausdehnung, ohne Raum und Zeit. Alles Erkennen ist ein Unterscheiden. Gott unterscheidet sich in seiner Er-

---

[479] So Hegel, Vorlesungen über die Philosophie der Religion, herausgegeben von Georg Lasson, Bd. 1, 1. Halbband, Meiner, S. 51 f. Siehe. auch Hegel, Vorlesungen über die Philosophie der Religion, Suhrkamp, Bd. 16, S. 38. Hegel hat diese Vorlesung mehrfach vorgetragen. Der Text der Ausgabe im Suhrkamp-Verlag und der Text der Ausgabe im Meiner-Verlag beruhen zum Teil auf unterschiedlicher Kompilation der Nachschriften.

kenntnis von sich selbst. Hier kommt freilich der fundamentale Unterschied zu der Ephemerität unserer beschränkten Existenz zum Tragen, nämlich die Seinsmächtigkeit Gottes. Das göttlich Erkannte ist wohl - so darf man spekulieren - Substanz, denn sein Erkennen - nämlich die Erkenntnis seiner selbst - ist in Identität mit seinem Sein. Damit ist Gott nach der Wahrheitsformel »veritas est adaequatio rei et intellectus«[480] auch die Wahrheit, nämlich die Übereinstimmung der Erkenntnis und der Sache. Diese Erkenntnisrealität Gottes in Gott ist keine Schöpfung und beruht auf keinem Schöpfungswillen, der auf ein Anderes gehen müsste, als er selbst ist, sondern es ist das Denken des göttlichen Seins und das Sein des göttlichen Denkens, die – bildlich gesprochen - in sich zeugende Selbsterkenntnis. Jedenfalls auf Gott - so könnte man sagen - trifft der Satz des Parmenides zu: „Denn denken und sein ist dasselbe"[481].

Hegel sagt zu Recht von Gott, dass er „sich in sich unterscheidet, aber darin mit sich identisch bleibt"[482], und er fährt fort: „ ... zum Wissen gehört ein Anderes, das gewusst wird, und indem das Wissen es weiß, so ist es ihm angeeignet. Hierin liegt, dass Gott, das ewig an und für sich Seiende, sich ewig erzeugt als einen Sohn, sich von sich unterscheidet - das absolute Urteil. Was er aber so von sich unterscheidet, hat nicht die Gestalt eines Andersseins, sondern das Unterschiedene ist unmittelbar nur das, von dem es geschieden worden". Das Gleiche gilt vom Heiligen Geist, der vom Vater und vom Sohne aus-

---

[480] Aus dem Lateinischen auf Deutsch: Wahrheit ist die Übereinstimmung der Erkenntnis <des Verstandes> und der Sache. Vgl. Thomas, »Summa theologica« I, 16, 1; Kant, »Kritik der reinen Vernunft« 2. Auflage S. 82; Hegel, »Wissenschaft der Logik«, Suhrkamp, Bd. 6, S. 311; Heidegger, »Vom Wesen der Wahrheit«, 5. Aufl., S. 7.

[481] So die - freilich umstrittene - Übersetzung von Hermann Diels, »Die Fragmente der Vorsokratiker«, 4 Auflage, Fragment Nr. 5.

[482] Vorlesungen über die Philosophie der Religion, herausgegeben von Georg Lasson, Meiner, Bd. 2, 2. Halbband, S. 69 f

geht. Leider gibt Hegel seinen tiefsinnigen Überlegungen zur Trinität eine falsche Wendung, wenn es in einer seiner Vorlesungen über die Philosophie der Religion heißt: „Ohne Welt ist Gott nicht Gott"[483]. Insofern sind die von ihm tradierten Gedankengänge widersprüchlich. Er unternimmt es nämlich anderenorts, Gott darzustellen, „wie er <Gott> in seinem ewigen Wesen vor der Erschaffung der Natur und eines endlichen Geistes ist"[484]. Die Trinität ist also die Urdifferenzierung in Gott[485].

Dass der Begriff der Trinität, so wie ihn die christliche Botschaft verkündet, trotz seiner Kohärenz zunächst einmal - sozusagen wörtlich verstanden - die Grenzen menschlicher Vorstellung übersteigt, zeigt schon die Formulierung der Trinität als die eines »Geschehens«. Ein Geschehen spielt in der Zeit und stellt sich als ein Nacheinander dar. Hier aber handelt es sich - da in Gott - notwendig um eine Unterscheidung jenseits von Raum und Zeit. Von dieser Unterscheidung wird nach christlicher Terminologie als dem Unterschied von Personen gesprochen. Das »Große Credo« - also das nizäisch-konstantinopolitanische Glaubensbekenntnis - verkündet als zweite Person in der Gottheit den »Sohn« und als dritte Person den »Heiligen Geist«. Vom Sohn heißt es: „gezeugt, nicht geschaffen" und vom Heiligen Geist, dass er aus dem Vater und dem Sohn „hervorgeht". Dieser missverständliche Ausdruck des Geschehens – nämlich das »Gezeugt-nicht-geschaffen« des Sohnes - wird durch den Zusatz der Worte „vor aller Zeit" korrigiert, also dergestalt, dass es heißt: „aus dem Vater geboren vor aller Zeit". Wegen dieser notwendig

---

[483] A. a. O. Bd. 1, 1. Halbband, herausgegeben von Georg Lasson, Meiner, S. 148. Da es sich freilich nur um Wiedergabe einer Vorlesungsnachschrift eines seiner Hörer handelt, war vielleicht der Originalton doch etwas anders oder das Wort in einen etwas anderen Zusammenhang gestellt.

[484] Hegel, »Wissenschaft der Logik«, Theorie-Werkausgabe, 1972, Bd. 5, S. 44.

[485] Siehe oben S. 244.

zu denkenden Entzeitlichung sind wir in unserer Erkenntnis auf bloße Analogien zu unserer Welt und unserer Existenz – wenn man so will: auf eine analogia entis[486] – angewiesen. Wir stellen in Rechnung, dass schon die Begriffe »Vater«, »Sohn« und »Heiliger Geist« Analogiebegriffe sind, die andeuten sollen, dass etwa das Verhältnis in Gott dem Verhältnis von Vater und Sohn entspricht, wie wir es uns hier auf Erden idealiter vorstellen. Sogar der Begriff »drei« dürfte das schlicht Abzählbare in unserer Welt übersteigen.

Um der Struktur des innertrinitarischen Geschehens – so wie sie vernünftigerweise gedacht werden darf – gedanklich etwas näher zu kommen, kann der von Boethius präzisierte Begriff »Person« gewisse Dienste leisten, insbesondere erleichtert er das Verständnis der christlichen Offenbarung, dass Gott die Liebe ist. Diese spezielle Offenbarung, die überhaupt erst die religiöse Relevanz der Lehre von der Trinität erzeugt, ist freilich hier nicht der Zentralpunkt unseres Nachdenkens über die Gottheit. Nennen wir mit Boethius die individuelle Substanz einer rationalen – vernünftigen - Natur »Person«[487] und setzen wir zur Verdeutlichung noch hinzu, dass zur Person ein eigener Wille gehört, der sich also vom Willen anderer Personen unterscheidet, dann denken wir allerdings in Gott einen absoluten Gleichklang im Willen, der uns die Einheit der Gottheit garantiert, dergestalt, dass wir nicht von drei Göttern sprechen können.

---

[486] Auf Deutsch: <Entsprechung des Seins> das heißt: alles, was ist, ist im Sein und insoweit im Sein - bei aller möglichen Unähnlichkeit - vergleichbar.

[487] „persona est naturae rationabilis individua substantia", zu Deutsch: <Person ist die individuelle Substanz einer rationalen Natur> (»Contra Eutychen et Nestorium«, [19] 1–3; zitiert nach M. Fuhrmann, in: Historisches Wörterbuch der Philosophie; hrsg. von Joachim Ritter und Karlfried Gründer; 1989; Band 7: P-Q, Artikel: »Person«)

Ohne dass man von den drei göttlichen Personen spricht, wäre die Offenbarung, dass Gott die Liebe ist[488], in der Tat in sich unverständlich; denn die absolut in sich gekehrte Selbstliebe – und »absolut« ist bei Gott alles - ist nämlich keine Liebe, sondern eher eine Art »Schwerkraftzusammenbruch«, ein »Schwarzes Loch«[489], wenn man sich einmal dieses astronomischen Bildes bedienen darf, also ein Phänomen, das mit seiner hohen Dichte die Raum-Zeit so krümmt, dass aus ihm keine Strahlung mehr austritt. Hier zeigt sich denn auch die Fruchtbarkeit des Trinitätsgedankens. Sollte die Liebe aber wesensgemäß einem Außergöttlichen zugewandt und gleichwohl ein wirkliches Wesensmerkmal Gottes sein, dann wäre Gott in seinem Wesen von etwas abhängig, das nicht er selbst ist. Mit diesen Erwägungen sind wir freilich schon mitten im Religiösen, das auszuloten, hier nicht der Ort ist. Notwendig bleibt für einen angemessenen Gottesbegriff in einer stimmigen Philosophie, dass der strukturiert gedachte Gott Spontaneität und damit die Fähigkeit zur »creatio ex nihilo«, zur Schöpfung aus dem Nichts hat.

Unter Bezugnahme auf den Personenbegriff lässt sich dann von der göttlichen Trinität sagen: Gott erkennt sich als Person, also als »Vater« mit eigenem Willen, in allen seinen Möglichkeiten in der Person seines »Sohnes« und dessen eigenem Willen und bejaht sich in ihm total in allen seinen und des Sohnes Möglichkeiten, ganz ebenso wie der Sohn seinerseits sich im Vater erkennt und ihn bejaht. Diese totale Affirmation von Vater und Sohn in Willen und Wissen ist Manifestation, die ihrerseits der Seinsmächtigkeit Gottes wegen Substanz, göttliche Substanz ist; es ist der Geist – der »Heilige Geist« – , der vom »Vater und vom Sohne ausgeht«. Zur bildhaften Verdeutlichung verbinden wir mit dem Begriff »Vater« die »arché«, den

---

[488] 1 Joh 4, 8.
[489] Siehe Sexl / Schmidt, »Raum Zeit Relativität«, 3. Auflage, S. 51.

Ursprung und den Anfang, mit dem Begriff »Sohn« - so wie es das Johannesevangelium sagt[490] – den »logos«, die »Vernunft«, und mit dem Begriff »Heiliger Geist« das »pneuma«, „den Herrn und Lebensspender", wie das Große Credo bekennt, also das »Leben«. Nicht, dass der »Vater« ohne Vernunft und Leben, der Sohn ohne Leben und der Heilige Geist ohne Vernunft wäre, aber die Artikulation der Vernunft findet ihre Gestalt im Sohne und die Artikulation des Lebens im »Heiligen Geiste«. Ständig mit allen Möglichkeiten, die uns Menschen unausdenkbar sind, aus dem »Vater« und dem »Sohne« und dem »Heiligen Geiste« in der Liebe – so darf und muss gesagt werden - in sich zurückkehrend bleibt Gott alles in allem.

Mit dem Hinweis auf die innertrinitarische Liebe wird allerdings deutlich, dass der Begriff »Person« - zur Entfaltung des Trinitätsbegriffs gebraucht - eine gewisse Akzentverschiebung erfährt. Das Merkmal der Eigenständigkeit der Person, hervorgehoben durch den auch den göttlichen Personen zugesprochenen Willen, wird ergänzt – und zwar viel stärker als es für den menschlichen Personenbegriff möglich ist - durch den Gleichklang und die innigste Bezogenheit der göttlichen Personen aufeinander, eine Bezogenheit, die schon der schlichte oder natürliche Gottesbegriff in das trinitarische Verständnis hineinträgt. Da der »Vater« die Möglichkeiten in dem »Sohne« bejaht, heißt es im Johannesevangelium, dass „ohne das Wort" – also den »Sohn« - „nichts geworden ist"[491]. Während nun diese Möglichkeiten erst in der Zeit verwirklicht werden, liegt die »Zeugung« des Sohnes durch den Vater oder im Vater als ein innertrinitarisches Ereignis vor aller Schöpfung, jenseits aller Zeit.

---

[490] Joh 1, 1 ff.
[491] Joh 1, 3.

Wenn Schelling[492] meint, das Sein des Sohnes außer dem Vater könne erst mit der Schöpfung gedacht werden, der Anfang der Schöpfung sei der erste Moment der Zeugung, des aus sich Heraussetzens des Sohnes, so trägt diese Auffassung der Jenseitigkeit des innertrinitarischen Geschehens nicht hinreichend Rechnung. Oder anders gewendet: Zeugung ist nicht Schöpfung, sie bleibt im Seinesgleichen Gottes, die Schöpfung dagegen geht auf ein Außergöttliches.

Zugegebenermaßen fällt uns die Analogie, das von Gott in sich Erkannte als Person zu begreifen, schwer; hier scheint wieder die größere Unähnlichkeit auf, die bei jedem Analogieschluss auf das Göttliche obwaltet. Die Schwierigkeit besteht auch darin, dass wir Leben und Liebe menschlich als ein Geschehen auffassen, also als ein Nacheinander, ausgelegt in die Zeit, nämlich als ein Erkennen und eine darauf und daraus folgende Bejahung. Gott muss aber notwendig jenseits von Zeit und Raum gedacht werden, in schlichter Omnipräsenz in seinem Sein und Tun.

Auch andere analogische Überlegungen zeigen Defekte, die die Analogie stark relativieren, so etwa wenn man versucht, den trinitarischen Gottesbegriff dialektisch zu begreifen. Sicherlich begegnet uns der dialektische Dreiklang im Geistigen allenthalben. Aber der »Sohn« wird – entgegen jeder Dialektik - nicht in einer etwaigen Einseitigkeit und Widersprüchlichkeit als »Antithese« aufgezeigt, um schließlich über eine »Synthese« - etwa den »Heiligen Geist« - zu einem tieferen und richtigeren Verständnis des Gottesbegriffs zu gelangen: Der Heilige Geist ist nicht die Synthese aus These »Vater« und Antithese »Sohn«, sondern die wirkende Einheit Gottes, kein Geschehen, vielmehr die absolute Gleichzeitigkeit allen »Gesche-

---

[492] Vgl. hierzu Urfassung der Philosophie der Offenbarung, 25. Vorlesung; 1831/1832; Meiner Verlag, S. 170 f.

hens« in Gott. Die Dialektik ist auf das Endliche[493], den endlichen Geist zugeschnitten, nicht auf einen unendlichen.

Die Lehre von der Trinität hat die Geistesgeschichte des Abendlandes bis auf den heutigen Tag mit einer Fülle kühner Spekulationen und subtiler Unterscheidungen beschäftigt. Im Kerne sagt sie von der Existenz Gottes nichts anderes aus, als dass der eine Gott in sich von Ewigkeit in Personen ist. Wem der Begriff »Person« nun doch zu beladen erscheint, mag sich statt dessen mit anderen Begriffen behelfen. Entscheidend ist, dass der Begriff »Person« eine Einheit bedeutet, aber zugleich nie allein als Einziger ist, sondern notwendig im Plural steht. Vielleicht kann man heutzutage auch von Struktur sprechen und die drei göttlichen Personen mit dem Begriff »Element« bezeichnen. Das wäre eine äußerste Reduktion, die freilich aufschlussreiche Unterscheidungen verschwinden ließe.

Die beiden anderen monotheistischen Religionen, das Judentum und der Islam, sprechen zwar Gott auch als Person an; da sie aber von der Person Gottes nur in ihrem Verhältnis zum Menschen sprechen und nicht in Gott selbst, gelangen sie zu keinem anderen Gottesbegriff als dem monolithischen, dem Begriff bloßer monotoner Erhabenheit. Und dieser ist für eine Welterklärung weit weniger geeignet als der trinitarische, denn nach dem monolithischen Gottesbegriff ist - jenseits aller Rhetorik - Gott ein bloßer Bezugspunkt der Schöpfung und speziell des Menschen. Fällt die Schöpfung weg, ist auch der Bezugspunkt weg. Was wäre denn dann über Gott zu sagen? Nichts! Der monolithische Gottesbegriff erfasst kein göttliches Eigenleben. Er hat zur logischen Konsequenz, dass Gott erst »ist«, dass über ihn nur etwas aussagbar ist, wenn er Ungöttliches, nämlich die Welt, erschafft.

---

[493] Hegel, Enzyklopädie 1830, § 81, Suhrkamp, Bd. 8, S. 172.

Gott braucht keinen Partner und keine Gläubigen. Als Partner fiele der Mensch sowieso nicht ins Gewicht, dazu ist sein Geist zu kümmerlich; er taucht zudem erst nach Jahrmilliarden auf. Auf ihn kann Gott nicht gewartet haben: Er hätte ihn an den Anfang der Erschaffung der Welt setzen müssen, was auch die Genesis nicht behauptet. Nicht das Weltall und nicht der Mensch, sondern der eigene innergöttliche Reichtum ist es, den Gott sich genügen lässt. Nicht drei Götter - das ergibt sich schon aus der in sich konsistenten einen Naturordnung - , sondern der eine Gott in der Fülle der drei göttlichen Personen, das macht das christliche Bild von Gott größer als alles, was sich der Mensch bisher über Gott gedacht hat.

8. Konturen eines Gottesbildes

a. Gott als das »Non-plus-ultra«

Wird Gott als das Absolute gedacht, neigt der Mensch dazu, ihn als das Äußerste, als das Erste und Letzte, zu begreifen und ihm auch jedes Optimum wie Allgüte und Allbarmherzigkeit zuzuschreiben, das selbstredend nur anthropomorph gedacht werden kann. Diese Extremaussagen über Gott gehen leicht von den Lippen. Gott wird zum Non-plus-ultra alles Gedachten; er ist der absolute Superlativ. Die logische Operation erscheint ziemlich einfach, indem man die Grenze, jede Grenze, wo immer man sie denken könnte, immer weiter hinausschiebt und schließlich wegnimmt.

Die Vorstellung, die dem entspricht, ist die eines ins Unendliche gesteigerten und optimierten Endlichen. Man denkt die Unendlichkeit im Wege der abnehmenden Beschränktheit. Die Relation »endlich-unendlich« wird damit quantitativ aufgefasst. Alles, was im Menschen und in dieser Welt angetroffen wird, hat seine Grenze, sein Ende. Das Endliche besteht also in Beziehung auf ein Anderes, welches sich als seine Grenze darstellt. Gegen diesen Hintergrund unserer Endlichkeit wird Gott zunächst als der in diesem beschränkten Sinne Unbeschränkte gedacht. Sodann bemüht man sich, den qualitativen - und nicht nur den quantitativen - Unterschied von »Endlichkeit« und »Unendlichkeit« in den Blick zu bekommen.

Der religionsphilosophische Begriff versteht dann unter »Gott« das unfassbare, überwältigende, übermächtige Gegenüber. Monotheistisch gesehen ist er das »höchste Wesen«, polytheistisch sind diese überwältigenden Gewalten mehreren Trägern zugeordnet, pantheistisch ist alles – insbesondere die Natur selbst – Gott.

Ein unbeschränkter Gottesbegriff verschlingt alles; jede Frage findet im Hinweis auf Gottes Absolutheit ihre Antwort. Die Theologie spricht an dieser Stelle von der »Vollkommenheit« Gottes. Dieser Begriff hat etwas »Ausgeglichenes«, ist sozusagen schon bearbeitet. Er bezeichnet die Harmonie der Totalaussagen über Gott, eine Harmonie, die freilich erst hergestellt sein muss, wenn man sich diesen Begriff erlaubt. Zweifellos gehen die monotheistischen Religionen von einem Gottesbild des Non-plus-ultra aus. Sind damit die Probleme gelöst?

b. Das Chaos

Es soll an dieser Stelle nicht behauptet werden, dass solche Maximal- und Optimalzuschreibungen von vornherein falsch seien, aber sie stehen - als »schlechte Unendlichkeit«[494] gefasst - in einem auffälligen Kontrast zu der Hinfälligkeit und den Schwächen dieser Welt. Dabei ist es nicht nur so, dass - nach unserem Maßstab von Sinn und Glück - das eine oder andere hier auf Erden schief läuft; die »Schwäche« ist allgemeiner und geht augenscheinlich bis in den Grund der Dinge. Man

---

[494] Siehe Hegel, »Wissenschaft der Logik«, Suhrkamp, Bd. 5, S. 149.

kann sich nämlich bei unbefangener Betrachtung der Welt des Eindruckes nicht erwehren, dass dem Wirken der Gottheit in diesem Kosmos etwas entgegensteht, das sich als träge erweist, das - sich selbst überlassen - im Chaos versinkt. Das Letztere ist nicht nur ein erster Eindruck, sondern entspricht bekanntlich einem Naturgesetz, dem Entropiesatz. Die Aufrichtung einer Ordnung verlangt dagegen »Anstrengung«, den Einsatz von Kräften, und zwar nicht nur in physischer, sondern auch in geistiger Hinsicht; je komplexer die Ordnung, desto größer der Aufwand.

Was wir an Ordnung feststellen und bewundern, erscheint dem Chaos abgerungen. Das ist exemplarisch die Sicht Schellings[495]: „Nach der ewigen Tat der Selbstoffenbarung <Gottes> ist nämlich in der Welt, wie wir sie jetzt erblicken, alles Regel, Ordnung und Form; aber immer liegt noch im Grunde das Regellose, als könnte es einmal wieder durchbrechen, und nirgends scheint es, als wären Ordnung und Form das Ursprüngliche, sondern als wäre ein anfänglich Regelloses zur Ordnung gebracht worden." Diese Schellingsche Weltsicht findet sich auch häufig in den mythischen Kosmogonien, wie in den ersten Worten des biblischen Schöpfungsberichts. Sie zeigt sich auch in erschreckender Unmittelbarkeit etwa auf der Mitteltafel des Isenheimer Altars des Matthias Grünewald, auf der der gekreuzigte Christus dargestellt ist. Düster brandet das Chaos an die Felsen von Golgatha. Der schwere Leib Christi biegt und spannt den Kreuzesbalken. Johannes weist auf den Gekreuzigten: „Er muss wachsen". Das Kreuz steht gegen das Chaos, dem die Ordnung abgerungen wird, die

---

[495] »Über das Wesen der menschlichen Freiheit«, (1809), Reclam, 1964, S. 72; die gleiche Abhandlung unter dem ausführlichen Titel: »Philosophische Untersuchungen über das Wesen der menschlichen Freiheit und die damit zusammenhängenden Gegenstände«, 1809, in: »Sämtlichen Werken«, herausgegeben von K. F. A. Schelling, 1856-1861, Bd. 7, S. 359; vgl. hierzu ebenso die Sicht Hölderlins im Schluss seiner Rheinhymne: „... wenn alles gemischt / Ist ordnungslos und wiederkehrt / Uralte Verwirrung."

dann ätherisch in der Auferstehung[496] aufleuchtet. Sonst freilich - bei den Denkern und Gestaltern des Abendlandes -
bricht diese Weltsicht nur selten auf.

Das Chaos ist keine Kraft; in ihm herrscht der Zug zur regello-
sen Gleichverteilung, zum Wärmetod, zum Nichts, das sich
einstellt, wenn und wo sich alle Spannungen entspannen. Ohne eine Spannkraft gleicht sich alles aus und verschwindet.
Der Zerfall zum Nichts ist ein Mangel an Kraft. Die Materie
wird zum Nichts, wenn der Geist sie nicht in die Existenz
bringt; ohne seine Kraft ist sie nicht etwa nur formlos, sondern
nichts, gar nicht vorhanden, so wenig wie an dem Ort, an dem
sich zwei Wellen auf Null interferieren. Erst die Differenz
bringt zur Existenz; das Differenzieren ist die Kraft des Geistes. Mit der Tendenz zur Regellosigkeit des Chaos hat der
Kosmos einen irrationalen Einschlag. Wie aus der Unterwelt
ist Chthonisches, Unaufgehelltes zu spüren. „Der Abgrund
hat keine Decke" und die Tiefe spricht: „Sie <die Weisheit> ist
nicht in mir"[497].

c. Das Böse und das Übel

Irrationalität manifestiert sich in der Gestalt des Übels und des
Bösen, die es vernünftigerweise nicht geben sollte. Dieses
Problem haben zu allen Zeiten Theologen und Philosophen in
die Gottesfrage einbezogen. Wie immer man sich den Ursprung des Bösen und Üblen denkt, ob man sich vor einen jä-
hen Abgrund gestellt sieht, der in seiner Trostlosigkeit nicht
zu überwinden ist, oder ob man ihn im Vertrauen auf die
Allmacht und Allgüte Gottes mit dem Verweis auf ein aus-
gleichendes Jenseits überdeckt: der Gottesbegriff bleibt davon
nicht unberührt.

---

[496] Dargestellt auf der rechten Tafel der zweiten Schauseite des Altars.
[497] Hiob 26,6; 28,14.

Auch wenn wir einen solchen Gott, der die Übel und das Böse zulässt, in Betracht ziehen, bleibt es dabei, dass es einen Gott gibt. Es muss nämlich etwas sein, das Urheber der - unverzichtbaren - Antizipation ist, die in der lebendigen Natur allenthalben vorausgesetzt und in ihren Wirkungen feststellbar ist. Ein Gott freilich, der sich um das Heil der Menschen nicht kümmert, wäre für uns so gut, wie wenn er nicht wäre; zwischen ihm und der Selbstorganisation der Materie bestünde für unser Schicksal kein existenzieller Unterschied.

Die Frage nach Bild und Begriff Gottes, der das Böse und die Übel zulässt, unter denen die Kreatur leidet, eröffnet eine ganz andere Perspektive als die Gottesfrage angesichts von Chaos und Kosmos. Es geht zwar um Gott, um denselben Gott; aber die zu bewältigenden Folgen und Widersprüche sind völlig anderer Art; sie beruhen nicht auf der Beurteilung von Geschehensabläufen und physikalischen Wahrscheinlichkeiten, sondern auf unseren Wertungen. Wir sind es, die werten. Ob etwas ein Böses oder Übles ist, sollten wir - wenn es sich denn machen ließe - aus dem Schöpfungsplan ablesen, vorausgesetzt, dass wir einen solchen vernünftigerweise der Schöpfung und ihrem Aufbau entnehmen können; tatsächlich aber messen wir das Übel an unserem Wohlergehen. Mit dem Begriff des Bösen sollte man in Anlehnung an Kant[498] nur den bösen Willen bezeichnen, der dass eigene Wohlergehen über alles stellt.

Stellen wir Diskrepanzen zwischen dem fest, was ist, und dem, was vernünftigerweise sein sollte, dann fragen wir, ob und weshalb Gott das Vernunftwidrige zugelassen hat. Solange das Übel aus den Randbedingungen und Mängeln dieser

---

[498] Vgl. »Grundlegung zur Metaphysik der Sitten«, Meiner, 1962, S. 10; »Werke in zwölf Bänden«, herausgegeben von Wilhelm Weischedel, Suhrkamp, 1977, Bd. 7, S 393.

Welt herrührt, die aus den Beschränkungen durch Raum und Zeit und die Gesetzmäßigkeit der Materie erwachsen, ist sozusagen »nichts zu machen«. Sie resultieren aus der Wahl eines raumzeitlichen Kosmos und seinen Gesetzen. So ist etwa in einem solchen Kosmos keine Sache ubiquitär und alles Materielle der Tendenz eines Ausgleichs der Spannungen unterworfen. Diese Übel - wenn es denn je nach Lage solche sind - könnten nur durch die Wahl eines anderen Kosmos vermieden werden, der dann freilich in seinen Konsequenzen andere Übel zeitigt, weil alles Seiende denknotwendig ein Definiertes, ein Eingeschränktes ist.

Diese Überlegung ist übrigens die Basis für die Auffassung von Leibniz, dass Gott mit unserem Kosmos die beste aller Welten geschaffen habe[499]. Seine These beruht keineswegs auf einem Optimismus, wie Voltaire irrig meinte[500], und schon gar nicht auf einem „ruchlosen", wie Schopenhauer den Optimismus überhaupt nennt[501]. Am liebsten würde er ja diese - wie er meint - „schlechteste unter den möglichen"[502] Welten Gott in die Schuhe schöbe, wenn er nur an Gott glauben würde! Eher schimmert bei Leibniz das Gegenteil durch. Ortega y Gasset hat das klar erkannt, wenn er schreibt: „Das Sein ist so schlecht, dass nicht einmal Gott selbst in der Lage war, diesem Schlechtsein wirksam entgegenzutreten, und er musste mit ihm paktieren, um größeres Übel zu verhindern"[503]. Das ist zugegebenermaßen eine etwas mythologisierende Ausdrucksweise. Es wird kein Pakt geschlossen, vielmehr stellen

---

[499] »Theodizee« <Essais de Théodicée>, 1710, II §§ 224, 225, Meiner 1968, 2. Aufl. S. 276 f.

[500] »Candide«, siehe insbesondere Kap. 1 und 28.

[501] »Die Welt als Wille und Vorstellung«, Erster Band, Viertes Buch § 59, in: »Sämtliche Werke«, 1968, Bd. 1, S. 447

[502] A. a. O. Zweiter Band, Ergänzungen zum 4. Buch Kapitel 46, S. 747.

[503] »Der Prinzipienbegriff bei Leibniz und die Entwicklung der Deduktionstheorie«, 1966, S. 399.

sich bei jeder Wahl eines Kosmos Zwänge und andere einschränkende Randbedingungen notwendig von selbst ein, denn alles Seiende ist ein Bestimmtes, ein Begrenztes, und jeder Kosmos, welcher Art auch immer, ist damit notwendig einschränkenden Bedingungen unterworfen.

Allerdings sind da noch die Grausamkeiten in der Natur[504], die Übel, die nach unseren Maßen über das Notwendige weit hinausgehen, so vor allem gewisse schmerzhafte Untergänge, die man in der lebendigen Natur beobachtet, wenn etwa Tiere ihre Nahrung an anderen mit Bewusstsein begabten Tieren finden und sie qualvoll zugrunde richten, wenn der Vogel mit gebrochenem Flügel, das durch eine Rachenbremse erstickende Vieh einen qualvollen Tod erleiden. Was für ein Gott ist das, der diese - wie uns scheint: überflüssigen - Qualen zulässt oder zulassen muss? Die Qualen lassen sich ausdehnen und reduzieren, je nach dem, wieweit Bewusstsein und Schmerzempfindung ausgedehnt oder eingeschränkt werden. Werden »Seifenblasen« mit Bewusstsein bestückt, ist ihnen ihr Platzen ein Weltuntergang, dessen Ahnung schmerzhaft sein müsste, denn alles will im Sein verharren[505]. Weshalb eigentlich?

Kann es sein, dass Gott alle die von uns wahrgenommenen Atrozitäten will, sei es, dass er ein grausamer Gott ist, sei es, dass er ein spielender Gott ist, der sich unsere Leiden und die Leiden dieser Welt zum Spektakel vorführt und das Wohl, das Wohlbefinden der Kreatur, überhaupt nicht im Sinn hat, der – wie der 90. Psalm sagt - „die Menschen lässest dahinfahren wie einen Strom", dem sie wie „ein Gras sind, das doch bald welk wird, das da frühe blüht und bald welk wird und des Abends abgehauen wird und verdorrt"?

---

[504] Vgl. hierzu Reinhold Schneider, »Winter in Wien«, 7. Aufl. 1962, S. 212, 222.
[505] Jedes Ding strebt, so weit es in sich ist, in seinem Sein zu verharren. <Unaquaeque res, quantum in se est, in suo esse perseverare conatur>, so Spinoza, »Die Ethik«, III. Teil 6. Lehrsatz.

Das Leid ist zwar nicht der „Fels des Atheismus" - und schon gar nicht das eigene Leid - wie Georg Büchner behauptet[506], aber es verhindert einen unreflektierten Gottesbegriff. Dass das eigene Leid dazu weniger veranlasst, liegt wohl an einem latenten Schuldgefühl, das bis in die Wurzeln unserer Existenz zu reichen scheint. Aber dann doch wieder diese unnötigen Quälereien! Das aidskranke oder mit der Glasknochenkrankheit schwer belastete Kind! Auch Menschen können unschuldig sein. Nur die Sterne mit ihren »Katastrophen« - überhaupt die anorganische Welt - erleiden nach unserer Überzeugung kein Übel, denn hier obwaltet kein Bewusstsein, da ist alles »Mechanik«. Vielleicht will Gott eine leidvolle Welt, vielleicht misslingt ihm »aus dunklem Grunde« eine Welt ohne Leiden! Die Frage nach dem Übel in dieser Welt berührt in der Tat den Grund und damit den Gottesbegriff und droht den Begriff des barmherzigen Gottes ad absurdum zu führen.

Das Böse scheint - im Unterschied zum Übel - aus dieser Perspektive zunächst kein Problem für die »Gottestheorie« zu sein, wenn und soweit man davon ausgeht, dass Gott dem Menschen Willensfreiheit einräumt. Aber es wird zu einem solchen, wenn Menschenleben und das Glück der Kreatur durch die Schandtaten der Mitmenschen vernichtet werden. Darf das ein gerechter Gott zulassen? Wie will er das aber verhindern, ohne die Freiheit des Menschen zu beseitigen?

d. Die Abgründigkeit Gottes

Die Welt macht einen antagonistischen Eindruck: Aufbau und Zerstörung, Wachsen und Sterben, Leben und Tod bestimmen ihre. Erscheinung. Manches geschieht zum Heil, manches ist von Übel. Alle final erscheinenden Geschehensabläufe natürli-

---

[506] »Dantons Tod«, 3. Akt.

chen - also nichtmenschlichen - Ursprungs auf einem einzigen Willen beruhend zu denken, führt in eklatante Wertungswidersprüche.

Erscheint uns aber die Existenz Gottes plausibel und sieht man die Welt in ihrer Heterogenität, dann zeichnet sich ein »abgründiges« Gottesbild als möglich ab. Das heißt: das Gottesbild muss Raum lassen für die Vernunft und ihr Gegenspiel, das Chaos, und zwar so, dass der Gottesbegriff in sich gleichwohl nicht widersprüchlich wird. So müssen wir etwa die göttliche Existenz mit der uns überflüssig erscheinenden Grausamkeit zusammendenken; gerade wegen ihrer Überflüssigkeit wird die Grausamkeit grausam. »Abgründigkeit« ist immer zugleich das Zugeständnis einer in dem einen oder anderen Punkte scheiternden Theodizee. Grenzen sind da nicht zu ziehen, und schon gar nicht aus humanitär-moralischen Erwägungen. Ein abgründiges Gottesbild umgreift alles Mögliche und lässt die Urfrage drängender hervortreten: »Warum ist überhaupt Seiendes und nicht vielmehr Nichts?«

Die Ahnung eines solchen Gottesbildes war den Menschen nie fremd. So haben etwa die Griechen in den Parzen, die Germanen in den Nornen das Walten eines unappellierbaren Schicksals gesehen, das aus undurchsichtigen Gründen alles bestimmt, Gutes und Böses, Frevel und Sühne, die Götter wie die Menschen. Das Schicksal selbst war es, das als die eigentliche Gottheit wirkte. Die Götter des Olymps und Walhallas waren ihm unterworfen und deshalb mehr oder weniger vordergründig agierende Gestalten. „Wer lenkt des Schicksals Ruder denn in seiner Hand?" lässt Aischylos den Chor im »Gefesselten Prometheus« fragen und Prometheus antwortet: „Die Moiren und die allgedenken Erinnyen" und weiter fragt der Chor: „Und Zeus ist selbst ohnmächtig gegen ihre

Macht?" darauf Prometheus gibt: „Dem verhängten Lose kann er nimmermehr entfliehn."[507]

Überhaupt waltet die Abgründigkeit der Gottheit in ihrer Dramatik erst im konkreten religiösen Erlebnis.

9. Offenheit für den sich offenbarenden Gott

a. Skepsis und Erwartung

Solange man mit der Annahme der Existenz Gottes das finale Geschehen in der Natur zu erklären sucht, hält man sich genauso im Rahmen der Wissenschaft - freilich mit besseren Gründen - wie diejenigen, die sich auch durch die gehäuften Unwahrscheinlichkeiten bei der Entstehung des Lebens nicht von ausschließlich kausalen Vorgängen als Entstehungsursache abbringen lassen. Etwas anders steht es wohl mit den Bemühungen derjenigen, die sich einen ansprechbaren Gott plausibel zu machen suchen in der Erwartung, dann im Weltgeschehen und im eigenen Leben auch einen festen Sinn sehen zu können. Hier geht es um Sinnerwägungen, die einer gewissen Plausibilität bedürfen, wenn sie Hoffnung begründen sollen. Sinn setzt Sein voraus, nur Sein hat Sinn; Nichtsein hat keinen Sinn. Dass das Tatsachengefüge dieser Welt einen das Leben tragenden Sinn erzwingt, kann man nicht sagen.

Im Grunde geht es darum, ob sich die Denkmöglichkeit einer göttlichen Offenbarung offenhalten lässt. Die diesem Ziele dienenden Überlegungen sind Spekulationen der Vernunft, die selbstredend nicht willkürlich sein dürfen, sondern ein gewisses »Fundament in der Sache« aufweisen müssen. Unter »Spekulation«[508] wurde im Mittelalter die Erkenntnis Gottes

---

[507] Vers 516 - 519 in der Übersetzung von J. G. Droysen.
[508] Lateinisch von »speculatio«, <das Ausspähen, die Betrachtung>

aus seinen Werken, in denen er sich »spiegelt«, verstanden[509], womit man sich an Platon[510] anschloss, der von einer Erkenntnis der Seele aus ihrer „Spiegelung" in einer anderen Seele sprach, und an Augustinus[511]. Nach und nach wurde die spekulative Erkenntnis der Kritik unterzogen, die Kant zu einem Höhepunkt führte, wenn er sagt: „Ich werde dartun, dass die Vernunft .... vergeblich ihre Flügel ausspanne, um über die Sinnenwelt durch die bloße Macht der Spekulation hinaus zu kommen"[512]. Er verschärfte vor allem die Anforderungen, indem er verlangte, dass auch die Metaphysik „den sicheren Gang einer Wissenschaft" haben müsse[513]. Im auf Kant folgenden Deutschen Idealismus wurde dann »Spekulation« wieder zur Denkweise der Vernunft im Unterschied zum verstandesmäßigen, endlichen Denken.

Auf dieser Linie sollen sich die folgenden Ausführungen bewegen. In den spekulativen Gedankengängen wird meist - wie hier - ein hermeneutischer Ansatz sichtbar, ein oszillierendes Hin- und Hergehen zwischen Sinn und Sein. Den »Verbotsschildern Kants«[514] ist Rechnung getragen, denn für zwingend halten wir unsere Spekulationen nicht, und auch sinnliche Handgreiflichkeit der Resultate ist nicht zu erwarten. Wir hoffen nur, dass wir uns in diesem Bemühen der Wahrheit nähern, dass nämlich unsere Überlegungen wahrscheinlicher erscheinen als ihr Gegenteil - ein nicht gerade maßloser Anspruch eines Menschen, der sein Denken ernst zu nehmen sucht.

---

[509] Müller / Halder, »Philosophisches Wörterbuch«, 1988, Artikel »Spekulation«.

[510] Siehe »Alkibiades, der sogenannte Erste«, 133a, 133b.

[511] Siehe Augustinus, »De trinitate«, Buch XV, 8, 14.

[512] »Kritik der reinen Vernunft«, 2. Auflage S. 619.

[513] »Kritik der reinen Vernunft«, Vorrede zur 2. Auflage S. VII.

[514] Siehe unter anderem »Kritik der reinen Vernunft«, 1. Aufl., S. 620 ff; 2. Aufl., S. 648 ff.

Vom religiösen Standpunkt aus gesehen, erscheint es vorab vermessen, in Bezug auf Gott sozusagen bestimmte Erwartungen zu hegen, nämlich mit »Anforderungen« an ihn heranzutreten, von deren Erfüllung wir unsere »Anerkennung« abhängig machen. Angemessener scheint es zunächst, offen zu sein, hinzuhören auf das, was Offenbarung sagt. Dazu mahnt mit starken Worten Karl Barth: „Wer und was ist dieser Gott selber? Dass wir jetzt nicht zurückfallen und eine Antwort geben, die besagen würde, was wir für Gott selber meinen halten zu sollen, was Gott, um Gott zu sein, nach allen notwendigen Postulaten und Ideen hinsichtlich des Begriffes der Gottheit sein müsse! Gott selber ist schlicht und wirklich einfach der, von dem alle Propheten und Apostel erklärt haben, dass sie seine Stimme gehört hätten, dass sie ihm gehorchen, dass sie seine Botschaften und Aufträge ausführen ..."[515] So imponierend dieser Ton auch klingt, dieser »Glaubenspositivismus« ist uns unmöglich geworden und lässt sich auch mit gutem Willen nicht durchhalten. Es ist ja gerade die Frage, ob der, von dem die Propheten und Apostel handeln, Gott oder eine Illusion ist; und diese Frage wird man nicht anders zu beantworten suchen, als indem man die Offenbarung und ihre näheren Umstände mit dem vergleicht, was man bisher für vereinbar mit dem Gottesbegriff gehalten hat. Allerdings müssen wir damit rechnen, dass wir nach näherer Überlegung unseren Gottesbegriff möglicherweise ändern müssen. Damit wollen wir zwar für Offenbarung offen sein, müssen aber auch dem Aberglauben wehren. Wir sind nun einmal auf das unsichere Licht unserer Vernunft verwiesen; verzichten wir auch noch darauf, so geraten wir in die Fantasmata obskurer Sekten. Es liegt nicht in unserem Ermessen, uns in einem Willensakt für das eine oder das andere, für den Theismus oder den Atheis-

---

[515] »Kirchliche Dogmatik«, III 1, 515 f, zitiert nach Siebenstern-Taschenbuch, 1965, hrsg. von Gollwitzer, S. 37.

mus zu entscheiden, je nach dem, wo unsere Sympathien liegen.

b. Die Denkmöglichkeit eines ansprechbaren Gottes

Soll Gott jedem Einzelnen einen selbsttragenden Sinn verleihen, so muss er jeden Einzelnen sozusagen »persönlich« kennen und nicht nur als unendlich winziges und für sich bedeutungsloses Teilchen der Menschenmyriade als Material veranschlagen. Das persönliche Kennen setzt unter Menschen eine gewisse »Korrespondenz« voraus, ein mögliches Ansprechen und Angesprochenwerden. Übertragen auf das Verhältnis von Gott zu Mensch und Mensch zu Gott, wird Gott dann als personaler Gott gedacht. Das ist zunächst einmal ein gigantischer Anthropomorphismus und angesichts des unermesslichen Weltalls als Seinsaussage zumindest problematisch.

Um dem Anthropomorphismus zu steuern, der gerade bei Überlegungen zu einer möglichen göttlichen Offenbarung immer hineinspielt, wird man über der postulierten Ansprechbarkeit Gottes seine Unendlichkeit nicht aus den Augen verlieren dürfen. Beide Gesichtspunkte sind nicht leicht in ein angemessenes Verhältnis zu setzen. Die Unendlichkeit kann die Ansprechbarkeit verhüllen, wie das Marianne Weber bei ihrem Mann Max Weber wohl nicht zu Unrecht so sieht, wenn sie seiner Biografie[516] die Worte Rilkes[517] voranstellt:

> nur Gott bleibt über seinem Willen weit:
> da liebt er ihn mit seinem hohen Hasse
> für diese Unerreichbarkeit.

---

[516] »Max Weber. Ein Lebensbild« 1984 (1. Auflage 1926).
[517] »Das Stundenbuch«, »Vom mönchischen Leben«, „Das waren Tage Michelangelos".

Wie kann - so wird man sagen - ein Gott, der in Galaxien zu denken habe, sich um jeden einzelnen Menschen kümmern? Diese Frage ist nun freilich ihrerseits ein exzessiv anthropomorph gedachter Einwand! Selbstverständlich geht die Kapazität, an jeden Menschen aller Zeiten zu denken, unendlich über alles Menschenmögliche hinaus, die unermessliche Zahl der vorhandenen Galaxien aber auch. Und die gibt es nun einmal tatsächlich. Die menschlichen Vorstellungskapazitäten werden hier wie dort maßlos überstiegen.

Der Einwand, dass kein Grund ersichtlich sei, weshalb sich Gott angesichts des unermesslichen Universums gerade um die Menschen kümmern sollte, ist nicht durchschlagend. Es ist zu bedenken, dass die Seinsart, die sich im Göttlichen manifestiert, nämlich der Geist, auch im Menschen - wenn auch unendlich viel schwächer - zutage tritt. So wird es denkbar, dass sich Gott in einer gewissen Art von »Wahlverwandtschaft« dem Menschen als dem ihm im Universum am nächsten und ähnlichsten zuwendet und sich ihm offenbart, auch wenn der Mensch erst Milliarden Jahre nach dem Urknall an einem winzigen Fleckchen des Universums erscheint. Der Mensch erweist sich eben mit seinem Geist gottähnlicher, als Galaxien es sein können. Irgendwie angewiesen auf den Menschen ist Gott freilich nicht, denn seine Existenz ist nach unserer Sicht die in sich »abgesättigte« Trinität.

Offenbarung erscheint nicht unmöglich. Geist spricht zu Geist. Einem Stein kann sich Gott nicht offenbaren. Mit dem Erwägen einer göttlichen Offenbarung betreten wir das Gebiet der Religionen in ihren vielfältigen Unterschieden. Hier sind Konvergenzen nur schwer auszumachen; die Religionen sind allzu unterschiedlich. Vielleicht kann man noch am ehesten in ihnen das Bemühen als gemeinsam entdecken, über Vergänglichkeit und Veränderlichkeit hinwegzuhelfen. Dann wäre die allgemeine göttliche Offenbarung, die ihnen zuteil wird, dass diese

Welt nicht das letzte Wort ist. Wie dem auch sei: hier geht es lediglich darum, die Möglichkeit, dass es einen Gott geben könnte, der sich uns zuwendet, offenzuhalten. Mit »Beweisen« und »Erweisen« kann man immer nur die Voraussetzung schaffen, dass die Annahme der Existenz Gottes näher liegt als seine Nichtexistenz und dass die Voraussetzung für den Glauben an einen ansprechbaren Gott nicht der Vernunft widerstreitet.

IV. Die Frage nach unserer Substanz

1. Wir Sterbliche

Mit unserem Gottesbegriff ahnen wir den Horizont des Ganzen, haben aber keine zureichende Erkenntnis von der Substanz unserer eigenen Existenz, ihrer Vergänglichkeit und Zukunft, in Gegenwart und Ewigkeit. Der Mensch befindet sich in einer eigentümlichen Lage, was seine Zukunft betrifft. Der eigene Tod ist die sicherste aller künftigen Tatsachen überhaupt; das wissen wir, glauben es aber nicht. Meistens sind wir im umgekehrten Fall: Wir glauben etwas, wissen es aber nicht. Wir wissen nicht, ob es weitergeht und wie es weitergeht, ob alles einmal »gut« oder alles einmal »aus« sein wird. Der Schlussstein fehlt.

Auch wir werden den Schlussstein nicht überzeugend setzen. Das Einzige, was hier versucht wird, ist zu zeigen, dass der Glaube an eine Existenz des Menschen jenseits des Todes, also an seine »Unsterblichkeit«, nicht wider alle Vernunft sein muss. Dieser Glaube gehört zum Wesen des Menschen. Die Abgrenzung des Menschen vom Tierreich - sozusagen eines seiner »Leitmerkmale« - ist die Bestattung der Artgenossen, was nun einmal nur der Mensch und kein Tier vornimmt. Und dies setzt - jedenfalls am Anfang der Geschichte - einen irgendwie gearteten Glauben an eine Existenz des Menschen jenseits des Todes voraus.

Der Mensch sehnt sich nach einem »Jenseits« der Zeit, nach einem „stillen, ernsten Geisterreich"[518]. Mitunter ergreift ihn geradezu ein Verlangen, sich zu einem Reich zu bekennen, „das nicht von dieser Welt ist"[519], und zwar nicht, um die eigene Existenz ins Unabsehbare verlängert zu sehen. Es waltet vielmehr in ihm der bisweilen unabweisbare Drang, wie ein Unsterblicher im göttlichen Auftrag um der Wahrheit willen zu handeln. Wir denken wieder an den angeklagten Sokrates, der seinen Richtern, wie oben bereits zitiert[520], unumwunden sagt: „Ihr seid mir lieb und wert, Männer von Athen, aber dem Gott werde ich mehr gehorchen als euch!" Ein solcher Mann in seiner Freiheit ist von der Gesellschaft nicht mehr dirigierbar, was die Machthaber übrigens zu allen Zeiten erbittert hat.

Letztlich weist jedes bewusste Opfer, das diesen Namen verdient, über unsere Kümmerexistenz hinaus und gibt Zeugnis davon, dass sich der Mensch in einem ihn übergreifenden Sinnzusammenhang stellt, den er nicht mit seinem Wohlergehen hier auf Erden gleichsetzt. Jede Aufopferung ist Hingabe eines Stücks eigenen Daseins und überwindet die borniert Existenz. Sie bezeugt durch die bewusste Preisgabe eigener Vitalinteressen, wie die Welt eigentlich sein soll, und setzt dem uns von Stunde zu Stunde hetzenden „Was man von der Minute ausgeschlagen, gibt keine Ewigkeit zurück[521]" eben diese Ewigkeit entgegen.

---

518 Goethe, »Faust«, Zueignung.
519 Joh 18, 36.
520 Siehe oben S. 216.
521 Friedrich Schiller, das Gedicht »Resignation - eine Fantasie«, Erstdruck 1786.

Das Sterbenmüssen prägt das Dasein bis in die feinsten Verästelungen. Wir sind Sterbliche, Existenzen »auf Abbruch«. Und doch ist der eigene Tod dem Menschen unvorstellbar. Die Vergänglichkeit ist Anlass einer ständigen Einübung in das Sterben. Das Entschwinden des uns nicht verfügbaren Schönen, an dem kein Interesse klebt, der Tod des kleinen Lebens, das endgültige »Aus« für einen Feldhasen, das »tapfer Kerlchen«, legt Schwermut über die Dinge. Das liegt im Sein, im Werden. Die Vergänglichkeit des lebendig Einmaligen erfüllt uns mit Schmerz, wie etwa Catull, der einem Spatzen traurig nachsinnt:

> Doch nun wandert er jene dunkle Straße,
> die noch keiner, so heißt es, wiederkehrte.
> Darum Fluch euch, verfluchte Finsternisse,
> Orcus, der du hinabschlingst alles Schöne:
> meinen niedlichen Sperling du mir raubtest.[522]

Nicht Fluch und Zorn höre ich heraus, sondern ohnmächtige Hoffnungslosigkeit.

Gegen den Tod kommt keiner an, keiner »verkraftet« ihn. Die Schwermut drückt nieder; sie ist allenthalben mehr oder weniger vorhanden, sie gehört also zur »conditio humana«[523]. Fehlt sie völlig, haben wir es mit einem pathologischen Fall zu tun. Selbstredend kann sie auch verdeckt sein. Sie gehört zum Menschen wie Intelligenz und Gedächtnis, ist ja ihr Kind, so wie die Angst, ihre Schwester. Sie lässt auch unsere guten Tage als ein chronisches – von Phasen der Schmerzfreiheit

---

[522] Die kleinen Gedichte III in der Übersetzung von Carl Fischer.

[523] Aus dem Lateinischen auf Deutsch: »Bestimmung des Menschenseins«, korrekt müsste es eigentlich heißen: »condicio humana« von »condicio« <Be­schaffenheit, Zustand>, während »conditio« auf Deutsch <Schöpfung, Werk> heißt und nach Georges »Kleinem deutsch-lateinischen Handwörterbuch« sogar das <Eingemachte>, etwa < die eingelegten Früchte> bedeutet.

durchzogenes - Leiden erscheinen. Selbst ein im Grunde so zuversichtlicher Mensch wie Sokrates bittet mit seinem letzten Wort seinen Schüler Kriton nicht zu vergessen, dem Asklepios einen Hahn zu opfern[524], also ein Dankopfer für die Genesung von der Krankheit des Lebens darzubringen.

Der Tod gehört zum Leben – das ist keine Phrase, sondern wirkende Wahrheit; und zwar nicht nur im biologischen Sinne, dass sich das Leben durch den Tod definiert – nur was hier auf Erden sterben kann, ist und hat Leben - , vielmehr auch in einem existenziell-praktischen Sinne. Ohne den Tod entfaltet sich das Leben nicht. Auch wenn wir uns keinen Gedanken an ein Jenseits unseres irdischen Daseins – an ein Jenseits des Todes - verstatten, könnten wir uns unterwinden, bei rein immanenter Betrachtungsweise im Tode den „wahren, besten Freunde des Menschen", ja den „Schlüssel zu unserer wahren Glückseligkeit zu sehen", wie Mozart seinem Vater in dem Brief vom 4. April 1787 schreibt[525]. Diese Worte haben Gewicht, weil Mozart sie gesprochen hat. Aus seiner Musik – wie aus aller großen Musik, die in ihrer losgelösten Schönheit des Todes gedenkt und das Leben verklärt - weht uns immer wieder eine Ahnung von ihrer Wahrheit an, wobei sich Mozart freilich den Gedanken an ein Leben jenseits des Todes keineswegs verboten hatte. Auch aufs rein Immanente reduziert, sind diese Worte kein bloßes euphemistisches Gerede, sondern haben im irdischen Leben ihr »fundamentum in re«, ihre »sachliche Grundlage«.

Der Tod ist der Motor des Lebens. Das Lebensfördernde tritt uns geradezu »plastisch« vor Augen, wenn wir mit Max Mül-

---

[524] Platon, »Phaidon« 118a
[525] »Mozarts Briefe«, hrsg. von Bauer und Deutsch, Fischer-Verlag, 1960; 150 f.

ler[526] „der Erfahrung des Todes die utopische Fiktion und Konstruktion des todlosen Lebens gegenüberstellen". Ohne den Tod müsste nichts geschehen, denn alles Menschenwerk könnte hinausgeschoben werden und würde auch aufgeschoben, schon wegen der unvermeidlichen und unausräumbaren Anstrengungen und Ungewissheiten, die es begleiten. Das ist eine längst fällige – meist nur latente - philosophische Einsicht, die heute oft nicht mehr gesehen wird. Max Müller hat dies klar ausgesprochen: „Der Tod ist die eigentliche und innerste Kraft geschichtlichen Lebens; sein endgültiges Grenzesetzen zwingt uns in Freiheit, bestimmte, einmalige, unwiederholbare Gestalt zu übernehmen, ein Antlitz zu bekommen, das nur unseres und das unserer Zeit ist und das sich nie wiederholen wird und dessen Erlangen, dessen Sich-mit-ihm-identifizieren-Können der Sinn geschichtlicher Existenz ist".

Schwindet diese Einsicht, erzeugt sich ein leicht irritierendes Gefühl der Schwerelosigkeit. Das kann beim Eintritt in den Ruhestand eintreten, wenn der Druck des Berufs plötzlich von uns genommen ist. Obwohl man ersichtlich dem Tode näher rückt, hat man auf einmal Zeit, denn man braucht streng genommen nichts mehr zu tun. Dieser Zustand wird als unangenehm angesehen, so dass viele Zeitgenossen sich den Terminkalender mit allen möglichen Aktivitäten vollstopfen.

Der Tod bestimmt unsere Zeitlichkeit. Er färbt alles ein. Wir sind Sterbliche, wir bewegen uns unaufhaltsam auf der Zeitgeraden auf ihn zu. Dieses Wissen prägt unser Daseinsgefühl. Die Perspektive des Todes kann verschleiert und sein Zeitpunkt hinausgeschoben werden; es gibt hier auf Erden - bei allem wissenschaftlich-technischen Fortschritt - kein Zeichen,

---

[526] »Der Kompromiß oder Von Unsinn und Sinn menschlichen Lebens«. Vier Abhandlungen zur historischen Daseinsstruktur zwischen Differenz und Identität, 1980, S. 85 ff.

dass er beseitigt werden könnte, was denn auch als Trost gesehen werden darf. Schon einen Tag von vierundzwanzig Stunden können wir wach kaum ertragen und wollen - uns vom »Leben« dispensierend - auch mal schlafen legen.

Der Tod ist also ein »Schlüssel«, der uns den Sinn des Lebens aufschließt, indem er uns die Unwiederbringlichkeit unseres Tun und Lassens in der uns einmal und nie wieder eingeräumten Lebenszeit vor Augen stellt. Erst die Unerbittlichkeit des Todes eröffnet dem Menschen seine mögliche Größe. Er verfügt unwiderruflich und hat doch nur ein einziges Leben. Er kann als Sterblicher wie ein Unsterblicher handeln, und in jedem Verzicht opfert er ein Stück seines Daseins für alle Ewigkeit auf. Könnte es sein, dass uns unser Schicksal jenseits des Todes verhüllt bleibt, um unser Leben in ruheloser Ungewissheit nicht »eindimensional« werden zu lassen, nämlich gerichtet auf ein einziges Ziel, das »Jenseits«, die Ewigkeit?

Nicht immer haftet der Blick der Menschen - wenn es um den Tod geht - an Himmel und Erde; er geht auch in das Nichts. Das Nichts kann angesichts möglicher Qualen und Leiden zur heiß ersehnten Erlösung werden, auch wenn mit dem Tode alles aus sein sollte. Es brauchen zudem nicht fürchterliche Qualen zu sein, die den Menschen dazu bringen, im Nichts den Trost zu suchen. Mitunter ist auch die Lebenskraft, wie Reinhold Schneider in seinem letzten Buch von sich schreibt, so gesunken, „dass sie über das Grab nicht hinausgreifen, sich über den Tod hinweg nicht zu sehnen und zu fürchten vermag"[527]. Wer zudem das Nichts für den einzigen Garanten der Leidlosigkeit ansieht, mag dann auch die Nichtexistenz seines Ichs ersehnen. Das Nichtsein kann zur letzten Auffangstellung werden. Aber selbst der Buddhismus, der diesen Ausgang nimmt, hat die Sehnsucht nach dem absoluten Nichts nur sel-

---

[527] »Winter in Wien«, 7. Aufl. 1962; S. 79.

ten rein durchgehalten[528]; häufig gewinnt das Nirvana dann doch Züge einer ewigen Seligkeit, in die das vom Durste des Lebens befreite Wesen eingeht, nämlich ins Qualenlose, ins Aufgehobene, das dann auch einen erhofften Sinn des Daseins vermitteln kann.

2. Die Identität des Ich in dieser und in einer anderen Welt

Wie ist unsere Identität zu denken, wenn wir nicht im Nichts aufgehen? Bisher standen die dem Geiste eigentümlichen Tätigkeiten im Vordergrund. Eine andere Frage ist die nach der Substanz unseres »Ich«, unseres Bewusstseins und Selbstbewusstseins. Wir brauchen nicht weit zu gehen und schon wird zweifelhaft, was wir eigentlich sind. Das milde Wort Shakespeares, dass „wir aus solchem Zeuge sind wie dem zu Träumen"[529], trifft angesichts ausnahmsloser Vergänglichkeit unser Lebensgefühl. Gottfried Benn schreibt an seine Tochter: „Aber ich bin ja gar nichts, durch mich läuft nur etwas hindurch, dessen Herkunft und Sinn mir immer schleierhaft war und mit jedem Tag schleierhafter wird"[530].

Hier und heute, auf Grund eines unerhörten Zufalls 13 Milliarden Jahre nach dem »Urknall« auf einem winzigen Teil eines Planeten der Sonne, ergibt sich eine augenscheinlich wenig dauerhafte Zusammenstellung psychophysischer Konditionen und Zustände, die ich »Ich« nenne. Wie kann da der Gedanke an Substanz überhaupt aufkommen?

---

[528] Vgl. v. Glasenapp »Die nicht christlichen Religionen«, Fischer Lexikon, 1957, Artikel »Buddhismus«, S. 85 f; Ulrich Schneider, »Der Buddhismus. Eine Einführung«, 1980, 4. Aufl., 1997, S. 69 f.

[529] »Der Sturm«, 4. Akt.

[530] Brief an die Tochter Nele vom 24. August 1949, zitiert nach Nele Poul Soerensen, »Mein Vater Gottfried Benn«, 1960, in dtv 1975; S. 89.

Gleichwohl verspüren wir – »solange wir noch halbwegs auf dem Damme sind« – Identität unserer Existenz, häufig schmerzhaft in unabwendbarem Versagen und unter unaufhaltsamem Altern. Das Bewusstsein ist ausschließlich an mein Dasein gebunden, das ich als körperliche Anwesenheit spüre. Ich bin mir völlig sicher, dass ich nicht zugleich oder etwa im Wechsel einer anderen Existenz zugeordnet bin. Ich habe ausschließlich meine Schmerzen und mein Wohlgefühl, meinen Körper und mein Gemüt. Die Gewähr, dass mein Bewusstsein nur mit meinem Dasein verbunden ist, ist eine absolute. Werden meine Mitmenschen gequält und haben sie Schmerzen, kann ich Mitleid haben und echten Seelenschmerz ihretwegen empfinden. Ihre körperlichen Schmerzen habe ich nicht, da gib es keinen Zweifel. Das Prinzip der Individuation – die Beschränkung meines Bewusstseins auf meine Existenz – ist bei mir und bei allen meinen Mitmenschen sauber realisiert.

Was müsste von unserer Existenz bleiben, um unserem Dasein einen absoluten Sinn abzugewinnen, einen Sinn, der sich dann an diesem unserem Sein festmachen ließe? Bleiben muss, wenn wir uns ein Überdauern unserer selbst denken, das Ich-Bewusstsein, das Selbstbewusstsein. Es ist die entscheidende Wirklichkeit, die Fähigkeit zu wissen, zu wollen und zu fühlen. Die Unsterblichkeit steht und fällt im Letzten mit der Kontinuität des Bewusstseins.

Auch wenn die Seele unsterblich sein sollte, eine grundstürzende Verwandlung ist unausweichlich, schon weil sie den Leib, den alten „Madensack"[531], los wird. Anders ist eine Existenz jenseits des Todes nicht zu denken. „Verwandelt werden wir alle"[532]. Freilich bleibt auch die Alternative ihres schlichten Untergangs, die Verwandlung ins Nichts.

---

[531] Martin Luther, »Wider Hans Worst« - 1541 - in: »Die Werke Martin Luthers«, hrsg. von Aland Bd. 4, S. 278.
[532] 1 Kor 15, 51.

Da Denkvorgänge jedenfalls auch Bewusstseinsvorgänge sind, hat Descartes mit seinem Satz »cogito ergo sum«[533] den Kern getroffen: Unser Sein hängt am Denken, also dem Bewusstsein. Solange ich denke, bin ich, und ich bin, solange ich denke, gleichgültig, wie es um die materielle Verankerung in einem Leib steht. Dieser Kern, dieses »Ich denke« kann nur als ein Geistiges beschrieben werden; er kann nicht weggedacht werden, ohne dass das »Ich« entfiele. Umgekehrt gilt: Nur wo mein Bewusstsein - auch latent, etwa im Schlaf - ist, wo das »cogito« potenziell waltet, bin ich.

So wie das Bewusstsein das Dasein des Seins ist[534], kann man das Selbstbewusstsein als das Dasein des Ichs bezeichnen. Es ist Selbstgefühl und Selbsterkenntnis, nämlich die notwendig unwiderlegliche Erkenntnis, dass man sich fühlt, und zwar ohne Möglichkeit einer Distanz zu diesem Gefühl, wenn auch in theoretischer Unterscheidung. Gefühl aber ist schlechterdings weder hinreichend mitteilbar noch authentisch darstellbar noch ableitbar und folglich auf Rechnern auch nicht zu simulieren, geschweige denn auf ihnen zu erzeugen. Als Fremderlebnis ist es nur erahnbar, und zwar allein unter den Bedingungen der Selbsterfahrung.

Die Identität des Bewusstseins und seine scheiternde Vermittlung an andere ist sehr selbstverständlich, wird aber zweifelhaft, sobald ich die Identität meines Bewusstseins in seiner Individuation bedenke. Jenseits des Todes kann ich nicht ausschließen, dass sich in einem anderen Individuum ein Bewusstsein entfaltet, das ich als das meine zu konstatieren ge-

---

[533] Siehe oben S. 24.
[534] Siehe oben S. 249.

nötigt bin. Frank Wedekind hat diesen Gedanken ironisierend auf seine Weise ventiliert[535]:

> Oftmals hab ich nachts im Bette
> Schon gegrübelt hin und her,
> Was es denn geschadet hätte,
> Wenn mein Ich ein andrer wär.

> Höhnisch raunten meine Zweifel
> Mir die tolle Antwort zu:
> Nichts geschadet, dummer Teufel,
> Denn der andre wärest du!

So ist es: Jedes Bewusstsein konstatiert sich als das eigene. Hier im Leben auf Erden kann mir zwar die Verschubung in eine andere Existenz nicht passieren, denn »hierzulande« geschieht die Individuation durch den Leib; aber wer weiß, was jenseits von Zeit und Raum »Sitte und Brauch« ist? Da kann ich nicht ausschließen, dass ich nach meinem Tode in einem anderen Individuum mit meinem Bewusstsein aufwache und dass dann eine fürchterliche Plackerei beginnt, die ich hier in diesem Leben aufs äußerste gefürchtet habe und die mir bis dato erspart geblieben ist. Jetzt spüre ich von meiner früheren Individuation nichts; aber ist das eine Gewähr gegen ein unglückliches Schicksal, in einem anderen Leben auf dieser Erde wieder aufzuwachen? Wäre es da nicht ein Trost, wenn mit dem Tode alles aus ist? Aus christlicher Sicht besteht Gewähr gegen ein solches denkbares Unglück, und zwar in der verkündeten leiblichen Auferstehung zum Jüngsten Gericht. »Es ist dem Menschen gesetzt, *einmal* zu sterben, danach aber das Gericht.«[536]

---

[535] Das Gedicht »Der Gefangene« aus »Die vier Jahreszeiten« in drei Bänden«, herausgegeben von Manfred Hahn, Aufbau, 1969. Bd. 2, S. 413.
[536] Hebr 9, 27.

3. Schwierigkeiten, sich das »Ewige Leben« vorzustellen und zu denken

Kann in der existenziell wichtigen Frage, welches Schicksal unser nach dem Tode wartet, die Ungewissheit »wissenschaftlich« nicht beseitigt werden, überrascht es nicht, dass das, was dem Tode folgt, mitunter zum Gegenstand krudester Fantasie wird.

Die volkstümlichen Vorstellungen gehen durchweg auf eine dem irdischen Leben mehr oder weniger ähnliche Fortsetzung der bisherigen Existenzweise. Das wird in den Vorstellungen der Muslime zur Permanenz höchster Wonnen und Lüste im Paradies[537] deutlich, etwa dem geschlechtlichen Verkehr mit ewigen »Jungfrauen« und dem Genuss von Getränken, „die kein Kopfweh machen" und noch einiges mehr an Sinnenfreuden. Der geistigen Existenz des Menschen weitaus angemessener waren da schon die Vorstellungen der Griechen des Altertums, herkommend von den Orphikern und Pythagoreern bis hin zu den Mysterienkulten[538], die sich eine zum Geist gereinigte Fortexistenz erhofften. Nach christlicher Volksfrömmigkeit schließlich wird der Himmel zum Ort der Seligkeit mit Wiedersehen der Lieben und ewigem Lobpreise Gottes, die Hölle zum Ort unaufhörlicher Qual in einem Feuer, das nicht erlischt[539].

Mit dem Vordringen aufklärerischer Einstellungen verliert die Ewigkeit seligen Daseins - missverstanden als eine nicht endende Dauer - an Anziehungskraft und ruft am Ende Spott

---

[537] Vgl. Sure 2, Vers 23 des Korans über die 56. Sure bis in die letzten Suren (etwa Sure 78, Vers 33, 34).

[538] Mircea Eliade, »Geschichte der religiösen Ideen«, < Histoire des croyances et idées religieuses>, Band 2, Paris 1978, aus dem Französischen übersetzt von Adelheid Müller-Lissner, 1979, Bd. 2, S. 167 ff.

[539] Siehe Mk 9, 48.

und Ablehnung hervor, insbesondere der immerwährende Lobpreis Gottes. In der Tat bereiten Seligkeit und Verdammnis einer endlosen Dauer Schwierigkeiten für die Vorstellung, vor allem für die der Seligkeit. Die bloß zeitliche, endlose Fortdauer unserer Existenz als eines Bewusstseins wäre von unserem irdischen Lebensgefühl her gesehen eher eine Drohung:

> Im Fall dich länger dünkt die Ewigkeit als Zeit,
> So redest du von Pein und nicht von Seligkeit.[540]

»Unendliche Dauer« kann man sich in der Tat eigentlich gar nicht anders denken als die Hölle, sinnbildlich in den griechischen Mythen von Sisyphus und von Tantalus ausgesprochen und - für meine Begriffe - gipfelnd in der Lehre Nietzsches von der „ewigen Wiederkunft des Gleichen"[541], die er – allem zum Trotz, was der Mensch hier auf Erden erfährt – für die höchste Formel der Bejahung hält, „die überhaupt erreicht werden kann"[542].

Der Gedanke einer Wiederkehr in das Leben hier auf Erden, die Seelenwanderung, liegt den Menschen des Abendlandes, soweit sie in der christlichen Tradition stehen, schon gefühlsmäßig fern. Sie sind nicht zu der Haltung erzogen, in Menschen und Tieren eine Reinkarnation verstorbener Wesen zu sehen. Auch fehlt es – und das ist der Haupteinwand – völlig an jedem Bewusstsein der Kontinuität mit irgendeinem früheren Lebewesen; keinerlei Erinnerung an ein vergangenes Erdenleben steigt auf. Ist dem so, dann verliert der mit der Seelenwanderung häufig verbundene Gedanke der Gerechtigkeit

---

[540] Angelus Silesius, »Die Ewigkeit« in: »Cherubinischer Wandersmann«, 2. Buch, Nr.258.

[541] »Also sprach Zarathustra«, Dritter Teil, Der Genesende, Schlechta-Ausgabe, Bd. 2, S. 466.

[542] »Ecce homo«, Also sprach Zarathustra, 3, Schlechta-Ausgabe, Bd. 2, S. 1128.

und wachsenden Läuterung an Plausibilität. Läuterung setzt Zurechenbarkeit des aufzubereitenden Tuns und Unterlassens voraus, wie im Laufe unserer abendländischen Geistesgeschichte geklärt worden ist.

In abendländischer Tradition wird denn auch der Begriff »Unsterblichkeit« nicht als endlose Wiederholung des Gleichen, sondern als »ewiges« Leben gedacht. Die Verheißung der »Unsterblichkeit« verebbt, wenn von »endlosem« Leben die Rede ist. »Endlose Dauer« wäre nur eine Zeit, die kein Ende nimmt und der die »Vollendung« fehlt; man denke an die Legende vom »Ewigen Juden«. Die Ewigkeit ist dagegen die Aufhebung der Zeit im Hegelschen Sinne, nämlich ein Tilgen der Veränderlichkeit und ein Bewahren des Unwiederbringlichen, ein Hinaufheben des uns als »Vorher« und »Nachher« Gegebenen auf eine höhere Stufe, nämlich in die totale Präsenz[543].

Sieht man sich übrigens die Hinweise des Neuen Testaments zum Ewigen Leben näher an, so wird man schon dort einer gewissen »Entmythologisierung« inne, wenn man bei Paulus liest, dass wir Gott „von Angesicht zu Angesicht" erkennen werden, gleichwie auch wir erkannt werden, und dass Gott letztlich „alles in allem sein wird"[544]. Schon die Evangelien zwingen zu einer Revision volkstümlicher Jenseitsvorstellungen: „In der Auferstehung werden sie weder freien noch sich freien lassen, sondern sie sind gleichwie die Engel Gottes im Himmel"[545]. Und wieder bei Paulus ganz allgemein: „Kein Auge hat gesehen und kein Ohr hat gehört und in keines Menschen Herz ist gekommen, was Gott bereitet hat denen, die ihn lieben"[546]. Und schließlich: „Ich bin gekommen, dass

---

[543] Zum Begriff »aufheben«. siehe oben S.257.
[544] Siehe 1.Kor 13, 12 und 1. Kor. 15, 28.
[545] Mt 22, 30.
[546] 1 Kor 2, 9.

sie das Leben haben und dass sie es in Fülle haben!"[547] Aus dem Begriff »Leben« hören wir immer etwas Verheißungsvolles heraus:

> Melodischwechselnd gehn dir hin die
> Wachsenden Zeiten, du Lebensreiche!

sagt Hölderlin von der „Mutter Erd" in der Ode »Der Frieden«.

Auch diese Verheißungen gehen allerdings ins Unvorstellbare. »Ewiges Leben« ist zudem nicht nur nicht vorstellbar, sondern auch schwer zu denken. Auch wenn man die Bestimmung: »Leben ist Stoffwechsel« - will heißen: räumlich umgrenzt und individualisiert verbunden mit der Fähigkeit zu Reproduktion und Anpassung[548] - nicht für erschöpfend hält, es also noch von etwas umweht sieht, das sich nicht in Raum und Zeit bestimmen lässt, so ist es doch jedenfalls auch ein Geschehen, ständige Veränderung, ständiger Auf- und Abbau.

Der Begriff des »ewigen Lebens« wird ebenso wie der Begriff eines »zeitlosen Geschehens« zu einem Widerspruch in sich, denn »Geschehen« wird durch »Zeit« bestimmt - also durch das »Nacheinander« von Ereignissen - und auch das Leben ist ein Geschehen. Die Unzulänglichkeit der Rede vom »ewigen Leben« liegt darin, dass man den Begriff der Ewigkeit als Grenzbegriff der Dauer auffasst. Das aber heißt, nicht vom Begriff der Ewigkeit selbst auszugehen, sondern von der Veränderung.

---

[547] Joh10, 10.
[548] Vgl. Thoms, »Ursprung des Lebens«, Fischer Verlag, 2005; S. 7.

Letztlich kann der Begriff »Ewiges Leben« als eine »Meta-pher« verstanden werden. Die Metapher ist - wie Ortega y Gasset erläuternd herausgearbeitet hat - „mehr als ein Mittel des Ausdrucks; sie ist ein wesentliches Mittel der Einsicht". Die Wissenschaft gehe - wenn sie sich einer Metapher bedient - von der totalen Identität zweier Phänomene aus, obgleich sie wisse, dass sie tatsächlich nicht bestehe, und bewahre dann davon schließlich nur so viel, wie in Wirklichkeit zutreffe. So wisse der Psychologe, der von dem „Grund der Seele" spreche, sehr wohl, dass die Seele kein Fass mit einem Grund <Boden> sei; aber er möchte das Vorhandensein einer psychischen Schicht begreiflich machen, die in der Struktur der Seele dieselbe Rolle spielt wie der Grund <Boden> bei einem Gefäß[549].

So wird denn wohl unter dem Vorzeichen der Metapher am ehesten der eher abstrakte Begriff der »visio beatifica« - also der Gottesschau - den christlichen Vorstellungen gerecht, wie er in den Seligpreisungen zum Ausdruck kommt: „Selig sind, die reines Herzens sind; denn sie werden Gott schauen"[550].

4. »Unsterblichkeit« und Gottesbegriff

Wir haben - und das ist eine triviale Tatsache - keine nachprüfbare Kenntnis des Jenseits. Wer klinisch tot war und ins Leben zurückgeholt wird, ist nicht gestorben, war nicht im Jenseits und kann keine Kenntnis von einer Existenz im und nach dem Tode mitbringen. Jedenfalls lässt sein Bericht keine sicheren Schlüsse zu. Auch Geister der Abgeschiedenen sind uns bisher nicht in einer zweifelsfrei festgestellten Weise erschienen. Was erscheint, kann ein reines Binnengeschehen dessen sein, der die Toten zu hören oder zu sehen glaubt. Das

---

[549] »Die beiden großen Metaphern«, 1916; in: »Buch des Betrachters«, 1952, S. 59, 65, 70 f.
[550] Mt 5, 8.

kann nicht überraschen, da die Welt des Diesseits anderen Seinskategorien unterfällt als ein denkbares Jenseits, eine reine Welt der Geister. Es ergeben sich also keine verlässlichen Hinweise für eine Antwort auf die Frage, ob und was von uns bleibt, ob wir also die Substanzfrage im positiven Sinne beantworten können. Uns Substanz zuzusprechen, ist vielmehr nach wie vor gewagt. Sterbliche sind wir.

Es war daher von eh und je das Bestreben, die Unsterblichkeit der menschlichen Seele logisch zu beweisen. Überzeugend sind diese Versuche nicht. Die Struktur der Seele gibt kein Argument für ihre Unsterblichkeit her. Weder ihre angebliche Einheitlichkeit und Einfachheit sind Argumente noch die Erhaltungssätze von Energie und Masse, die auf geistige Phänomene und Vorgänge keine Anwendung finden. Im Reich des Geistes gibt es die Schöpfung aus dem Nichts und das spurlose Verschwinden[551]. Selbst wenn das Ich als der Bezugspunkt der Zustände, die unter meinem Namen laufen, ein Einfaches und Einheitliches wäre - was zweifelhaft ist - , warum sollte es nicht verschwinden? Wenn ich das ausschließe, wie soll denn da die Seele als Einheit in der Zeit entstanden sein? Ich war einmal nicht – jedenfalls nach meiner »Erinnerung« nicht - , und so kann es durchaus sein, dass ich auch einmal nicht mehr sein werde.

Wir können uns heute wohl eine Existenz jenseits des Todes gar nicht anders als in Analogie zum Gottesbegriff, nämlich als Präsenz jenseits von Raum und Zeit denken, denn wir denken auch die totale Präsenz - die Omnipräsenz - Gottes jenseits von Zeit und Raum. Ohne Gott keine Unsterblichkeit, kein »Ewiges Leben«. Der Atheismus ist per se eine Nulllösung, ja er ist geradezu die Definition der Nulllösung. Aller-

---

[551] Siehe oben S. 101, 159; anderer Ansicht August Bier: „Dass die Seele in dieser Welt, in der doch alle Materie und alle Energie sich erhält, gänzlich verschwinden soll, ist höchst unwahrscheinlich" (»Die Seele«, 1940, S. 162).

dings ist auch ein »persönlicher« Gott keine Garantie, dass sich unsere Existenz jenseits des Todes fortsetzen müsste. Denkbar ist es durchaus, dass wir alle nach Ablauf unserer Jahre hier auf Erden in die »große Tonne« gekehrt werden und »weg damit«!

Macht man mit dem Gedanken an die Omnipräsenz Gottes Ernst, dann müssten auch wir in dieser Omnipräsenz unseren Platz finden. Das Universum wäre unvollständig präsent, wenn unsere Existenz - ja, wenn überhaupt etwas - verloren ginge. Sind wir dann nicht schon mit unserer Existenz in ihm ewig? Sind wir in ihm präsent, sind wir dann nicht auch uns präsent? Wären wir nicht mit unserem Leben, sondern nur als der »Abdruck« unserer Wirkungen in Raum und Zeit vorhanden, dann könnte von Omnipräsenz eigentlich keine Rede sein. Es wäre etwas in Gott, das es so – nämlich ohne unser Leben und Erleben - gar nicht gibt und nicht gegeben hat. Damit haben wir allerdings nur eine Voraussetzung der Denkmöglichkeit unserer »Unsterblichkeit« vor Augen und keinen Beweis. Es handelt sich nur um eine Perspektive, die zeigen soll, dass die Annahme einer »Unsterblichkeit« des Menschen nicht gegen die Vernunft verstößt.

Ein weiteres Argument für die »Unsterblichkeit« des Menschen wird aus dem zweckmäßigen Aufbau der organischen Welt hergeleitet, speziell aus der Erschaffung des Menschen. Warum steuert und lenkt Gott über Milliarden Jahre in einem winzigen Flecken des Universums die Entwicklung dahin, dass ein Wesen entsteht mit Bewusstsein und Vernunft? Sollte diese in der Erschaffung der organischen Welt zutagetretende zweckdienliche Koordination auf kein Ziel gerichtet, also sinnlos sein? Aber auch daraus lässt sich kein zwingender Schluss ziehen: Wer sagt denn, dass Gott den Menschen dazu geschaffen hat, dass er einen Sinn seines Lebens finde und sich der seligen Unsterblichkeit erfreue? Die Schöpfung kann unter einem Gesichtspunkt sinnvoll sein, den wir nicht erkennen.

Drängender als das Argument aus der Zweckmäßigkeit des Aufbaus der Schöpfung liegt uns die Sehnsucht nach einem gerechten Ende im Sinn, die Hoffnung, dass das Unrecht nicht das letzte Wort sein möge, „dass der Mörder nicht über das unschuldige Opfer triumphieren möge", wie Max Horkheimer sagt[552]. Dass diese Gerechtigkeit hier auf Erden ersichtlich nicht hergestellt wird, beflügelt die Hoffnung, sie in einem Jenseits zu erfahren und dort alles Unrecht ausgeglichen zu sehen. Wie das im Einzelnen geschehen kann, ist uns verschlossen. Hält Gott für jeden die ihm zukömmliche Welt bereit? Das Ausgebliebene müsste sich in der Ewigkeit ereignen, sonst bleibt doch die Wunde offen! Wie ist das bei den ungeborenen oder früh getöteten Kindern, wie bei ganzen Völkern und Kulturen denkbar, die von ihren Nachbarn in tiefem Unrecht vernichtet worden sind? Kann denn, was nie präsent war, in der Ewigkeit omnipräsent werden, wenn wir uns die Ewigkeit als Sein unter Abzug der Zeit denken? Angemessener dürfte es sein, auf den oben gebrauchten abstrakten und unbestimmten Begriff der Gottesschau - der »visio beatifica« - zu verweisen.

Die Grundlage dieses Schlusses aus der Ungerechtigkeit dieser Welt auf die Unsterblichkeit um der Gerechtigkeit willen ist für sich genommen schwach. Bloße Hoffnung bietet keine Gewähr, dass sie sich erfüllt. Der Schluss überzeugt nur dann, wenn man davon ausgehen darf, dass Gott in dem von uns geahnten Sinne gerecht ist. Nehmen wir allerdings einen persönlichen – also von uns Menschen persönlich ansprechbaren – Gott an, dann liegt es nahe, dass er die Gerechtigkeit an ihr Ziel kommen lässt.

---

[552] »Die Sehnsucht nach dem ganz Anderen«, ein Interview mit Hellmut Gumnior, 1970, Furche-Verlag, S. 62.

Ist mit dem Tode dagegen alles aus, dann sind die Ungerechtigkeiten dieser Welt das letzte Wort. Die Versagung der Unsterblichkeit würde mit dem Tode den »gordischen Knoten« der Ungerechtigkeit mit einem Schlage »lösen«, wie eben »gordische Knoten« gelöst werden, gewaltsam durch Vernichtung des »Problemträgers«. Die Gerechtigkeit bliebe aus, ohne dass jemand daran Anstoß nimmt, weil nach der Vernichtung niemand mehr da ist, dem Gerechtigkeit widerfahren könnte. Es bleibt keine Träne und keine Wunde mehr, weil es keine Weinenden und Verwundeten mehr gibt. Die Enttäuschung, dass es mit dem Jenseits nichts ist, wird keinem zuteil.

Würde dann nicht aber ein Mensch, der selbstverloren und unbekümmert um seine zeitliche Existenz das tut, was sich ihm als das Wahre zeigt, und sich aus Liebe aufopfert, den unendlichen Geist, also Gott, der die Welt erschaffen hat, der sich des Menschen aber nicht erbarmt, »beschämen«? Und warum »Beschämung«? Weil die Liebe in gewisser Weise größer ist als Gott, wie Jacob Böhme sagt[553]. Das will sagen: in einem hierarchischen Weltbild wird die oberste Position von Gott als dem »Non-plus-ultra« ausgefüllt. Alle Attribute Gottes werden von der göttlichen Liebe überragt, die sich in der Trinität manifestiert. Bleibt diese Stelle vakant, weil es Gott nur als den zweckmäßig handelnden Demiurgen gibt, und wird sie, die der Liebe gebührt, für einen Augenblick von einem Menschen eingenommen, der in seiner Liebe sein Alles auf eine Karte setzt und sich nicht »spart«, der also der Unsterblichkeit wert wäre, obwohl er weiß, dass sie ihm nicht zuteil wird, dann könnte man davon sprechen, dass dieser Mensch den allmächtigen Gott »beschämt«. Gott als bloßer Demiurg verliert diesem Menschen gegenüber seine Macht. Ein solcher Mensch wäre - weil er seiner Überzeugung folgt - frei, das heißt - wenn auch nur für einen Augenblick - allein von sich

---

[553] »De vita mentali«, <Von der neuen Wiedergeburt>, Nr. 26.

abhängig, und zwar auch im Angesicht übermächtiger Gewalten. Er wäre in einer hierarchischen Weltordnung in gewisser Weise für einen Augenblick größer als der bloße Weltenbaumeister Gott.

Genau auf diese Argumentation gibt die christliche Botschaft die Antwort: Nicht der Mensch, sondern Gott beschämt den Menschen, indem er Mensch wird. Dieser Satz birgt eine unerhörte Fülle an Implikationen, was hier nicht das Thema ist. Von einem hierarchischen Weltbild geht die abendländische mittelalterliche Philosophie aus, vor allem Anselm von Canterbury mit seinem ontologischen Gottesbeweis. Dieser Argumentationsstrang wird hier auch nicht weiter verfolgt, weil es ja gerade zweifelhaft ist, ob es diese hierarchische Weltordnung in dieser Weise überhaupt gibt.

Aber auch dann, wenn über uns ein gütiger und gerechter Gott waltet – wie soll man sich das Abwischen aller Tränen, die Heilung aller Wunden vorstellen? Im Grunde können wir uns einen universalen und absoluten Sinn nur als Sein denken, ein Sein, das seine Vollendung in der Ewigkeit findet. Die Sinnfrage ruht auf der Seinsfrage. Oder gibt es doch »nur« die Kompensation alles Ausgebliebenen durch ein elementares unendliches Wohlgefühl? Hier sind wir mit unserem Denken am Ende. Möglich ist es, dass die Anschauung Gottes von Angesicht zu Angesicht[554] den großen Ausgleich bringt.

5. Weder Beweis noch Gegenbeweis

Einen »archimedischen Punkt«, auf den wir mit Gewissheit unsere Existenz in Ewigkeit gegründet sähen, kennen wir nicht. Die Unsterblichkeit lässt sich weder aus psychischer, soziologischer oder geschichtlicher Erfahrung noch begrifflich

---

[554] 1.Kor 13, 12.

aus Erhaltungssätzen oder Strukturen der menschlichen Existenz noch auch als Konsequenz der Existenz Gottes beweisen. Wir schließen zwar aus der Entstehung des Lebendigen auf eine notwendige Antizipation des Künftigen und auf eine koordinierende Kraft in der lebendigen Natur, aber über deren Güte und Gerechtigkeit können wir nichts Erwiesenes sagen.

Freilich gibt es auch keinen Gegenbeweis. Die große Analogie aus dem Naturgeschehen, zu dem Veränderlichkeit und Tod gehören, scheitert als Gegenbeweis an den unterschiedlichen Kategorien, die für Materie und Geist gelten. Im Weltall fällt der Menschheit ersichtlich eine Sonderrolle zu, die mit den Gesetzen der Physik nicht hinreichend erklärt werden kann. Das gilt schon für die leiblich-organische Struktur des Menschen, die den physikalischen Rahmen sprengt. Wir leben zwar eine myriadenhafte Existenz, die sich in – fast – identischer Weise milliardenfach wiederholt; »fast« muss man korrekter Weise sagen, denn im Organischen ist alles bis zur Molekularebene »durchstrukturiert«, wie Hermann Staudinger betont[555]. Das heißt: es gibt keine identischen Lebewesen auf dieser Erde; ihre biometrischen Daten unterscheiden sich in ihrer individuellen Kombination. Eine derartige Individualisierung ist der Physik fremd.

Noch deutlicher wird die Sonderrolle des Menschen im Weltall durch seinen Geist, den auch geklonte Menschen haben werden; nicht alles ist »Gen«. Insoweit weist der Mensch eine - wenn auch sehr eingeschränkte - Strukturähnlichkeit mit Gott auf. Mensch wie Gott zeigen Spontaneität, also so etwas wie »Willen«, die Fähigkeit zur Schöpfung aus dem Nichts. Dieses gemeinsame - wenn auch in Kapazität und Kraft sehr unterschiedlich ausgeprägte - Merkmal erleichtert den Gedanken,

---

[555] Zitiert nach Pascual Jordan, »Der Naturwissenschaftler vor der religiösen Frage«, 5. Auflage, S. 298.

dass sich der das Universum mit seinen Galaxien beherrschende Gott des Menschen annimmt.

Im Ganzen gesehen heißt das vom Schicksal des Menschen letztlich: Eine Nichtexistenz jenseits des Todes ist möglich, eine Existenz jenseits des Todes ist nicht unmöglich[556].

V. Der Ausblick

Urfrage und Kardinalfrage sind nicht bündig zu beantworten - das wussten wir. Sie sind freilich auch nicht völlig offen geblieben.

Die beiden existenziellen Grundfragen - die Frage nach Gott und die Frage nach unserer Existenz jenseits des Todes - münden in gegensätzliche Vermutungen: Was den Gottesgedanken betrifft, so erscheint es uns allmählich als eine Zumutung an den Verstand, die Existenz Gottes zu leugnen, während umgekehrt ein Blick auf die Vergänglichkeit der Natur die »Unsterblichkeit« des Menschen als eine Systemwidrigkeit erscheinen lässt, die freilich - dann sozusagen höheren Orts - mit unserem Gottesbild, das von der Omnipräsenz geprägt wird, durchaus systemkonform gedacht werden kann.

Fakten legen den Schluss nahe, dass eine weltübergreifende Intelligenz, von uns »Gott« genannt, die Welt geschaffen und vor allem das organische Leben auf dieser Erde und auch uns hervorgebracht hat. Jedenfalls ist die Existenz Gottes sehr viel wahrscheinlicher als seine Nichtexistenz. Theorien, die auf einen Atheismus hinauslaufen, erweisen sich gerade unter ausschließlicher Berücksichtigung der Naturgesetzlichkeit als unschlüssig.

---

[556] Siehe zu dem doppelten »Vielleicht« auch Ratzinger, »Einführung in das Christentum«, 3. Aufl. 1977, S. 27.

Auch wir Menschen sind ersichtlich - analog der weltübergreifenden Intelligenz - mit »Geist« ausgestattet und in der Lage, um eines gewählten Zieles willen neue Kausalketten zu setzen, die sich aus dem bisherigen physikalischen Zustand an Ort und Stelle nach bloßer Naturgesetzlichkeit nicht ergeben. Der Mensch hat einen Willen, freilich in seiner Verwirklichung - je nach Lage - mehr oder weniger eingeengt durch Voraussetzungen und Randbedingungen. Er kann frei sein, nämlich zu einer eigenen Überzeugung gelangen und danach handeln. Da das Ziel jeder Überzeugungsbildung die Wahrheit ist, ist die Wahrheit Richtmaß der Freiheit; Freiheit und Wahrheit sind die Sinnkategorien menschlichen Daseins überhaupt. Dass der Mensch nach eigener Überzeugung und insofern frei zu handeln vermag, zeigt sich am deutlichsten darin, dass er bewusst seine Vitalinteressen aufopfern und sich von seinen Trieben und Begehrlichkeiten lösen kann.

Unser Schicksal aber bleibt ungewiss.